TRIBUTAÇÃO E GÊNERO

Políticas públicas de extrafiscalidade
e a luta pela igualdade

LANA BORGES

Prefácio
Misabel Abreu Machado Derzi

Apresentação
Arnaldo Sampaio de Moraes Godoy

TRIBUTAÇÃO E GÊNERO
Políticas públicas de extrafiscalidade
e a luta pela igualdade

1ª reimpressão

Belo Horizonte

FÓRUM
CONHECIMENTO JURÍDICO

2024

© 2023 Editora Fórum Ltda.
2024 1ª reimpressão

É proibida a reprodução total ou parcial desta obra, por qualquer meio eletrônico, inclusive por processos xerográficos, sem autorização expressa do Editor.

Conselho Editorial

Adilson Abreu Dallari
Alécia Paolucci Nogueira Bicalho
Alexandre Coutinho Pagliarini
André Ramos Tavares
Carlos Ayres Britto
Carlos Mário da Silva Velloso
Cármen Lúcia Antunes Rocha
Cesar Augusto Guimarães Pereira
Clovis Beznos
Cristiana Fortini
Dinorá Adelaide Musetti Grotti
Diogo de Figueiredo Moreira Neto (*in memoriam*)
Egon Bockmann Moreira
Emerson Gabardo
Fabrício Motta
Fernando Rossi
Flávio Henrique Unes Pereira

Floriano de Azevedo Marques Neto
Gustavo Justino de Oliveira
Inês Virgínia Prado Soares
Jorge Ulisses Jacoby Fernandes
Juarez Freitas
Luciano Ferraz
Lúcio Delfino
Marcia Carla Pereira Ribeiro
Márcio Cammarosano
Marcos Ehrhardt Jr.
Maria Sylvia Zanella Di Pietro
Ney José de Freitas
Oswaldo Othon de Pontes Saraiva Filho
Paulo Modesto
Romeu Felipe Bacellar Filho
Sérgio Guerra
Walber de Moura Agra

Luís Cláudio Rodrigues Ferreira
Presidente e Editor

Coordenação editorial: Leonardo Eustáquio Siqueira Araújo
Aline Sobreira de Oliveira

Rua Paulo Ribeiro Bastos, 211 – Jardim Atlântico – CEP 31710-430
Belo Horizonte – Minas Gerais – Tel.: (31) 99412.0131
www.editoraforum.com.br – editoraforum@editoraforum.com.br

Técnica. Empenho. Zelo. Esses foram alguns dos cuidados aplicados na edição desta obra. No entanto, podem ocorrer erros de impressão, digitação ou mesmo restar alguma dúvida conceitual. Caso se constate algo assim, solicitamos a gentileza de nos comunicar através do *e-mail* editorial@editoraforum.com.br para que possamos esclarecer, no que couber. A sua contribuição é muito importante para mantermos a excelência editorial. A Editora Fórum agradece a sua contribuição.

Dados Internacionais de Catalogação na Publicação (CIP) de acordo com ISBD

B732t
    Borges, Lana
        Tributação e gênero: políticas públicas de extrafiscalidade e a luta pela igualdade / Lana Borges. 1. reimpressão. Belo Horizonte: Fórum, 2023.
        200 p. 14,5x21,5cm

    ISBN 978-65-5518-603-1

    1. Direito tributário. 2. Direito constitucional. 3. Políticas públicas. I. Título.

CDD: 341.39
CDU: 34.336(81)

Ficha catalográfica elaborada por Lissandra Ruas Lima – CRB/6 – 2851

Informação bibliográfica deste livro, conforme a NBR 6023:2018 da Associação Brasileira de Normas Técnicas (ABNT):

BORGES, Lana. *Tributação e gênero*: políticas públicas de extrafiscalidade e a luta pela igualdade. 1. reimpr. Belo Horizonte: Fórum, 2023. 200 p. ISBN 978-65-5518-603-1.

À Helena, que me inspira a ser uma mulher mais forte todos os dias.

AGRADECIMENTOS

Sobre agradecer...

Aprendi com a minha mãe, Aristéia, a profundidade e a necessidade do agradecimento. Nada mais apropriado, então, do que dirigir o meu primeiro e o mais genuíno registro de gratidão a ela, que foi exemplo constante de amor, força e persistência para mim.

Eu tive o privilégio de ter como inspiração uma figura heroica feminina!

Agradeço ao meu companheiro de caminhada, Diego Câmara, pelas trocas, pelo apoio e pela motivação, sem os quais este estudo não teria sido possível.

O meu retorno às atividades acadêmicas se concretizou graças ao meu grande amigo e professor Arnaldo Sampaio de Moraes Godoy. Arnaldo acreditou no meu desejo de unir em um trabalho de pesquisa tributação, gênero e a luta pela igualdade e materializou comigo esse projeto. Ele é, sem nenhuma dúvida, a figura mais genial e humilde que tive a sorte de conhecer e com quem pude conviver. Sua orientação e apoio foram essenciais para que este texto se materializasse.

Agradeço às professoras Liziane Paixão, Tathiane Piscitelli e Denise Lucena, por formarem uma banca exclusivamente feminina na defesa da dissertação, que foi a origem deste livro. Um texto que tem 87% de mulheres em suas referências bibliográficas! Foi um momento emocionante.

Muito obrigada, ainda, a Renata D'Ambrozio e Tatiana Guskow, amigas que a jornada acadêmica me deu, pelo suporte e pelo companheirismo nos últimos anos.

Às minhas grandes amigas Anna Priscylla Prado e Camilla Cavalcanti Cabral, minha imensa gratidão. Meu reencontro com elas me permitiu sonhar com este livro e seguir acreditando em um mundo de sororidade e de mais igualdade.

SUMÁRIO

PREFÁCIO
Misabel Abreu Machado Derzi 11

APRESENTAÇÃO
Arnaldo Sampaio de Moraes Godoy 17

INTRODUÇÃO 21

CAPÍTULO 1
DISTANCIAMENTOS, DESIGUALDADES E O MERCADO DE
TRABALHO DA MULHER 31
1.1   A construção social dos papéis de gênero 32
1.2   Divisão sexual do trabalho e o trabalho invisível
        historicamente vinculado à mulher 40
1.3   O mercado de trabalho da mulher no Brasil 51
1.4   Repercussões econômicas das diferenças de gênero – um
        inventário das desigualdades palpáveis 55

CAPÍTULO 2
A LUTA PELA IGUALDADE 69
2.1   O tema da igualdade de gêneros 70
2.2   A igualdade e a ideologia da Constituição de 1988 75
2.3   Igualdade de gênero e a Constituição de 1988 90
2.4   A origem dos vínculos entre tributação e gênero: o movimento
        sufragista, a luta pela igualdade e a negativa do pagamento de
        tributos pelas mulheres 102

CAPÍTULO 3
TRIBUTAÇÃO, GÊNERO E POLÍTICAS PÚBLICAS DE
EXTRAFISCALIDADE 105
3.1   A tributação e a sistemática da regressividade – acentuação
        das assimetrias de gênero 107

3.2	A elaboração de políticas públicas tributárias – alcances e perspectivas	118
3.3	Igualdade de gênero, discriminação positiva e tributação	126
3.3.1	A extrafiscalidade e o papel indutor da tributação na promoção da igualdade	128
3.3.2	Medidas tributárias na implementação da igualdade de gênero – discriminação positiva e possibilidades	134

CAPÍTULO 4
A TRIBUTAÇÃO COMO FERRAMENTA DE SUPERAÇÃO DAS DESIGUALDADES DE GÊNERO 145

4.1	A Reforma Tributária e desigualdade de gênero – contextualização, propostas e a plausibilidade da concessão de benefícios fiscais a empresas que contratem mulheres	146
4.2	Intervenção do Poder Judiciário na conformação ou na concretização de políticas públicas	155
4.3	O Supremo Tribunal Federal e as repercussões do reconhecimento das distinções de gênero no mercado de trabalho. Políticas públicas materializadas	159
4.4	O julgamento do RE nº 576.967/PR e a efetiva proteção do mercado de trabalho da mulher: uma decisão pragmática e necessária	161
4.5	O julgamento da ADI nº 5.422/DF e a vinculação categórica entre o direito tributário e a igualdade de gênero	174

CONCLUSÃO 183

REFERÊNCIAS 189

JURISPRUDÊNCIA CITADA 199

PREFÁCIO

O presente livro é uma imponente obra no combate à discriminação de gênero e na compreensão dessa mazela, especialmente sob os pontos de vista tributário, histórico e constitucional. Nesse sentido, essa é uma obra necessária, na medida em que a tributação é massivamente pesada para as mulheres e a brilhante autora expõe de maneira sensível e técnica a flagrante inconstitucionalidade da atual estrutura do status quo, manchada pelo machismo e pelo patriarcalismo. Assim, percebe-se que a tributação não é neutra, muito pelo contrário, segundo as palavras da autora: "a tributação deve, além de não agudizar as diferenças socioeconômicas de gênero, ser ferramenta hábil a contribuir em sua minimização, dada a sua função política e social de buscar, nos termos da Constituição, a redução das desigualdades e promoção do bem de todos".

No livro "Limitações Constitucionais ao Poder de Tributar", do professor Aliomar Baleeiro, atualizado por mim, é defendida a lógica aristotélica de tratar desigualmente os desiguais como a fórmula mais intuitiva da realização da Justiça possível, já que, sobretudo em matéria fiscal, ela é inacessível em forma absoluta e completa. Ao contrário do que se propala, o sistema tributário brasileiro continua muito objetivo e pouco progressivo, sem grandes alterações mesmo após a Constituição de 1988, enquanto a progressividade persiste nos países mais desenvolvidos, permanecendo mais suaves em países como a Inglaterra e EUA, porém mais agressiva na Alemanha, França, ou nos países nórdicos. Nesse ínterim, a propaganda dos mais ricos tem difundido a ideia de que alíquotas mais elevadas são danosas e excessivas, quando elas somente existem para possibilitar que os economicamente menos favorecidos (a grande massa dos brasileiros) tenham sua situação juridicamente contemplada.

Além disso, esse livro chega em boa hora, pois tributação e gênero é um dos temas que mais estão sendo discutidos na reforma tributária, em debates promovidos na Câmara dos Deputados e na Procuradoria da Fazenda Nacional. Desse modo, a Secretaria da Mulher da Câmara dos Deputados, no âmbito da Campanha Março Mulher, promoveu um debate sobre esse importante tema, que contou com representantes dos mais variados ramos do governo e da academia. Apesar dos avanços, o grupo de trabalho responsável por analisar a Proposta de Emenda à Constituição (PEC) nº 45/2019, que altera o Sistema Tributário Nacional, é composto exclusivamente por parlamentares homens e vem tratando do assunto desde fevereiro deste ano.

Nesse contexto, a discussão dessa pesquisa pauta-se em uma reflexão também sobre o acesso à justiça em todas as esferas de poder, visto que a autora muitas vezes evoca a jurisdição constitucional como uma importante ferramenta para equalizar as diferenças de gênero, citando diversos julgados que impactam diretamente a vida cotidiana das mulheres, como o Tema 72 do STF, que declarou inconstitucional a incidência da contribuição previdenciária patronal sobre o salário-maternidade. Igualmente é de alta relevância a decisão da Corte Suprema, que isenta a pensão alimentícia – na maioria dos casos recebida pela mulher-mãe. Dessarte, urge uma diminuição da carga tributária do consumo, haja vista que, segundo a pesquisa de Orçamento Familiar do IBGE, as mulheres despendem maior percentual de sua renda mensal, se comparadas aos homens, em despesas voltadas para alimentação, habitação, vestuário, higiene e cuidados pessoais, assistência à saúde, inclusive com remédios. Assim, as mudanças fiscais propostas pela autora trariam maior racionalidade e eficiência ao sistema tributário nacional, que atualmente acentua diferenças de gênero e as desigualdades materiais.

Dessa maneira, outros incentivos, que não apenas sanções e multas, e políticas públicas circundam esse debate, quando, por exemplo, a autora explica a centralidade e a utilidade da extrafiscalidade como uma ferramenta hábil para combater as desigualdades no mercado de trabalho, por meio, por exemplo, da diminuição de alíquotas, da isenção, da não incidência, do oferecimento de benefícios fiscais, todas as medidas em relação à tributação de bens, serviços e contratos que envolvam a inserção de mulheres no mercado de trabalho. Observa-se que a teleologia voltada ao social e comprometimento com a construção de uma sociedade mais justa permeia todas as páginas, efetivando a interpretação do tributo própria do paradigma do Estado Democrático de Direito: o arranjo normativo de distribuição de justiça fiscal, que, irremediavelmente, se traduzirá em justiça social.

Ademais, essa obra é essencialmente vanguardista e visionária, pois ela não se resume a tratar e descrever o problema por meio de diversas autoras renomadas da filosofia, da história, da sociologia e da ciência política que criticam a separação tradicional entre público e privado e divisão sexual do trabalho, como Flávia Biroli, Judith Butler e Simone de Beauvoir, mas também a propor desenhos e diretrizes para enfrentá-lo através do viés jurídico, por meio da interlocução de diversos atores, tanto do setor público quanto do setor privado. Nessa linha, tendo em vista a omissão do Poder Legislativo, composto majoritariamente por homens, em relação à tributação excessiva das mulheres, é também papel do Poder Judiciário atuar de maneira proativa nessa problemática, diante do princípio constitucional da inafastabilidade da jurisdição e do crescente fenômeno da judicialização das relações sociais.

Tenho fé em que a ilustre autora, advogada e professora Lana Borges, edite, em prosseguimento a este notável livro, que norteará pesquisas e debates, estudos continuados, de igual proficiência.

A continuidade ainda é extremamente relevante, pois há movimentos constantes de retrocesso. Ainda no ano de 2022, tentou-se, dentro do governo findo, predefinir as tarefas domésticas dentro da família, atribuíveis exclusivamente à mulher em discursos do Ministério da Família – quer por meio de intervenção estatal, quer por meio de estratégias de aliciamento ao lar, fundamentadas em preceitos religiosos constrangedores. Tal tendência apresenta-se por convicção religiosa, embora equivocada, ou como alternativa de redução da mão de obra ociosa, em momento de recessão econômica? Sociólogos e cientistas políticos sempre se referiram ao fenômeno da mão de obra feminina como contingência de reserva. Recorre-se às mulheres, conclamando-as ao trabalho extralar, durante os períodos de escassez de trabalhadores/machos disponíveis (guerra, pós-guerra, boom econômico) e expulsam-nas novamente do mercado, restringindo-as ao lar, em períodos de retração ou recessão econômica em que a mão de obra masculina disponível torna-se abundante. A lógica desse movimento de conveniência e eficiência apenas econômica, de expansão e retração da mão de obra feminina no mercado, somente é quebrada nas hipóteses em que as mulheres, por meio dos concursos públicos, como ocorre no Brasil, ingressam estavelmente no mercado.

A proteção da família não pode representar, como desejava o Ministério da Família, na gestão anterior, opressão da mulher, nem das uniões estáveis ou homoafetivas como parece supor uma política oficial, desencadeada por relatos da Bíblia (mal-interpretados) de mais de quatro mil anos atrás e advindos de sociedades escravocratas e excludentes. Filia-se tal posição governamental àquela visão minoritária (em crescente aumento na composição atual do Congresso Nacional), mas ainda contemporânea, segundo a qual a "pretensa desagregação familiar" deve ser atribuída, exclusivamente, à mulher que, envolvendo-se na vida profissional e política, desloca-se de seu lar, desbrava os concursos públicos, ousa investir na pretensiosa posição igualitária àquela do homem. Equiparando-se socialmente a um macho, tomada então por soberba e ambição, ela abandonaria os filhos, descuidaria do zelo com que deve pautar a sua conduta privada e, com isso, seus atos multiplicariam os divórcios e separações, com a triste consequência dos desajustes sociais, considerados, na aludida posição criticada, inerentes às crianças educadas por apenas um dos pais. Tudo continua como se os pecados de Adão (feito bom, diretamente por Deus) ainda fossem fruto da sensualidade pecaminosa e da blasfêmia de Eva/serpente (de bondade debilitada, pois criada indiretamente, de uma costela do próprio Adão).

Tal postura, que criticamos, contraria rica interpretação religiosa dos textos bíblicos em sentido contrário e, em especial, choca-se com os avanços civilizatórios, contemplados em profícuas Cartas de direitos humanos universais, proclamados na ONU e em Constituições dos mais diferentes países, em especial a Constituição brasileira de 1988, que dispõe, em seu artigo 5º, I: "homens e mulheres são iguais em direitos e obrigações, nos termos desta Constituição".

A visão estritamente econômico-utilitária das tarefas domésticas, que aparentemente não fazem crescer o PIB de um país, por não serem remuneradas, desvaloriza-as social, econômica e juridicamente. Os efeitos nocivos de tal desvalorização refletem-se no descaso com a educação em geral; na baixa remuneração de professores, cuja nobilíssima função não se identifica imediatamente no PIB; no tratamento negligente dentro do Imposto sobre a Renda; ou no Imposto sobre a Propriedade; e, finalmente, na ausência de efetiva proteção dentro do Direito Previdenciário (nas pensões e nas expectativas de aposentadoria).

Assim sendo, profundamente equivocado será confundir a proteção da família com repressão à mulher (ou ao homem), com planejamento familiar imposto pelo Estado, em que as tarefas sociais e domésticas seriam predefinidas em leis de intervenção que conduzissem a um modelo estranho ao livre planejamento familiar e à opção digna. Em lugar de repressão, contemporaneamente o que se discute será antes como valorizar as tarefas de educação e de formação da próxima geração brasileira – que se iniciam no lar – não importando quem as desenvolva no seio da família, ou fora dela; como projetar tais valorizações financeiramente no Direito Tributário e Previdenciário de modo que aquele que se dedicar a tais funções domésticas encontre reconhecimento e vida digna; ou ainda como tratar econômica e tributariamente a família: como unidade de ganho e comunidade de vida ou separadamente considerar cada um de seus participantes?

É fundamental repetirmos: a profa. Lana Borges, que já nos iluminou com esta obra tão vanguardista e visionária, deve continuar insistindo, persistindo nos próximos anos, pois preconceitos e repressão de raízes religiosas não se dissipam facilmente, tendem a se repetir em ondas de atrasos e retrocessos. Depositamos fé na clareza de suas lições e na conscientização espelhada em seus trabalhos: hoje e para o futuro.

Misabel Abreu Machado Derzi
Jurista. Professora. Doutora pela UFMG. Especialista em Direito Tributário. Ex-procuradora-geral do Estado de Minas Gerais e do Município de Belo Horizonte.

APRESENTAÇÃO

O universo feminino grego da época clássica pode também ser intuído em Antígona, conhecida peça de Sófocles, que os juristas adoram utilizar como certidão de nascimento do direito natural. Sófocles, o dramaturgo, nasceu em Colonos, perto de Atenas. Viveu no tempo de Péricles, momento de muita riqueza e esplendor. Sófocles ambientou suas peças em torno de Édipo, o herói que matou o pai e se casou com a própria mãe. Antígona era filha incestuosa de Édipo, nascida do ventre da infeliz Jocasta. O drama de Édipo ilustrou um dos mais importantes argumentos da tradição freudiana. E o argumento de Antígona ilustra um dos mais importantes argumentos da tradição jurídica ocidental.

Antígona desafiou a concepção positivista de norma, invocando regras transcendentais como justificativa de seu desafio. Sua ação deve ser avaliada num contexto histórico específico, em que à mulher não era autorizado o uso da lei. As mulheres eram desprovidas de direitos, viviam subjugadas ao poder masculino. Ismênia, que era irmã de Antígona, realisticamente advertiu a heroína que a condição feminina iria diminuí-las. Lembrou que não poderiam se esquecer que eram mulheres e que viviam em uma sociedade que lhes negava direitos. Argumentava que não poderiam lutar contra os homens. Reconhecia que uma situação de absoluta submissão condenava-as.

Antígona sofria também penalidades indiretas que a privavam de existência plena de mulher, e afirmou: "E agora sou arrastada, virgem ainda, para morrer, sem que houvesse sentido os prazeres do amor e os da maternidade. (...) Deuses imortais, a qual de vossas leis eu devo obedecer?". Interessante como a imagética da justiça (uma deusa) é feminina enquanto que a prática rejeita esse postulado. Triste, mas reversível. É o que estimula o esforço da autora.

Acredito que, ao tratar de uma mulher desafiadora das leis da cidade, Sófocles problematizava o papel feminino. Os contemporâneos nos enamoramos da heroína. Os antigos a criticavam porque ela ousou desafiar as leis da cidade. Perguntada por que desafiou o rei, Antígona respondeu em uma das passagens mais dramáticas de nossa tradição cultural: desrespeitava a lei porque não fora Júpiter quem a promulgou; o decreto de Creonte não fora estabelecido pelas divindades subterrâneas da justiça. As leis que cumpria não foram escritas pelos mortais, nunca foram escritas, mas eram irrevogáveis. Não foram escritas ontem, era [são] eternas.

E é justamente a falta de positividade de leis eternas, em que seríamos (porque somos) efetivamente iguais que resulta também na multiplicação de desigualdades de gênero, com as quais convivemos, muitas vezes sem a percepção do problema. Ou finge-se que não se vê. Parece que a discriminação seria natural. Um erro. Um engano. Há necessidade de que se denuncie esse desacerto. E é justamente esse o ponto central do livro que o leitor e a leitora têm em mãos. Mais que uma tese acadêmica convertida em texto de doutrina, Lana Borges Câmara nos entrega uma denúncia.

"Tributação de gênero: políticas públicas de extrafiscalidade e a luta pela igualdade" é ao mesmo tempo um ato de fé, um antídoto e um aviso de incêndio. A autora tem como ponto de partida o fato (indiscutível) de que "as distinções socioeconômicas entre homens e mulheres são gritantes".

Lana sustenta o argumento dos papeis de gênero no contexto da depreciação das mulheres, aproximando temas de sociologia, de cultura, de história e de economia. Fecha todos esses nichos com um retrato normativo de uma situação que exige mudança. E comprova com dados a linha definidora da denúncia. É um livro de militância, justamente porque aponta um problema, indicando um conjunto de mecanismos de enfrentamento.

A parte inicial do trabalho explora o tema da construção social dos papéis de gênero. Esse momento do livro trata da divisão sexual do trabalho, com ênfase na opressão e na marginalização do trabalho feminino. A autora lembra-nos Carole Pateman, cientista política que em "O Contrato Sexual" inverteu a lógica centrada na premissa do contrato social independente de suas nuances de gênero. Lana parece pensar como a filósofa britânica. E é na Inglaterra que puxa o fio condutor da insurgência.

Por isso, na parte histórica, Lana retoma a luta das "sufragetes". Na Inglaterra, a recusa do pagamento de tributos, por parte das mulheres, decorria do fato de que, impedidas de votar, as mulheres estavam desprovidas de cidadania. Lana descreve esse momento, projetando, como argumento lateral, a premissa de que o ônus da tributação deveria ser acompanhado de direitos outorgados pela condição de cidadania.

O ponto central do livro concentra-se nas relações entre tributação, gênero e políticas públicas de extrafiscalidade. Nessa parte, percebe-se o pleno domínio que Lana tem do campo, o que revela a trajetória profissional da autora. Procuradora da Fazenda Nacional, tendo ocupado inúmeros postos de destaque, sempre convocada por brilho e merecimento, Lana conhece o direito tributário em suas três dimensões. Domina os institutos em seu aspecto conceitual, e nesse pormenor expõe com clareza o tema da regressividade, retomado hoje no ambiente de discussão da reforma tributária. Conhece o processo tributário em suas várias nuances, inclusive sob o olhar do julgador, o que revela sua experiência pretérita como assessora de Ministro no Supremo Tribunal Federal. E conhece também o direito tributário em sua dimensão de instrumento de política pública, porque tem amplo conhecimento com a construção de normas fiscais, atuando nos órgãos centrais do Ministério da Fazenda.

Ao conhecimento prático, Lana agregou estudos profundos sobre o tema da regressividade (que é na essência a tese propriamente dita, do ponto de vista rigorosamente acadêmico), explorando dimensões estatísticas, apresentando números que colheu junto ao IBGE. Com dados precisos, a autora sustenta que políticas públicas em favor da diminuição das assimetrias de gênero podem ser alavancadas com instrumentos tributários.

A autora argumenta que "os tributos devem ser veículos de estímulo à inserção de um maior número de mulheres no mercado de trabalho e de uma progressão também das mulheres dentro das instituições e empresas". Isto é, não prega distribuição de favores ou facilitação ou redução de incidências. Quer usar o tributo como técnica de inserção da mulher no mercado de trabalho, o que revela ética que dá alicerce a um esforço argumentativo genuíno. Afinal, escreveu que "existe um ambiente profissional próprio para as mulheres, repleto de diferenças, sejam salariais, sejam de acesso ao mercado de trabalho, sejam de volume de horas de trabalho". O que fazer?

Lana explora o tema no direito comparado e na literatura especializada. Retoma a jurisprudência. Especialmente, refere-se à ADI nº 5.422, que tratou da incidência do imposto de renda sobre os valores recebidos a título de pensão alimentícia. Explicou também o RE nº 576.967/PR, paradigmático no contexto da efetiva proteção do mercado de trabalho da mulher. Cuidou da ADI nº 5.422/DF, que é central na vinculação categoria entre o direito tributário e a igualdade de gênero. Explorou os vários esforços normativos que há no assunto, indicando os projetos de lei que avançam, mas que ainda não se concretizaram.

A autora dedica o livro à filha, Helena, que – lê-se na parte pré-textual – a inspira a ser uma mulher mais forte todos os dias. E, a exemplo de Antígona, Lana é destemida lutadora contra preconceitos e fórmulas discriminatórias.

"Tributação de gênero: políticas públicas de extrafiscalidade e a luta pela igualdade" será no futuro festejado e lembrado como um livro que marca um divisor de águas em uma luta que é de todos nós. E, no presente, é livro essencial para compreensão de nossa condição, de nosso tempo, de nossos paradoxos e de nossas possibilidades.

Brasília, outono de 2023.

Arnaldo Sampaio de Moraes Godoy
Livre-docente pela Faculdade de Direito da Universidade de São Paulo-USP.

INTRODUÇÃO

"O poder é a habilidade não apenas de contar a história de outra pessoa, mas de fazer com que ela seja a sua história definitiva". (Adiche, 2019)

É visível e incontestável o crescente debate referente às desigualdades de gênero nos últimos anos, no Brasil e no mundo. Tais discussões envolvem tanto a iniciativa privada quanto a Administração Pública, e projetam-se e multiplicam-se na academia. A interdisciplinaridade da matéria é inegável, sob qualquer ângulo de que se possa partir, fazendo uso de qualquer bússola que oriente a trajetória do estudo. São aspectos históricos, sociais, econômicos e culturais, dos quais se originam os contrastes de gênero, que precisam ser considerados, para que se faça uma análise séria da temática.

As distinções de gênero, e seus desdobramentos, suplantam o ordenamento jurídico. No entanto, a superação das disparidades, ou seja, a redução dos contrastes entre homens e mulheres, passa por todos os microssistemas normativos e deles depende para ser efetiva. Como bem acentuado por Eros Grau, "[o] direito positivo é contraditório: está a serviço do modo de produção social dominante e, concomitantemente, consubstancia a derradeira garantia de defesa das classes subalternas".[1] Subalternas não apenas do ponto de vista econômico. Mas, na atual estrutura normativa brasileira, todos os grupos vulneráveis dependem do ordenamento jurídico para que tenham seus direitos e garantias minimamente assegurados e materializados.

---

[1] GRAU, Eros Roberto. *Por que tenho medo dos juízes*: a interpretação/aplicação do direito e os princípios. 10. ed. São Paulo: Malheiros, 2021. p. 14.

Para se travar de modo fundamentado debates sobre gênero,[2] é necessária a consideração dos aspectos que, histórica e simultaneamente, resultam na construção dos conceitos de mulher, de gênero feminino, de divisão sexual do trabalho doméstico e de depreciação de todas as atividades, remuneradas ou não, realizadas pela mulher. A concepção de gênero, embora não seja uníssona ou hermética, é trabalhada, mais usualmente, como é um conjunto de papéis culturais. É um rol de comportamentos, uma *performance*. Uma coreografia social e cultural de máxima desigualdade e com repercussões sobre toda a sociedade.

Há, no Brasil, grupos de estudos e pesquisas jurídicos sobre gênero e que congregam mulheres das mais diversas áreas jurídicas.[3] [4] Alguns desses grupos têm por finalidade suscitar discussões sobre as dificuldades econômicas ou profissionais encontradas pela parcela feminina da população, bem como seus avanços e ocupações dos espaços de decisão. Outros objetivos vinculam-se à cobrança da presença das mulheres em discussões jurídicas constitucionais, tributárias e orçamentárias. Entre os muitos assuntos cujos debates já foram iniciados apresenta-se o tema tributação e gênero.

---

[2] Ressalta-se que este trabalho está limitado ao conceito binário de gênero, conceito cisgênero, muito embora se compreenda toda a relevância dos temas relacionados à transgeneridade. BENTO, Berenice. *A reinvenção do corpo*: sexualidade e gênero na experiência transexual. 3. ed. Natal: Devires, 2017. p. 86-88: "O sistema binário (masculino *versus* feminino) produz e reproduz a ideia de que o gênero reflete, espelha o sexo e que todas as outras esferas constitutivas do sujeito estão amarradas a essa determinação inicial: a natureza constrói a sexualidade e posiciona os corpos de acordo com as supostas disposições naturais".

[3] Como resultado dessa inquietação generalizada, foi criado, em dezembro de 2019, um movimento no âmbito da Procuradoria da Fazenda Nacional, denominado *Tributos a Elas*. O grupo, que congrega procuradoras da Fazenda Nacional, busca dialogar sobre as adversidades sociais, econômicas e profissionais das mulheres, dentro e fora da Instituição. Além dos objetivos voltados à Instituição, o movimento pretende inserir as procuradoras em discussões jurídicas constitucionais, tributárias e orçamentárias, que afetam as mulheres de modo geral. Outras informações complementares sobre o *Tributos a Elas* estão disponíveis em: https://www.gov.br/pgfn/pt-br/paginas-avulsas-1/conheca-o-grupo-201ctributos-a-elas201d. Acesso em: 30 jun. 2022.

[4] Entre os grupos de estudos, há ainda outro que reúne mais de 140 mulheres tributaristas, entre elas, procuradoras, que se manifestam enquanto pesquisadoras, professoras e advogadas. Denominado *Tributação e Gênero*, cujas atividades foram iniciadas em abril de 2020, o referido grupo é resultado de uma parceria entre a Fundação Getulio Vargas/SP, o movimento *Tributos a Elas* e o grupo *WIT Women in Tax Brazil*. Como materialização dos trabalhos dessas pesquisadoras, foi amplamente publicizado e encaminhado à Câmara dos Deputados texto em que continham propostas pertinentes à reforma tributária, tendo por foco as questões de desigualdade de gênero no Brasil. O documento *Reforma tributária e desigualdade de gênero: contextualização e propostas* encontra-se disponível em: https://direitosp.fgv.br/sites/direitosp.fgv.br/files/arquivos/reforma_e_genero_-_sumario_executivo.pdf. Acesso em: 05 jan. 2022.

Diante de todos os pontos suscitados, o presente texto tem o objetivo de intensificar a aproximação jurídica entre tópicos de tributação e gênero, influenciando o fomento dos outros trabalhos que envolvem a questão socioeconômica das mulheres no Brasil e contribuindo com a discussão e realização de medidas tributárias que podem ser adotadas na busca pela relativização, pelo achatamento dessas discrepâncias.

A trajetória é percorrida a partir da análise crítica da Constituição, da índole extrafiscal da tributação, da análise de julgado específico do Supremo Tribunal Federal e da leitura de obras jurídicas e não jurídicas existentes. Da mesma forma, o texto se apoia em dados e percentuais e, por isso, a construção de argumentos que partem dos dados é resultado também de uma metodologia quantitativa. Objetiva-se, igualmente, inventariar alternativas de enfrentamento, propostas pela sociedade civil e pelo próprio Poder Judiciário.

A relação mais elementar que vincula as temáticas gênero e disparidades socioeconômicas entre homens e mulheres é a divisão sexual do trabalho. As causas das distinções patrimoniais entre homens e mulheres, entre elas a divisão sexual do trabalho, é antecedente que precisa ser visitado, explorado, para a adequada compreensão, também jurídica, do tema gênero, seu conceito e as repercussões que dele advêm. Bases pretensamente científicas, psicológicas e biológicas foram usadas para tentar justificar a inferiorização feminina.

O desenrolar das movimentações históricas impõem uma conclusão inafastável: as relações de poder determinam a divisão sexual e social do trabalho. Entre grupos hegemônicos e aqueles vulneráveis. Também entre homens e mulheres. Entre brancos e pretos. E não há dúvidas de que as relações de poder submetem as mulheres à degradação social. No Capítulo 1, são abordadas, exatamente, as circunstâncias que estruturam a disparidade entre homens e mulheres, desequilíbrio resultante de uma construção social da qual metade da humanidade – as mulheres – não participou, mas que nelas severamente reverbera.

Se a igualdade é mandamento constitucional, imperioso a toda e qualquer relação, pública ou privada, angariar soluções de minimização desses contrastes socioeconômicos de gênero no Brasil é responsabilidade de todo o corpo social – agentes e instituições privados e públicos. Essa não é, definitivamente, uma questão que envolve apenas mulheres. Circunda e avança sobre a sociedade, compromete a dignidade da pessoa humana, valor máximo do Estado Democrático de Direito. É esse o cerne do Capítulo 2 – A luta pela igualdade.

No Brasil, como dito, crescem os debates, inclusive acadêmicos, travados em relação às disparidades econômicas e sociais entre homens e mulheres. Os contrastes são estatisticamente comprovados, segundo os órgãos oficiais de pesquisas, como demonstram relatórios.[5] Se as discrepâncias entre as situações econômicas de mulheres e homens são abissais e perpetuadas, e se a Constituição do Brasil traz como alicerce o princípio da igualdade, para além da igualdade formal, haveria, então, o descumprimento do conjunto de valores contidos no texto constitucional?

As personagens dessas realidades distintas enfrentam também discriminação na seara profissional. Nessa ambiência, as pesquisas indicam quadros factuais repletos de diferenças, sejam salariais, sejam de acesso ao mercado de trabalho, sejam de volume de trabalho. Isso quer dizer que as mulheres têm seus produtos laborais – remuneração, bens, direitos – depreciados. A discrepância entre as realidades de homens e de mulheres, em seus aspectos econômicos, pode ser mensurada e permeia os cenários de quase todos os países, ainda que suas legislações que impõem a igualdade. Há o afastamento entre a norma idealizada e a norma realizada. O direito formal e o direito vivo.

Como consta de maneira clara na Constituição Federal, a conjunção dos valores eleitos pela Assembleia Constituinte alçou ao *status* máximo a igualdade, conduzindo essa ideologia para muito além do art. 5º do texto constitucional. A determinação não se circunscreve à igualdade formal, mas, sim, à igualdade material. É exigido, portanto, de todos os agentes públicos, em todas as suas esferas de atuação, por meio de todos os atos e de todas as políticas públicas, que a igualdade seja materializada. Essa é a ordem constitucional, essa é a ideologia da Constituição de 1988. É um dever. O princípio da igualdade configura uma diretriz inafastável, um conceito positivo de condutas promotoras da igualação jurídica.

Prestam-se todos os sistemas normativos a esse objetivo maior: a igualdade. Todo o agrupamento de leis e atos infralegais serve para dar tangibilidade aos objetivos da Constituição. São eles os atos normativos, aparatos do Estado para a construção de uma sociedade livre, justa e solidária, sem discriminação de qualquer espécie, como previsto nos

---

[5] INSTITUTO BRASILEIRO DE GEOGRAFIA E ESTATÍSTICA (IBGE). *Estatísticas de gênero*: indicadores sociais das mulheres no Brasil. Rio de Janeiro, 2021. Disponível em: https://biblioteca.ibge.gov.br/index.php/biblioteca-catalogo?view=detalhes&id=2101784. Acesso em: 26 mar. 2022.

objetivos fundamentais da República (art. 3º da CF). Os microssistemas normativos, entre eles também o sistema tributário nacional, devem observância irrestrita à Constituição. Questão em relação à qual não se pode mais discutir. Todos os sistemas normativos.

Parte-se do princípio da igualdade e de suas implicações no mercado de trabalho da mulher, especialmente quanto à eficácia concreta no que se refere à promoção de igualdade de gênero, mediante a materialização de políticas públicas. O problema da igualdade de gênero, como questão de direitos sociais, demanda a adesão de todos os microssistemas, inclusive do sistema tributário nacional.

Especificamente sobre o mercado de trabalho da mulher, muito embora esse campo deva receber incentivos específicos, como previsto na Constituição de 1988, a fim de que sejam realizados valores inerentes ao Estado Democrático de Direito, estabelecidos por aquele texto constitucional, seja no aludido art. 3º, seja no art. 7º, XX, da Constituição Federal, a realidade não é essa. Se não há igualdade no mercado de trabalho entre homens e mulheres e se essas discrepâncias agudizam o já mencionado abismo econômico e social entre trabalhadoras e trabalhadores, o que é possível afirmar, diante do mandamento constitucional, é que o Estado deve arregimentar todos os esforços para que essa isonomia seja conquistada.

Pode a tributação ser utilizada para buscar a minimização das disparidades socioeconômicas de gênero no Brasil? A tributação deve ser empregada para essa finalidade, tendo em vista a estrutura e a ideologia da Constituição de 1988? Em que medida também o microssistema tributário deve se ater à igualdade de gênero, na persecução por sua promoção e realização? Quais são os atores que devem estar envolvidos na elaboração, construção e implementação das políticas públicas que tenham por objeto a utilização de medidas tributárias para a supressão das desigualdades socioeconômicas de gênero? São essas as perguntas que animam este texto e permeiam o seu Capítulo 3.

A tributação deve, além de não agudizar as diferenças socioeconômicas de gênero, ser ferramenta hábil a contribuir em sua minimização, dada a sua função política e social de buscar, nos termos da Constituição, a redução das desigualdades e promoção do bem de todos (art. 3º, III e IV), a proteção do mercado de trabalho da mulher (art. 7º, XX), a justiça fiscal, própria de um Estado Democrático de Direito (art. 1º), e a igualdade material entre cidadãs e cidadãos (art. 5º, I). Essa linha argumentativa é também abrangida no Capítulo 3.

Há de ser observado, contudo, que as políticas públicas, sua compreensão, sua definição e elaboração, não se limitam ao campo do direito. Do ponto de vista jurídico, para muitos pesquisadores, as políticas públicas estão vinculadas, de modo estreito, aos direitos sociais e às suas garantias. É inquestionável, todavia, que medidas concretas são imprescindíveis. Mecanismos capazes de corrigir as discriminações sociais, econômicas, e de tantas outras ordens, e aptos a promover o desenvolvimento da pessoa humana.

O questionamento jurídico que orienta este texto desdobra-se em análise crítica e estudo sobre o repositório normativo tributário vigente. O modelo tributário vigente dá consistência ao mandamento constitucional referente à igualdade de gênero? São fomentadas políticas públicas tributárias de relativização dessas desigualdades? Há políticas de discriminações positivas pertinentes à temática? Pode-se constatar que há disposições constitucionais quanto à igualdade que se atrelam à necessidade de um mercado de trabalho da mulher menos corrosivo, concebidas para serem de eficácia máxima e que foram transformadas – pela realidade dos fatos – como de eficácia mínima.

A legislação tributária vigente, de acordo com as pesquisas que antecedem a esta, acentua agudas diferenças socioeconômicas de gênero, na medida em que, entre outros aspectos, não faz, por intermédio de instrumentos extrafiscais, discriminações positivas em relação às mulheres. A necessidade desses fatores de fomentação do mercado de trabalho feminino está diretamente relacionada a evidências, oficialmente comprovadas, de que as mulheres trabalham mais, consideradas as atividades renumeradas ou não, e recebem menores salários, dentro do setor privado.

Cabe, desse modo, discutir aqui o problema, relevante para toda a sociedade, que são as disparidades de gênero, colaborando de forma efetiva com estudos contemporâneos que se concentram nessa importantíssima questão. É necessária a compreensão do sistema tributário nacional a partir da ótica constitucional da igualdade, valor eleito pela sociedade como estrutura do Estado Democrático de Direito no Brasil, examinando-se em que grau tal sistema materializa, ou busca materializar, a igualdade de gênero dentro do mercado de trabalho, cumprindo, assim, mandamento constitucional.

A igualdade material, como diretriz inafastável de todos os sistemas normativos, possibilita que medidas fundamentadas no *discrímen* positivo sejam elaboradas. Por isso, as políticas públicas cujo escopo seja discriminar positivamente as mulheres para combater as suas vulnerabilidades econômicas encontram alicerce na ideologia, na axiologia constitucional. E, seriam elas, por consequência, a fórmula para a mitigação e a minimização das discrepâncias sociais patrimoniais. A ausência de medidas tributárias voltadas para a concretização da igualdade é a omissão a ser suprimida.

O direito constitucional contemporâneo abrange mais interpretações e repercussões do que só aquelas que interessam ou tenham por fonte a ótica dos grupos de poder, que exercem hegemonia racial, de gênero e econômica. E, por isso, a igualdade precisa ser debatida também da perspectiva daqueles que não conseguem ser adequadamente representados no círculo dos Poderes Legislativo e Executivo, para dar lugar à verdadeira democracia.

É certo que o direito tem um sentido instrumental. Viabiliza a construção de arranjos institucionais que se propõem a atender demandas sociais, legitimadas por intenso processo de discussão, de problematização e de indicação de caminhos. Assim sendo, precisa também servir à priorização, à construção e à execução de políticas públicas.

Os estudos que conectam, no âmbito nacional, a redução de desigualdades à compreensão da tributação como medida para a redução das disparidades sociais patrimoniais são vários e já se encontram divulgados. Mencionados autoras e autores sugerem um recorte da tributação como recurso hábil a reduzir desigualdades de gênero no Brasil. E a construção de políticas públicas de intervenção estatal na economia e a tributação indutiva são claramente vistas como ferramental necessário, um deles, obviamente, para a minimização das distâncias de gênero. Os estudos que conectam disparidades de gênero, tributação e políticas públicas são, igualmente, a base de desenvolvimento do Capítulo 3 deste trabalho.

A funcionalidade corretiva da tributação é que estimula os questionamentos que ora se colocam, no que se refere, objetivamente, à acomodação do princípio da igualdade (e de seu incentivo) em face do problema das assimetrias de gênero. Admite-se, assim, que esse liame seja concreto e que deva ser analisado da perspectiva do papel da tributação, seus limites e possibilidades nos Estados contemporâneos. Nessa perspectiva, busca-se a concretude da igualdade de gênero, o que sugere também, como já referido, estreita vinculação entre tributação e os direitos humanos, reconhecida na academia e, inclusive, pelos órgãos oficiais de pesquisa no Brasil.[6]

A permanente mudança da sociedade realça e aguça as discussões sobre desigualdade de gênero, que perpassam disciplinas como história, antropologia, psicologia e economia, e que guardam um ponto focal, qual seja, a busca pela concretização de igualdade, a superação de uma base cultural e social, na qual mulheres são seres distintos e inferiores. A igualdade de gênero é, sem dúvida, e como já reconhecido por diversos autores e autoras, uma questão de concretização de direitos humanos.

As políticas públicas são mecanismos pelos quais o Estado transforma a realidade da sociedade, de modo a identificar os seus problemas prementes, inseri-los em uma agenda de discussão pública, elaborar a política pública de correção ou de inclusão e avaliar a eficácia da implementação desse procedimento. E, ao tratar de políticas públicas, nascidas de demandas da sociedade civil ou a partir da provocação e da atuação do Supremo Tribunal Federal, da tributação como instrumento de superação das desigualdades de gênero, o Capítulo 4 dá destaque a ponto antes mencionado, a necessidade de que tais políticas públicas sejam consolidadas por todos os agentes públicos, em todas as esferas de poder.

Nesse sentido, as políticas públicas são respostas do Estado, bem como dos agentes públicos que em seu nome atuam, aos conflitos surgidos no âmbito da coletividade e que possuem nascimentos em vertentes diversas, a exemplo da cultura, da economia, da história e da sociologia. As políticas públicas são, portanto, a institucionalização de formas de mediação de conflitos, de atritos e de tensões sociais.

Como toda pesquisa acadêmica, este estudo busca avançar no debate de temas relacionados à humanização do direito tributário e a sua utilização como instrumento para a superação de desigualdades de gênero. Contudo, temos que reconhecer que estamos apenas dando seguimento a um esforço incansável de mulheres que têm se dedicado à luta por uma tributação mais justa da perspectiva de gênero.

Das 86 (oitenta e seis) obras e artigos estudados e citados (além de outros documentos, entre eles relatórios da ONU, IBGE, IPEA): 64

---

[6] INSTITUTO BRASILEIRO DE GEOGRAFIA E ESTATÍSTICA (IBGE). *Estatísticas de gênero*: indicadores sociais das mulheres no Brasil. 2. ed. Rio de Janeiro, 2021. Disponível em: https://biblioteca.ibge.gov.br/visualizacao/livros/liv101784_informativo.pdf. Acesso em: 06 jul. 2022.

(sessenta e quatro) são trabalhos escritos unicamente por mulheres e 6 (seis) são textos escritos em conjunto, por homens e mulheres. O percentual de obras de autoria exclusiva de mulheres é de mais de 75% (setenta e cinco por cento). Assim, está entre os objetivos do texto, destacar e divulgar pesquisas acadêmicas de outras mulheres.

É importantíssimo que mais e mais estudos acadêmicos sejam produzidos, neste e em outros campos onde a tributação pode servir como instrumento para a redução de desigualdades. A resistência é grande. As tentativas de desqualificação dessas pesquisas como trabalhos científicos "sérios" são claras e apresentam-se à luz do dia. Portanto, é urgente e necessário que os artigos, dissertações, teses e livros se multipliquem, para que, quem sabe um dia, tenhamos um sistema tributário que realize os valores e princípios da Constituição Federal de 1988.

CAPÍTULO 1

DISTANCIAMENTOS, DESIGUALDADES E O MERCADO DE TRABALHO DA MULHER

"Em qualquer momento específico na história, cada 'classe' é constituída por duas classes distintas – homens e mulheres" (LERNER, 2019).

Como afirmado na introdução, o despertar da sociedade mundial para o tema desigualdade de gênero ganhou amplificação e força nos últimos anos, comprovando a relevância de que mais discussões, principalmente em ambiente acadêmico, sejam suscitadas. No Brasil, os contrastes econômicos e sociais estão publicamente divulgados por entidades oficiais de estudos e pesquisas,[7] também como já indicado, e são essas dessemelhanças, suas causas e seus impactos que receberão maiores detalhamentos nas próximas linhas deste capítulo. É um assunto que exige enfrentamento acadêmico.

Estudos históricos dão conta de que houve, de modo arraigado na sociedade, a construção do papel da mulher nos espectros social, sexual, cultural e econômico, o que forma a concepção atual de gênero.[8] Apesar de os textos constitucionais dos países democráticos conterem preceitos de igualdade de todas e todos, os índices estatísticos revelam que, embora a mulher venha sendo inserida paulatinamente no mercado

---

[7] INSTITUTO BRASILEIRO DE GEOGRAFIA E ESTATÍSTICA (IBGE). *Estatísticas de gênero*: indicadores sociais das mulheres no Brasil. 2. ed. Rio de Janeiro, 2021. Disponível em: https://biblioteca.ibge.gov.br/visualizacao/livros/liv101784_informativo.pdf. Acesso em: 06 jul. 2022.
[8] DAVIS, Angela. *Mulheres, raça e classe*. Trad. Heci Regina Candiani. São Paulo: Boitempo, 2016. p. 225.

de trabalho, suas condições de trabalho são – e muito – distintas das conjunturas do mercado masculino.

Como são estruturadas as diferenciações de gênero? Como se dá essa distinção? Quais são as bases para que o trabalho de homens e mulheres, desempenhado para a materialização de uma mesma atividade, seja qualificado de modo distinto? Esse desnível, esse fosso, encontrado no mercado de trabalho tem que nascedouro? Qual a relação entre a divisão sexual do trabalho, o trabalho invisível e o mercado de trabalho das mulheres? Há mensuração das repercussões econômicas no Brasil advindas das desigualdades socioeconômicas de gênero?

Este capítulo destina-se a dar início à análise do que são os papéis de gênero, sua origem, ou melhor, suas origens, suas implicações, e quais as repercussões dessa distinção entre os gêneros no mercado de trabalho. Para tanto, é atravessada a construção social que deu azo à divisão sexual do trabalho e à desqualificação de todas as atividades, que foram por séculos vinculadas de modo extremamente pejorativo às mulheres e ao universo feminino.

1.1 A construção social dos papéis de gênero

A expressão "gênero" tem sido amplamente utilizada nas mais diversas circunstâncias, ambiências e discussões. Desde o âmbito acadêmico, passando pela esfera política e alcançando os tribunais, fala-se em gênero de modo reiterado. O conceito de gênero, para o contexto específico sobre o qual se assenta esta pesquisa, é delineado e limitado, mas guarda pertinência com um feixe de interdisciplinaridades, de intersecções.

Gênero é o conceito central da teorização feminista. O termo ganha grande repercussão na segunda metade do século XX. Traduz a perspectiva teórica e política de desnaturalizar a desigualdade de sexo. Representa a luta contra a opressão histórica das mulheres, centralizada em seu corpo e sua capacidade reprodutiva.[9] Essa luta se consubstancia em uma ampla crítica cultural ao sexismo, ao androcentrismo e à misoginia. A acepção de gênero neste trabalho estrutura-se nas concepções

---

[9] CARVALHO, Maria Eulina Pessoa de, RABAY, Glória, BRABO, Tania Suelly Antonelli Marcelino, FÉLIX, Jeane, DIAS, Alfrancio Ferreira. *Direitos humanos das mulheres e das pessoas LGBTQI*: inclusão da perspectiva da diversidade sexual e de gênero na educação e na formação docente. João Pessoa: Editora da UFPB, 2017.

apresentadas por Joan Scott,[10] Gerda Lerner[11] e Judith Butler,[12] estudiosas da temática, cujas conclusões foram expostas em distintas óticas, em cenários diversos e em diferentes momentos.

Como dito na introdução, aqui, as contraposições entre os gêneros se darão em uma perspectiva reduzida ao binarismo, tendo em conta a limitação do objeto desta análise.[13,14] É incontestável, no entanto, que as questões que ultrapassam a cisgeneridade devem ser objeto de estudos e pesquisas acadêmicas, considerando sua relevância. Feito esse primeiro esclarecimento sobre o objeto da pesquisa, o que seria gênero? O que essa expressão representa? Quanto de poder simbólico ela carrega? Quais as causas originárias das inúmeras distinções entre homens e mulheres?

Nas palavras da historiadora Gerda Lerner, autora austríaca, professora emérita de História da Universidade de Wisconsin-Madison, que faleceu em 2013, "gênero é um conjunto de papéis culturais. É uma fantasia, uma máscara, uma camisa de força com a qual homens e mulheres dançam sua dança desigual".[15] Conforme assinalado por Judith Butler, "[s]ão os significados culturais assumidos pelo corpo sexuado".[16] "Gênero só se refere aos domínios – tanto estruturais quanto ideológicos – que implicam em relações entre os sexos",[17] como afirma Joan Scott. Em resumo, pode-se dizer que seriam *scripts* desempenhados pelas pessoas, para garantir a aprovação social. Pressões e avaliações constantes do grupo social.

Joan Scott, ainda em 1989, escreve sobre a expressão gênero e suas repercussões históricas e políticas. No texto, a autora afirma que

---

[10] SCOTT, Joan Wallach. Gênero: uma categoria útil para análise histórica. *Gender and the Politics of History*. Trad. Christine Rufino Dabat e Maria Betânia Ávila. New York: Columbia University Press, 1989.

[11] LERNER, Gerda. *A criação do patriarcado*: história da opressão das mulheres pelos homens. Trad. Luiza Sellera. São Paulo: Cultrix, 2019.

[12] BUTLER, Judith P. *Problemas de gênero*: feminismo e subversão da identidade. Trad. Renato Aguiar. 21. ed. Rio de Janeiro: Civilização Brasileira, 2021.

[13] BUTLER, Judith P. *Problemas de gênero*: feminismo e subversão da identidade. Trad. Renato Aguiar. 21. ed. Rio de Janeiro: Civilização Brasileira, 2021. p. 56 e ss.

[14] BENTO, Berenice. *A reinvenção do corpo*: sexualidade e gênero na experiência transexual. 3. ed. Natal: Devires, 2017. p. 99 e ss.

[15] LERNER, Gerda. *A criação do patriarcado*: história da opressão das mulheres pelos homens. Trad. Luiza Sellera. São Paulo: Cultrix, 2019. p. 289.

[16] BUTLER, Judith P. *Problemas de gênero*: feminismo e subversão da identidade. Trad. Renato Aguiar. 21. ed. Rio de Janeiro: Civilização Brasileira, 2021. p. 25-26.

[17] SCOTT, Joan Wallach. Gênero: uma categoria útil para análise histórica. *Gender and the Politics of History*. Trad. Christine Rufino Dabat e Maria Betânia Ávila. New York: Columbia University Press, 1989. p. 14-15.

as feministas norte-americanas se utilizaram do termo para se referirem à organização social da relação entre os sexos. Elas queriam insistir no caráter fundamentalmente social das distinções entre homens e mulheres, e o uso dessa terminologia – gênero – era uma declarada rejeição ao determinismo biológico.[18]

Nos termos do trabalho da historiadora, "o gênero é igualmente utilizado para designar as relações sociais entre os sexos", "o gênero é, segundo essa definição, uma categoria social imposta sobre um corpo sexuado" e, por fim, ainda segundo a autora, "o gênero se tornou uma palavra particularmente útil, porque ele oferece um meio de distinguir a prática sexual dos papéis atribuídos às mulheres e aos homens".[19]

Para Judith Butler, gênero é uma *performance* em permanente construção. A autora, no livro *Problemas de gênero: feminismo e subversão da identidade*, expõe, de modo claro, criticando a questão da divisão binária dos gêneros, que, "mesmo quando o gênero parece cristalizar-se em suas formas mais reificadas, a própria 'cristalização' é uma prática insistente e insidiosa, sustentada e regulada por vários meios sociais".[20] "O gênero é a estilização repetida do corpo, um conjunto de atos repetidos no interior de uma estrutura reguladora altamente rígida, a qual se cristaliza no tempo para produzir a aparência de uma substância, de uma classe natural de ser", de acordo com Butler, em sua análise crítica à binaridade, que amarra pessoas aos sexos feminino e masculino.[21]

---

[18] SCOTT, Joan Wallach. Gênero: uma categoria útil para análise histórica. *Gender and the Politics of History*. Trad. Christine Rufino Dabat e Maria Betânia Ávila. New York: Columbia University Press, 1989. p. 10.

[19] SCOTT, Joan Wallach. Gênero: uma categoria útil para análise histórica. *Gender and the Politics of History*. Trad. Christine Rufino Dabat e Maria Betânia Ávila. New York: Columbia University Press, 1989. p. 14: "Ademais, o gênero é igualmente utilizado para designar as relações sociais entre os sexos. O seu uso rejeita explicitamente as justificativas biológicas, como aquelas que encontram um denominador comum para várias formas de subordinação no fato de que as mulheres têm filhos e que os homens têm uma força muscular superior".

[20] BUTLER, Judith P. *Problemas de gênero*: feminismo e subversão da identidade. Trad. Renato Aguiar. 21. ed. Rio de Janeiro: Civilização Brasileira, 2021. p. 69.

[21] BUTLER, Judith P. *Problemas de gênero*: feminismo e subversão da identidade. Trad. Renato Aguiar. 21. ed. Rio de Janeiro: Civilização Brasileira, 2021. p. 69-70: "Se há algo de certo na afirmação de Beauvoir de que ninguém nasce e sim torna-se mulher decorre que mulher é um termo em processo, um devir, um construir de que não se pode dizer com acerto que tenha uma origem ou um fim. Como uma prática discursiva contínua, o termo está aberto a intervenções e ressignificações. Mesmo quando o gênero parece cristalizar-se em suas formas mais reificadas, a própria "cristalização" é uma prática insistente e insidiosa, sustentada e regulada por vários meios sociais. (…) *O gênero é a estilização repetida do corpo, um conjunto de atos repetidos no interior de uma estrutura reguladora altamente rígida, a qual se cristaliza no tempo para produzir a aparência de uma substância, de uma classe natural de ser.* A genealogia política das ontologias do gênero, em sendo bem-sucedida, desconstruiria a aparência substantiva

As *performances* do que é ser mulher e do que é ser homem são construídas e reconstruídas, todos os dias, em todos os lugares, política, cultural e socialmente. "São práticas reguladoras", como acrescenta Judith Butler.[22] Comportamentos impostos, ensinados ao longo de anos, mediante os quais as pessoas aprenderam a ser, ou não, valorizadas. E a dicotomia dos gêneros – feminino e masculino –, muito embora venha há séculos vinculada aos corpos biológicos de homens e mulheres, deles se distingue. "Ninguém nasce mulher: torna-se mulher" é a conhecida frase de Simone de Beauvoir.[23] Mulheres são adestradas desde a primeira infância, e é preciso acentuar que o conceito de corpos feminino e masculino se difere do conceito de gêneros feminino e masculino, como detalhado pela socióloga e pesquisadora Berenice Bento.[24]

O ponto nevrálgico da oposição dos gêneros é a manutenção da hegemonia masculina. Ainda nos dias atuais, hegemonia masculina

---

do gênero, desmembrando-a em seus atos constitutivos, e explicaria e localizaria esses atos no interior das estruturas compulsórias criadas pelas várias forças que policiam a aparência social do gênero. Expor os atos contingentes que criam a aparência de uma necessidade natural, tentativa que tem feito parte da crítica cultural pelo menos desde Marx, é tarefa que assume agora a responsabilidade acrescida de mostrar como a própria noção de sujeito, só inteligível por meio de sua aparência de gênero, admite possibilidades excluídas à força pelas várias reificações do gênero constitutivas de suas ontologias contingentes". (grifos nossos)

[22] BUTLER, Judith P. *Problemas de gênero*: feminismo e subversão da identidade. Trad. Renato Aguiar. 21. ed. Rio de Janeiro: Civilização Brasileira, 2021. p. 56: "Nesse sentido, o gênero não é um substantivo, mas tampouco é um conjunto de atributos flutuantes, pois vimos que seu efeito substantivo é performativamente produzido e imposto pelas práticas reguladoras da coerência do gênero. Consequentemente, o gênero mostra ser performativo no interior do discurso herdado da metafísica da substância – isto é, constituinte da identidade que supostamente é. Nesse sentido, o gênero é sempre um feito, ainda que não seja obra de um sujeito tido como preexistente à obra".

[23] BEAUVOIR, Simone de. *O segundo sexo*: a experiência vivida. Trad. Sérgio Millet. 5. ed. Rio de Janeiro: Nova Fronteira, 2019. vol. 2, p. 11: "Ninguém nasce mulher: torna-se mulher. Nenhum destino biológico, psíquico, econômico define a forma que a fêmea humana assume no seio da sociedade; é o conjunto da civilização que elabora esse produto intermediário entre o macho e o castrado, que qualificam de feminino. Somente a mediação de outrem pode constituir um indivíduo como um Outro".

[24] BENTO, Berenice. *A reinvenção do corpo*: sexualidade e gênero na experiência transexual. 3. ed. Natal: Devires, 2017. p. 99-100: "Segundo a Teoria da Performance, os sujeitos constroem suas ações por suposições e expectativas. No caso do gênero, as suposições funcionam como se uma essência interior que marca a existência da mulher e do homem pudesse pôr-se a descoberto. Cada ato é uma tentativa de desvelamento dessa certeza, como se fosse 'a natureza' falando em atos. Essa suposição gera um conjunto de expectativas fundamentais baseadas nas idealizações de uma 'natureza perfeita', como é o exemplo do 'instinto materno' ou do 'homem naturalmente viril e forte'. As expectativas, em articulação com as suposições, acabam produzindo, conforme sugeriu Butler, o fenômeno mesmo que antecipado, pois fazem com que os sujeitos tentem, em suas práticas, reproduzir modelos que se supõem como verdadeiros para o seu gênero ou para o gênero com o qual se identificam, como é o caso dos/as transexuais".

branca. O mundo é androcêntrico e se reconstrói desse modo incansavelmente. No livro *Feminismo e Política*, Luís Felipe Miguel e Flávia Biroli acentuam que "nós vivemos em um sistema binário dos gêneros, historicamente construído, reproduzido de forma cotidiana pelas práticas sociais hegemônicas, no qual cada gênero está intimamente associado a um sexo biológico".[25]

Apesar da diferença entre as várias mulheres e da diversidade de seus contextos, os papéis socialmente desenhados refletem a estrutura das relações entre as pessoas e os grupos e, consequentemente, a supremacia masculina. Simone de Beauvoir é categórica ao afirmar que "[o] mundo sempre pertenceu aos machos. Nenhuma das razões que nos propuseram para explicá-lo nos pareceu suficiente".[26] E a autora prossegue, salientando serem infundadas biologicamente as razões que apontavam na direção da supremacia masculina, apresentadas nas mais diversas áreas do conhecimento. "É revendo à luz da filosofia existencial os dados da pré-história e da etnografia que poderemos compreender como a hierarquia dos sexos se estabeleceu".[27]

Para melhor compreensão do tema gênero, um espectro antecedente que, inarredavelmente, precisa ser visitado: o registro histórico da subjugação, da marginalização e do apagamento das mulheres. As circunstâncias impostas pelo patriarcado à parcela feminina da sociedade precisam ser ressaltadas. Como afirmado por Gerda Lerner,[28] reiteradamente, "o registro gravado e interpretado do passado da espécie humana é apenas um registro parcial, uma vez que omite o passado de metade dos seres humanos, sendo distorcido, além de contar a história apenas do ponto de vista da metade masculina da humanidade".[29]

Ainda de acordo com os estudos da referida professora e historiadora austríaca, razões hipoteticamente filosóficas foram utilizadas para fundamentar a divisão da sociedade entre homens e mulheres, garantindo a vantagem de um grupo a partir da opressão do outro. Nessa linha de raciocínio, os estereótipos e os perfis psicológicos

---

[25] MIGUEL, Luís Felipe; BRIOLI, Flávia. *Feminismo e política*: uma introdução. São Paulo: Boitempo, 2014. p. 81.
[26] BEAUVOIR, Simone de. *O segundo sexo*: fatos e mitos. Trad. Sérgio Millet. 5. ed. Rio de Janeiro: Nova Fronteira, 2019. vol. 1. p. 96.
[27] BEAUVOIR, Simone de. *O segundo sexo*: fatos e mitos. Trad. Sérgio Millet. 5. ed. Rio de Janeiro: Nova Fronteira, 2019. vol. 1. p. 96.
[28] LERNER, Gerda. *A criação do patriarcado*: história da opressão das mulheres pelos homens. Trad. Luiza Sellera. São Paulo: Cultrix, 2019.
[29] LERNER, Gerda. *A criação do patriarcado*: história da opressão das mulheres pelos homens. Trad. Luiza Sellera. São Paulo: Cultrix, 2019. p. 28-29.

atribuídos às mulheres eram linearmente degradantes e pejorativos. Dentro dessa premissa, a sociedade era formada por seres superiores que tinham bases científicas e filosóficas para dominar e seres que deveriam ser dominados.[30]

Ser visto, ser considerado, ser apreciado pelo grupo é uma pretensão humana. Os seres humanos competem entre si por estima, por poder, por reconhecimento. Trata-se de uma interdependência, como ressaltado por Rousseau: "Não há felicidade sem os outros".[31] Em seu discurso feito em 1754, que deu origem à obra *A origem e os fundamentos da desigualdade entre os homens*, Rousseau enfatizou a competição entre os homens por estima pública e a necessidade de se sobrepujarem uns sobre os outros para o alcance desse fim. E seria essa a explicação da origem da sociedade de discrepâncias e de seus processos de preservação da superioridade de um grupo sobre o outro.[32]

O determinismo biológico, como destacado por Gerda Lerner, serviu de fundamento para justificar a suposta inferioridade física e mental das mulheres: "Menstruação, menopausa e até a gravidez eram vistas como debilitantes, doenças ou condições anormais, que incapacitavam as mulheres e as tornavam de fato inferiores".[33] Sigmund Freud afirmava que a mulher é um ser desviante, pois desprovida de falo, e sua estrutura psicológica concentra-se no constante esforço de compensar tal deficiência.[34]

---

[30] LERNER, Gerda. *A criação do patriarcado*: história da opressão das mulheres pelos homens. Trad. Luiza Sellera. São Paulo: Cultrix, 2019. p. 256-257: "A sociedade humana é dividida em dois sexos: o masculino – racional, forte, dotado da capacidade de procriação, guarnecido com alma e feito para dominar; e o feminino – emotivo e incapaz de controlar desejos, fraco, fornece pouco material para o processo de procriação, destituído de alma e feito para ser dominado. O grandioso e arrojado sistema explicativo de Aristóteles, que incluía e superava a maior parte do conhecimento disponível até então em sua sociedade, incorporou o conceito patriarcal de gênero da inferioridade das mulheres, de modo a torná-lo incontestável e, de fato, invisível".

[31] ROUSSEAU, Jean-Jacques. *A origem da desigualdade entre os homens*. Trad. Eduardo Brandão. 2ª Reimpressão. São Paulo: Companhia das Letras, 2017.

[32] ROUSSEAU, Jean-Jacques. *A origem da desigualdade entre os homens*. Trad. Eduardo Brandão. 2ª Reimpressão. São Paulo: Companhia das Letras, 2017. p. 71: "O primeiro que, tendo cercado um terreno, pensou em dizer *é meu*, e encontrou gente simples o bastante para acreditar nele, foi o verdadeiro fundador da sociedade civil. Quantos crimes, guerras, assassinatos, quantas misérias e horrores não teria poupado ao gênero humano aquele que, arrancando os mourões ou tapando o fosso, houvesse gritado: não escutem este impostor; vocês estarão perdidos se esquecerem que os frutos são de todos e que a terra não é de ninguém!".

[33] LERNER, Gerda. *A criação do patriarcado*: história da opressão das mulheres pelos homens. Trad. Luiza Sellera. São Paulo: Cultrix, 2019. p. 45.

[34] LERNER, Gerda. *A criação do patriarcado*: história da opressão das mulheres pelos homens. Trad. Luiza Sellera. São Paulo: Cultrix, 2019. p. 45.

A impossibilidade de marcar a inferiorização da mulher com base em questões biológicas foi igualmente estudada com profundidade e rechaçada pela filósofa Simone de Beauvoir, segundo a qual a inferioridade feminina não seria explicada pela biologia, mas, sim, "à luz de um contexto ontológico, econômico, social e psicológico".[35] Assim, o pseudo diferencial biológico, ao lado da necessidade de subjugação econômica de um grupo pelo outro, na disputa pelo poder, estruturou a divisão sexual do trabalho,[36] que reflete a estrutura da sociedade patriarcal em todas as suas esferas, tanto privada quanto pública.

Como realçado por Gisèle Szczyglak, filósofa e pós-doutora em Sociologia Política, em seu livro *Subversivas: a arte sutil de nunca fazer o que esperam de nós*, "Os homens realizaram um sequestro civilizacional. Eles se apoderaram de nossa condição humana extrabiológica para dela tirar proveito por meio (via) do processo de opressão", processo esse que os homens estabeleceram e alimentaram ao longo dos séculos.[37]

Conforme Pierre Bourdieu, em sua obra *A dominação masculina: a condição feminina e a violência simbólica*, publicado pela primeira vez em 1998, "[a] a ordem social funciona como uma imensa máquina simbólica que tende a ratificar a dominação masculina sobre a qual se alicerça: é a divisão sexual do trabalho".[38] Em outro trecho, no qual ainda são propostas a conexão entre os corpos feminino e masculino e a divisão sexual do trabalho de produção e reprodução, afirma o autor que essa vinculação é repercutida em toda a ordem social, e dela decorrem a inferiorização das mulheres e o atrelamento a elas das atividades não remuneradas.[39]

---

[35] BEAUVOIR, Simone de. *O segundo sexo*: fatos e mitos. Trad. Sérgio Millet. 5. ed. Rio de Janeiro: Nova Fronteira, 2019. vol. 1, p. 65: "É, portanto, à luz de um contexto ontológico, econômico, social e psicológico que teremos de esclarecer os dados da biologia. A sujeição da mulher à espécie, os limites de suas capacidades individuais são fatos de extrema importância; o corpo da mulher é um dos elementos essenciais da situação que ela ocupa neste mundo. Mas não é ele tampouco que basta para a definir. Ele só tem realidade vivida enquanto assumido pela consciência através das ações e no seio de uma sociedade; a biologia não basta para fornecer uma resposta à pergunta que nos preocupa: por que a mulher é o Outro? Trata-se de saber como a natureza foi nela revista através da história; trata-se de saber o que a humanidade fez da fêmea humana".

[36] HIRATA, Helena; KERGOAT, Daniele. Novas configurações da divisão sexual do trabalho. *Cadernos de Pesquisa*, v. 37, n. 132, set./dez. 2007.

[37] SZCZYGLAK, Gisèle. *Subversivas*: a arte sutil de nunca fazer o que esperam de nós. Trad. Karina Jannini. São Paulo: Cultrix, 2022. p. 40; BEARD, Mary. *Mulheres e poder*: um manifesto. Trad. Celina Portocarrero. São Paulo: Planeta do Brasil, 2018. p. 40.

[38] BOURDIEU, Pierre. *A dominação masculina*: a condição feminina e a violência simbólica. Trad. Maria Helena Kühner. 18. ed. Rio de Janeiro: Bertrand Brasil, 2020. p. 24.

[39] BOURDIEU, Pierre. *A dominação masculina*: a condição feminina e a violência simbólica. Trad. Maria Helena Kühner. 18. ed. Rio de Janeiro: Bertrand Brasil, 2020. p. 44-45: "Longe

A relação entre a divisão sexual do trabalho[40] e a disparidade socioeconômica entre homens e mulheres é fator que precisa ser estudado e esmiuçado para a adequada compreensão do tema gênero, seu conceito e as repercussões que dele advêm. Repercussões essas que assolam e que aprisionam mulheres, atribuindo a elas a exclusividade do trabalho de cuidado não remunerado. Uma visão androcêntrica e que promove a preservação da superioridade econômica masculina. Segundo afirma Pierre Bourdieu, "A força masculina se evidencia no fato de que ela dispensa justificação: a visão androcêntrica impõe-se como neutra".[41]

A inadequação da divisão do mundo entre sujeitos e os outros, ou, no caso, as outras, também é abordada por Joan Scott. De acordo com seus estudos, é preciso articular o gênero como uma categoria de análise para insistir sobre o caráter inadequado das teorias existentes em explicar desigualdades persistentes entre mulheres e homens. Para ela, "o gênero é uma forma primeira de significar as relações de poder".[42] De acordo com Pierre Bourdieu, há fatores institucionais da reprodução da divisão dos gêneros, e nessa definição o papel do Estado é determinante, uma vez que "veio ratificar e reforçar as prescrições e as proscrições do patriarcado privado com as de um patriarcado público".[43]

A análise da oposição entre os gêneros perpassa as noções de relação privada entre homens e mulheres, ou seja, de relações de poder, incluem uma noção de política, tanto quanto uma referência às

---

de as necessidades da reprodução biológica determinarem a organização simbólica da divisão sexual do trabalho e, progressivamente, de toda a ordem natural e sexual, é uma construção arbitrária do biológico, e particularmente do corpo, masculino e feminino, de seus usos e de suas funções, sobretudo na reprodução biológica, que dá um fundamento aparentemente natural à visão androcêntrica da divisão de trabalho sexual e da divisão sexual do trabalho e, a partir daí, de todo o cosmos".

[40] HIRATA, Helena; KERGOAT, Daniele. Novas configurações da divisão sexual do trabalho. *Cadernos de Pesquisa*, v. 37, n. 132, p. 595-609, set./dez. 2007: "O termo 'divisão sexual do trabalho' aplica-se na França a duas acepções de conteúdos distintos. Trata-se, de um lado, de uma acepção sociográfica: estuda-se a distribuição diferencial de homens e mulheres no mercado de trabalho, nos ofícios e nas profissões, e as variações no tempo e no espaço dessa distribuição; e se analisa como ela se associa à divisão desigual do trabalho doméstico entre os sexos".

[41] BOURDIEU, Pierre. *A dominação masculina*: a condição feminina e a violência simbólica. Trad. Maria Helena Kühner. 18. ed. Rio de Janeiro: Bertrand Brasil, 2020. p. 24.

[42] SCOTT, Joan Wallach. Gênero: uma categoria útil para análise histórica. *Gender and the Politics of History*. Trad. Christine Rufino Dabat e Maria Betânia Ávila. New York: Columbia University Press, 1989. p. 27-28.

[43] BOURDIEU, Pierre. *A dominação masculina*: a condição feminina e a violência simbólica. Trad. Maria Helena Kühner. 18. ed. Rio de Janeiro: Bertrand Brasil, 2020. p. 143.

instituições e organizações sociais, que espelham a sociedade da qual fazem parte. Joan Scott salienta, ainda, que é necessário ter uma visão mais ampla, partindo das concepções de gênero e das vinculações entre gênero e poder, visto que essa estreita relação resulta em "um mercado de trabalho sexualmente segregado, que faz parte do processo de construção do gênero".[44]

1.2 Divisão sexual do trabalho e o trabalho invisível historicamente vinculado à mulher

A divisão sexual do trabalho é a temática que norteia duas das obras mais relevantes da filósofa italiana Silvia Federici, professora na Universidade Estadual de Nova Iorque em Buffalo: *O ponto zero da Revolução: trabalho doméstico, reprodução e luta feminista*[45] e *Calibã e a Bruxa: mulheres, corpo e acumulação primitiva*.[46] A autora explora de forma aprofundada a questão do trabalho doméstico, que ela denomina de trabalho reprodutivo.[47] Ela igualmente capitaneia o movimento que reivindica remuneração ao trabalho de cuidado, que, na atualidade, só é assalariado caso seja terceirizado. A autora faz a conexão entre as mulheres e o trabalho doméstico e demonstra como essa é mais uma forma de submissão da parcela feminina da sociedade, já que ele foi transformado em um atributo inerente ao corpo e ao comportamento femininos.[48]

Silvia Federici constrói, de modo claro, o raciocínio que deixa exposto o engendramento utilizado para que mulheres fossem constritas aos seus corpos e suas casas, trabalhassem no ambiente doméstico,

---

[44] SCOTT, Joan Wallach. Gênero: uma categoria útil para análise histórica. *Gender and the Politics of History*. Trad. Christine Rufino Dabat e Maria Betânia Ávila. New York: Columbia University Press, 1989. p. 29.
[45] FEDERICI, Silvia. *O ponto zero da Revolução*: trabalho doméstico, reprodução e luta feminista. Trad. Coletivo Sycorax. São Paulo: Elefante, 2018.
[46] FEDERICI, Silvia. *Calibã e a Bruxa*: mulheres, corpo e acumulação primitiva. Trad. Coletivo Sycorax. São Paulo: Elefante, 2017.
[47] FEDERICI, Silvia. *O ponto zero da Revolução*: trabalho doméstico, reprodução e luta feminista. Trad. Coletivo Sycorax. São Paulo: Elefante, 2018. p. 20: "A confrontação com o 'trabalho reprodutivo' – entendido, primeiramente, como trabalho doméstico".
[48] FEDERICI, Silvia. *O ponto zero da Revolução*: trabalho doméstico, reprodução e luta feminista. Trad. Coletivo Sycorax. São Paulo: Elefante, 2018. p. 146: "O que é mais importante, a separação entre produção e reprodução criou uma classe de mulheres proletárias que estavam tão despossuídas como os homens, mas que, diferentemente deles, quase não tinham acesso aos salários. Em uma sociedade que estava cada vez mais monetizada, acabaram sendo forçadas à condição de pobreza crônica, à dependência econômica e à invisibilidade como trabalhadoras".

atando essa atividade não remunerada aos seus desejos e objetivos de vida. A autora ressalta haver uma intenção econômica nessa articulação simbólica: "O capital tinha que nos convencer de que o trabalho doméstico é uma atividade natural, inevitável e que nos traz plenitude, para que aceitássemos trabalhar sem uma remuneração".[49]

Como sustentado por Gerda Lerner, "em qualquer momento específico na história, cada 'classe' é constituída por duas classes distintas – homens e mulheres".[50] Às mulheres, foram atribuídos diferentes papéis e performances sociais, conforme mencionado. Mas, para além disso, as atividades desenvolvidas por mulheres foram valorizadas de modo específico e depreciativo. É essa a acepção de divisão sexual do trabalho. O trabalho e as atividades são qualificados de acordo com o gênero do ser que os desempenha.[51]

O que as mulheres produziam, ou seja, o resultado de suas atividades, não era trabalho, mas apenas a exteriorização de sua natureza.[52] Daí o funcional atrelamento com a oposição entre os gêneros. Segundo Gerda Lerner, "A explicação tradicionalista concentra-se na capacidade reprodutiva feminina e vê a maternidade como a maior meta na vida das mulheres, definindo, assim, como desviantes mulheres que não se

---

[49] FEDERICI, Silvia. *O ponto zero da Revolução*: trabalho doméstico, reprodução e luta feminista. Trad. Coletivo Sycorax. São Paulo: Elefante, 2018. p. 42-43: "*A diferença em relação ao trabalho doméstico reside no fato de que ele não só tem sido imposto as mulheres como também foi transformado em um atributo natural da psique e da personalidade femininas, uma necessidade interna, uma aspiração, supostamente vinda das profundezas da nossa natureza feminina. O trabalho doméstico foi transformado em um atributo natural em vez de ser reconhecido como trabalho, porque foi destinado a não ser remunerado. O capital tinha que nos convencer de que o trabalho doméstico é uma atividade natural, inevitável e que nos traz plenitude, para que aceitássemos trabalhar sem uma remuneração.* Por sua vez, a condição não remunerada do trabalho doméstico tem sido a arma mais poderosa no fortalecimento do senso comum de que o trabalho doméstico não é trabalho, impedindo assim que as mulheres lutem contra ele, exceto na querela privada do quarto-cozinha, que toda sociedade concorda em ridicularizar, reduzindo ainda mais o protagonismo da luta. Nós somos vistas como mal-amadas, não como trabalhadoras em luta". (grifos nossos)
[50] LERNER, Gerda. *A criação do patriarcado*: história da opressão das mulheres pelos homens. Trad. Luiza Sellera. São Paulo: Cultrix, 2019. p. 264.
[51] BANDEIRA, Lourdes Maria; PRETURLAN, Renata Barreto. As pesquisas sobre uso do tempo e a promoção da igualdade de gênero no Brasil. In: FONTOURA, Natália; ARAÚJO, Clara (orgs.). *Uso do tempo e gênero*. Rio de Janeiro: UERJ, 2016. p. 49: "Assim, certos trabalhos são associados aos homens e, portanto, simbólica e materialmente valorizados, e outros, destinados às mulheres, são considerados socialmente inferiores. Para os primeiros, há uma plasticidade ou mobilidade maior de usos do tempo, enquanto para as mulheres, a dimensão rotineira e repetitiva, embora haja uma multiplicidade de ações que caracteriza o trabalho doméstico, não lhes é permitida tal flexibilidade".
[52] MARÇAL, Katrine. *O lado invisível da economia*. São Paulo: Alaúde Editorial, 2017. p. 35.

tornam mães".[53] Ainda nos termos explicitados pela autora, a divisão sexual do trabalho, que prejudica as mulheres em todos os termos, estaria naturalizada e alicerçada em diferenças biológicas e seria considerada justa e funcional.[54]

A trajetória humana de milênios de subordinação, marginalização e apagamento das mulheres guarda total pertinência com a desvalorização do trabalho da mulher e com a exploração sexual, econômica e social a elas imposta. Silvia Federici faz importante resgate histórico relativo à depreciação do trabalho vinculado à mulher.[55] A autora demonstra ainda como o trabalho assalariado depende das atividades não remuneradas para se manter e o quanto há de estratégia econômica nessa estrutura. Há uma convenção social, cultural e econômica em só nominar como trabalho "de verdade" aquele feito "na praça pública", o *habitat* masculino. Uma clivagem entre economia doméstica e economia pública, que inferioriza as mulheres.[56]

---

[53] LERNER, Gerda. *A criação do patriarcado*: história da opressão das mulheres pelos homens. Trad. Luiza Sellera. São Paulo: Cultrix, 2019. p. 43.

[54] LERNER, Gerda. *A criação do patriarcado*: história da opressão das mulheres pelos homens. Trad. Luiza Sellera. São Paulo: Cultrix, 2019. p. 43: "Se Deus ou a natureza criaram diferenças entre os sexos, que, em consequência, determinaram a divisão sexual do trabalho, ninguém pode ser culpado pela desigualdade sexual e pela dominação masculina. *A explicação tradicionalista concentra-se na capacidade reprodutiva feminina e vê a maternidade como a maior meta na vida das mulheres*, definindo, assim, como desviantes mulheres que não se tornam mães. *Considera-se a função materna uma necessidade da espécie*, uma vez que as sociedades não teriam conseguido chegar à modernidade sem que a maioria das mulheres dedicasse quase toda a vida adulta a ter e criar filhos. Assim, vê-se a divisão sexual do trabalho com base em diferenças biológicas como justa e funcional. A consequente explicação da assimetria sexual coloca as causas da submissão feminina em fatores biológicos pertinentes aos homens" (grifos nossos).

[55] FEDERICI, Silvia. *Calibã e a Bruxa*: mulheres, corpo e acumulação primitiva. Trad. Coletivo Sycorax. São Paulo: Elefante, 2017. p. 144: "Com o desaparecimento da economia de subsistência que havia predominado na Europa pré-capitalista, a unidade entre produção e reprodução, típica de todas as sociedades baseadas na produção-para-o-uso, chegou ao fim conforme essas atividades foram se tornando portadoras de outras relações sociais e eram sexualmente diferenciadas. *No novo regime monetário, somente a produção-para-o-mercado estava definida como atividade criadora de valor, enquanto a reprodução do trabalhador começou a ser considerada como algo sem valor do ponto de vista econômico e, inclusive, deixou de ser considerada um trabalho*. O trabalho reprodutivo continuou sendo pago – embora em valores inferiores – quando era realizado para os senhores ou fora do lar. No entanto, a importância econômica da reprodução da força de trabalho realizada no âmbito doméstico e sua função na acumulação do capital se tornaram invisíveis, sendo mistificadas como uma vocação natural e designadas como 'trabalho de mulheres'. Além disso, as mulheres foram excluídas de muitas ocupações assalariadas e, quando trabalhavam em troca de pagamento, ganhavam uma miséria em comparação com o salário masculino médio". (grifos nossos)

[56] DAVIS, Angela. *Mulheres, raça e classe*. Trad. Heci Regina Candiani. São Paulo: Boitempo, 2016. p. 25.

Silvia Federici prossegue afirmando, categoricamente, que não há absolutamente nada de natural em ser dona de casa e ressalta que, na verdade, são necessários pelo menos 20 anos de treinamento e socialização diários para preparar uma mulher para esse papel de serviço doméstico e de trabalho de cuidado. É preciso convencer uma mulher de que ela deve considerar como o seu maior objetivo e o melhor que ela pode esperar da vida os cuidados com o marido, com os filhos e as filhas e a casa. E, para isso, essa dona de casa em potencial é treinada, adestrada, geralmente por outra mulher, que também não é remunerada por esse treinamento.[57] Assim como afirmado por Katrine Marçal, "não há nada na biologia de uma mulher que a torna mais adequada ao trabalho doméstico não remunerado".[58]

A organização patriarcal na qual se funda a sociedade, limita as mulheres aos espaços privados e suas atividades, àquelas não remuneradas; nos espaços públicos, são reservadas a elas as atividades de menor remuneração. Angela Davis, na obra *Mulheres, raça e classe*,[59] afirma ter havido uma sucessão de contextualizações históricas, econômicas e sociais em relação à construção do lugar das mulheres – em regra, as mulheres brancas –, que era sempre o mesmo, isto é, a casa, o ambiente doméstico, já que elas pariam e precisavam atender às necessidades dos filhos e do marido.

Séculos depois, ainda com o intuito de controle social das mulheres, quando elas foram para a linha de produção das fábricas, como acentuado pela autora, "a ideologia da feminilidade começou a forjar a esposa e a mãe como modelos ideais".[60] Passava, então, a ser imprescindível para elas cumular os trabalhos, aquele vinculado à esfera pública e aquele contido no espaço privado. "Conseguir um segundo emprego nunca nos libertou do primeiro",[61] salienta Silvia Federici. Essa

---

[57] FEDERICI, Silvia. *O ponto zero da Revolução*: trabalho doméstico, reprodução e luta feminista. Trad. Coletivo Sycorax. São Paulo: Elefante, 2018. p. 43.
[58] MARÇAL, Katrine. *O lado invisível da economia*. São Paulo: Alaúde Editorial, 2017. p. 40.
[59] DAVIS, Angela. *Mulheres, raça e classe*. Trad. Heci Regina Candiani. São Paulo: Boitempo, 2016. p. 45.
[60] DAVIS, Angela. *Mulheres, raça e classe*. Trad. Heci Regina Candiani. São Paulo: Boitempo, 2016. p. 45.
[61] FEDERICI, Silvia. *O ponto zero da Revolução*: trabalho doméstico, reprodução e luta feminista. Trad. Coletivo Sycorax. São Paulo: Elefante, 2018. p. 69: "Conseguir um segundo emprego nunca nos libertou do primeiro. Ter dois empregos apenas significou para as mulheres possuir ainda menos tempo e energia para lutar contra ambos. Além disso, uma mulher, trabalhando em tempo integral fora ou dentro de casa, casada ou solteira, tem que gastar horas de trabalho na reprodução da sua própria força de trabalho, e as mulheres bem sabem a tirania dessa tarefa, pois um vestido bonito e um cabelo arrumado são condições

subordinação intencionalmente banalizada passa a ser percebida como uma condição natural da estrutura social, tornando-se, em decorrência disso, imperceptível de modo geral.

As mulheres perderam, inclusive, a autonomia sobre seus próprios corpos, como reitera Silvia Federici.[62] Foram atadas aos seus corpos para que os homens pudessem ser vinculados ao intelecto.[63] A imagem da mulher no Ocidente moderno, o cenário depreciativo relacionado ao feminino e a luta das mulheres para vencer esses estereótipos são também objeto de profunda pesquisa de Isabelle Anchieta, socióloga, professora e jornalista.[64]

O corpo feminino foi transformado em propriedade dos homens – dos pais, enquanto elas eram crianças, dos maridos, quando na adolescência, e dos filhos, quando na idade adulta. O corpo feminino era visto como fonte de reprodução, para a expansão da força de trabalho, "tratado como uma máquina natural de criação, funcionando de acordo com ritmos que estavam fora do controle das mulheres".[65]

Como destacado por inúmeras autoras e autores, a organização patriarcal afasta a mulher dos espaços de poder,[66,67] já que ela é vista como um ser definido pelo homem, e sua construção como sujeito é criada e determinada pela perspectiva masculina. Nas palavras da historiadora e professora inglesa, com atuação na Universidade de

---

para arranjar um emprego, tanto no mercado conjugal quanto no mercado de trabalho assalariado".

[62] FEDERICI, Silvia. *Calibã e a Bruxa*: mulheres, corpo e acumulação primitiva. Trad. Coletivo Sycorax. São Paulo: Elefante, 2017. p. 178: "O resultado destas políticas, que duraram duzentos anos (as mulheres continuavam sendo executadas na Europa por infanticídio no final do século XVIII), foi a escravização das mulheres à procriação. Enquanto na Idade Média elas podiam usar métodos contraceptivos e haviam exercido um controle indiscutível sobre o parto, a partir de agora seus úteros se transformaram em território político, controlados pelos homens e pelo Estado: a procriação foi colocada diretamente a serviço da acumulação capitalista".

[63] MARÇAL, Katrine. *O lado invisível da economia*. São Paulo: Alaúde Editorial, 2017. p. 39: "A legitimação do patriarcado quase sempre se refere ao corpo. Ser humano é subordinar o corpo ao intelecto, e pensava-se que a mulher não era capaz de fazer isso, portanto, não deveria também ter direitos humanos. Era a racionalização da sociedade. A mulher se tornou corpo para o homem poder ser alma. Ela ficou cada vez mais atada a uma realidade corpórea para que ele pudesse se libertar dela".

[64] ANCHIETA, Isabelle. *Imagens da mulher no Ocidente moderno 1*: bruxas e tupinambás canibais. 2. ed. São Paulo: Edusp, 2022.

[65] FEDERICI, Silvia. *Calibã e a Bruxa*: mulheres, corpo e acumulação primitiva. Trad. Coletivo Sycorax. São Paulo: Elefante, 2017. p. 178.

[66] BOURDIEU, Pierre. *A dominação masculina*: a condição feminina e a violência simbólica. Trad. Maria Helena Kühner. 18. ed. Rio de Janeiro: Bertrand Brasil, 2020.

[67] DAVIS, Ângela. *Mulheres, raça e classe*. Trad. Heci Regina Candiani. São Paulo: Boitempo, 2016. p. 230.

Cambridge, Mary Beard, a sociedade é surda em relação às vozes das mulheres e há um corte e uma divisão entre o feminino e o que se entende por poder: "[a] questão é simples, mas é importante: até onde podemos recuar na história ocidental, há uma separação radical – real, cultural e imaginária – entre as mulheres e o poder".[68]

Às mulheres, é destinado o espaço doméstico e aos homens, a praça pública. A elas, tudo o que é privado, doméstico e não pago; a eles, o que é público, valorizado e remunerado. Como acentua Angela Davis, "A clivagem entre economia doméstica e economia pública, provocada pelo capitalismo industrial, instituiu a inferioridade das mulheres com mais força do que nunca".[69] Assim, compreender como se define e se organiza o que seja espaço público e espaço privado é essencial, na medida em que essa conformação explica as razões para a desconsideração e a ausência das mulheres nos cenários políticos, econômicos e de repercussão cultural – os chamados centros de poder.[70]

A divisão sexual do trabalho e a consequente desvalorização das tarefas atribuídas às mulheres são recortes sociais e econômicos que confirmam a hegemonia do homem e a subjugação da mulher. Pierre Bourdieu escreve exatamente sobre o poder simbólico da categorização do trabalho baseada no gênero. O autor delineia o poder da arquitetura social, que impõe espaços de ocupação, merecimentos e valores tanto a homens quanto a mulheres. Nessa perspectiva, a ordem social seria a reprodução contínua da dominação masculina, cujo alicerce é a divisão sexual do trabalho.[71]

---

[68] BEARD, Mary. *Mulheres e poder*: um manifesto. Trad. Celina Portocarrero. São Paulo: Planeta do Brasil, 2018. p. 77.

[69] DAVIS, Angela. *Mulheres, raça e classe*. Trad. Heci Regina Candiani. São Paulo: Boitempo, 2016. p. 25.

[70] LOPES, Monique Rodrigues; AGUIAR, Rafael dos Reis. Carta das mulheres à constituinte: uma análise sobre as leis de violência contra as mulheres a partir das críticas ao direito. *Revista de Ciências do Estado*, Belo Horizonte, v. 5, n. 1, e20681. p. 8.

[71] BOURDIEU, Pierre. *A dominação masculina*: a condição feminina e a violência simbólica. Trad. Maria Helena Kühner. 18. ed. Rio de Janeiro: Bertrand Brasil, 2020. p. 24: "A força da ordem masculina se evidencia no fato de que ela dispensa justificação: 'a visão androcêntrica impõe-se como neutra e não tem necessidade de se enunciar em discursos que visem a legitimá-la'. A ordem social funciona como uma imensa máquina simbólica que tende a ratificar a dominação masculina sobre a qual se alicerça: é a divisão sexual do trabalho, distribuição bastante estrita das atividades atribuídas a cada um dos dois sexos, de seu local, seu momento, seus instrumentos; é a estrutura do espaço, opondo o lugar de assembleia ou de mercado, reservados aos homens, e a casa, reservada às mulheres; ou, no próprio lar, entre a parte masculina, com o salão, e a parte feminina, com o estábulo, a água e os vegetais; é a estrutura do tempo, as atividades do dia, o ano agrário, ou o ciclo de vida, com momentos de ruptura, masculinos, e longos períodos de gestação, femininos".

Assim, o trabalho realizado pela parcela feminina da população torna-se estrategicamente invisível. A divisão sexual do trabalho e, seguindo essa linha de raciocínio, a invisibilidade das tarefas tipicamente femininas "funciona[m] como imensa máquina simbólica que tende a ratificar a dominação masculina sobre a qual se alicerça: é a divisão sexual do trabalho".[72] Pierre Bourdieu prossegue afirmando que, quando as mulheres se expõem em ambientes públicos, são interrompidas, desqualificadas e diminuídas intelectualmente. E esses atos geralmente provêm dos "homens mais bem intencionados" e que ostentam a mencionada violência simbólica.[73]

Nos termos dos estudos de Luís Felipe Miguel e Flávia Biroli, a ficção de que a esfera pública e a esfera privada existem como dimensões distintas, com atores distintos, perpetua o desenvolvimento de habilidades também diferenciadas. Se são categorizadas como significativas as diferenças entre o trabalho de mulheres e de homens, conserva-se a depreciação do primeiro grupo.[74] Os resultados dessa construção de distinção de gênero no que se refere ao mercado de trabalho, que está focado nas diferenças entre o que é masculino e o que é feminino, partindo da depreciação e da inferiorização das mulheres, geram – e continuarão gerando, se não forem duramente contestadas – assimetria de salários e discrepância de horas de trabalho e de recursos econômicos.

Como bem observado por Katrine Marçal, no livro *O lado invisível da economia*, é o trabalho do homem que conceitua o que deve ser valorizado, remunerado e considerado. Esse é o referencial de trabalho, atrelado a quem o desenvolve. As definições de valor e de qualidade são vinculadas ao masculino no que se refere a trabalho. A separação estrutural entre a economia pública, aquela que produz lucro, e a economia privada, aquela que está relacionada ao lar, tem sido continuamente reforçada pela divisão sexual do trabalho, que persiste nos dias de hoje.[75] Katrine Marçal aponta que, assim como existe um segundo sexo, existe também uma economia reservada às mulheres, que é uma segunda economia.

---

[72] BOURDIEU, Pierre. *A dominação masculina*: a condição feminina e a violência simbólica. Trad. Maria Helena Kühner. 18. ed. Rio de Janeiro: Bertrand Brasil, 2020. p. 24.
[73] BOURDIEU, Pierre. *A dominação masculina*: a condição feminina e a violência simbólica. Trad. Maria Helena Kühner. 18. ed. Rio de Janeiro: Bertrand Brasil, 2020. p. 100-101.
[74] MIGUEL, Luís Felipe; BRIOLI, Flávia. *Feminismo e política*: uma introdução. São Paulo: Boitempo, 2014. p. 35.
[75] DAVIS, Angela. *Mulheres, raça e classe*. Trad. Heci Regina Candiani. São Paulo: Boitempo, 2016. p. 231.

Por isso, nesse encontro do que é economicamente valorizado, o trabalho tradicionalmente executado por homens é o único que conta, pois, segundo a autora, "[e]le define a visão de mundo econômica. O trabalho da mulher é o outro".[76] A autora assinala ainda o quanto os homens dependem das mulheres para fazer todas as atividades de cuidado que eles não fazem. E o quanto o produto desse trabalho de cuidado possibilita e acelera o trabalho público masculino.

As mulheres, quando alcançam o mercado de trabalho, ganham menos. Aliás, muito menos, segundo as pesquisas estatísticas.[77,78] E o questionamento racional que se faz é: por quê? O que fundamenta essa disparidade de remuneração, se comparadas as mesmas atividades desempenhadas por homens e por mulheres? Mais uma vez, trata-se da repercussão da divisão sexual do trabalho. Os salários mais baixos remuneram as atividades menos qualificadas, que são aquelas desenvolvidas por mulheres.[79] Se a mulher for negra, então, a remuneração é ainda mais diminuta.

Novamente a depreciação de tudo aquilo que está relacionado às mulheres, dentro ou fora do ambiente doméstico. Se realizam trabalho doméstico, não devem ser pagas por isso; se se imiscuem no mercado de trabalho, recebem menos, já que não podem se dedicar do mesmo modo que os homens à sua esfera profissional. As distorções em relação ao que deve ou não ser remunerado, qualificado, valorizado reproduzem a divisão sexual do trabalho.[80] É essa segmentação que faz funcionar o sistema econômico, valorizando de modo diverso os diferentes espaços ocupados por homens e mulheres. Assim, o mercado de trabalho é uma construção econômica, uma construção social e repercute a hegemonia masculina.

---

[76] MARÇAL, Katrine. *O lado invisível da economia*. São Paulo: Alaúde Editorial, 2017. p. 24.
[77] INSTITUTO DE ENSINO E PESQUISA (INSPER). Diferenciais salariais por raça e gênero para formados em escolas públicas ou privadas. *Policy Paper*, Centro de Gestão e Políticas Públicas, n. 45, jul. 2020. Disponível em: https://www.insper.edu.br/wp-content/uploads/2020/07/Policy-Paper-45.pdf. Acesso em: 13 mar. 2021.
[78] INSTITUTO BRASILEIRO DE GEOGRAFIA E ESTATÍSTICA (IBGE). *Rendimento de todas as fontes 2019*. Disponível em: https://biblioteca.ibge.gov.br/visualizacao/livros/liv101709_informativo.pdf. Acesso em: 22 set. 2022.
[79] MARÇAL, Katrine. *O lado invisível da economia*. São Paulo: Alaúde Editorial, 2017. p. 37.
[80] ENRÍQUEZ, Corina Rodríguez. Gastos, tributos e equidade de gênero: uma introdução ao estudo da política fiscal a partir da perspectiva de gênero (2008). *In*: JÁCOME, Márcia Larangeira; VILLELA, Shirley (Orgs.). *Orçamentos sensíveis a gênero*: conceitos. Brasília: ONU Mulheres, 2012. p. 202. Disponível em: http://onumulheres.org.br/wp-content/themes/vibecom_onu/pdfs/orcamentos-conceitos.pdf. Acesso em: 05 jun. 2022.

Como contido nos estudos de Silvia Federici, a ausência de um salário para o trabalho realizado no ambiente doméstico seria a causa primária para a "fraqueza no mercado de trabalho assalariado" das mulheres.[81] Elas já entrariam no mercado de trabalho enfraquecidas e depreciadas. Isso porque, nos termos da argumentação da autora, os empregadores sabem que mulheres estão acostumadas a trabalhar por nada e que estão desesperadas para ganhar seu próprio dinheiro – qualquer dinheiro, em qualquer quantia –, e, por isso, seja qual for a remuneração oferecida a uma mulher, ela terá um preço baixo.

Angela Davis levanta a questão da imprescindível necessidade de remuneração das tarefas ditas invisíveis e sustenta que, sem essa perspectiva, não haverá a efetiva libertação das mulheres, principalmente das mulheres negras.[82] A autora insiste na urgência de transformar em um problema social e público a divisão das tarefas domésticas, em um aspecto que seja socialmente considerado assunto esse que não tem recebido a devida atenção até o momento. "Pelo contrário, o movimento de mulheres contemporâneo tem representado as tarefas domésticas como elementos essenciais da opressão feminina",[83] afirma a autora. As demandas crescem para as mulheres que possuem também atividades remuneradas, na medida em que delas é cobrado um padrão de perfeição na realização de tarefas de cuidado com a casa e, especialmente, com os filhos. A maternidade passa a ser um novo regime social de controle das mulheres, havendo conexão entre ela e as desigualdades sociais.[84]

Como demonstrado por Maria de la Paz López Barajas, em suas pesquisas, há mais de 30 anos, no cerne da comunidade internacional, existem orientações no sentido de que o trabalho invisível, majoritariamente realizado por mulheres e meninas, seja mapeado, mensurado e quantificado. De acordo com recomendações da Organização das Nações Unidas (ONU) e da Convenção sobre a Eliminação de todas as Formas de Discriminação contra a Mulher (CEDAW), os Estados-Partes devem avaliar o montante de trabalho não remunerado, para a sua contabilização na elaboração de políticas e estratégias públicas e para

---

[81] FEDERICI, Silvia. *O ponto zero da Revolução*: trabalho doméstico, reprodução e luta feminista. Trad. Coletivo Sycorax. São Paulo: Elefante, 2018. p. 74.

[82] DAVIS, Angela. *Mulheres, raça e classe*. Trad. Heci Regina Candiani. São Paulo: Boitempo, 2016. p. 234.

[83] DAVIS, Angela. *Mulheres, raça e classe*. Trad. Heci Regina Candiani. São Paulo: Boitempo, 2016. p. 234

[84] BIROLI, Flávia. *Gênero e desigualdades*: limites da democracia do Brasil. São Paulo: Boitempo, 2018. p. 111-113.

a elaboração dos planos orçamentários.[85] O assunto, como assinalado pela autora, não é uma inovação.

Fazer o cotejo entre o uso do tempo e as atividades desenvolvidas por homens e mulheres é essencial para que as desigualdades sociais e econômicas, dentro e fora do mercado de trabalho, possam ser compreendidas e solucionadas. Entretanto, Maria de la Paz López Barajas, no estudo "Avanços na América Latina na medição e valoração do trabalho não remunerado realizado pelas mulheres", relata que esse mapeamento ainda é um cenário ideal a ser atingido. Em regra, os órgãos oficiais não fazem essa medição. Ainda segundo a autora, "Um dos desafios atuais mais importantes é institucionalizar o levantamento de informações estatísticas sobre o uso do tempo e trabalho não remunerado, majoritariamente realizado, hoje em dia, pelas mulheres, e comparar entre os países".[86] Para ela, a reunião desses dados comparativos permitirá a convergência para a criação de instrumentos harmonizados, que serão destinados à observação dos avanços em matéria de igualdade de gênero e bem-estar das mulheres.[87]

Sobre o trabalho invisibilizado de cuidado, aquele relacionado com o ambiente e com os integrantes do grupo familiar, um importante relatório, produzido pela Oxfam Brasil[88] – *Tempo de cuidar: o trabalho de cuidado não remunerado e mal pago e a crise global da desigualdade* – apresenta números impactantes que revelam que, se o trabalho de cuidado não remunerado, em todo o globo, fosse medido em dinheiro, ou seja, monetizado, ele representaria a cifra de 10,8 trilhões de dólares por ano. Os números são alarmantes. De acordo com a quantificação divulgada pela Oxfam Brasil, mulheres e meninas dedicam mais de 12,5 bilhões de horas todos os dias às tarefas invisibilizadas, sendo que nenhuma

---

[85] BARAJAS, Maria de la Paz López. Avanços na América Latina na medição e valoração do trabalho não remunerado realizado pelas mulheres. *In*: FONTOURA, Natália; ARAÚJO, Clara (Orgs.). *Uso do tempo e gênero*. Rio de Janeiro: UERJ, 2016. p. 21-42.

[86] BARAJAS, Maria de la Paz López. Avanços na América Latina na medição e valoração do trabalho não remunerado realizado pelas mulheres. *In*: FONTOURA, Natália; ARAÚJO, Clara (Orgs.). *Uso do tempo e gênero*. Rio de Janeiro: UERJ, 2016. p. 31.

[87] BARAJAS, Maria de la Paz López. Avanços na América Latina na medição e valoração do trabalho não remunerado realizado pelas mulheres. *In*: FONTOURA, Natália; ARAÚJO, Clara (Orgs.). *Uso do tempo e gênero*. Rio de Janeiro: UERJ, 2016. p. 36.

[88] OXFAM BRASIL. *Tempo de cuidar*: o trabalho de cuidado não remunerado e mal pago e a crise global da desigualdade. Trad. Master Language Traduções e Interpretações Ltda. Oxford, Reino Unido: Oxfam, 2020. Disponível em: https://rdstation-static.s3.amazonaws.com/cms/files/115321/1579272776200120_Tempo_de_Cuidar_PT-BR_sumario_executivo.pdf. Acesso em: 09 fev. 2021.

dessas horas é remunerada. E o estudo ainda demonstra que, em outras incontáveis horas, elas recebem baixíssima remuneração por esse tipo de atividade.[89]

A divisão sexual do trabalho se organiza alicerçada em dois parâmetros. O primeiro deles é a construção histórica, social e cultural do gênero com base na ideia essencialista de que existiram alguns tipos de trabalho "naturalmente" masculinos e outros "naturalmente" femininos. O segundo parâmetro é a idealização de uma hierarquia, ao valorizar o trabalho masculino em comparação ao feminino. Conclui-se, então, que não só há uma diferenciação entre o trabalho desempenhado por mulheres e o trabalho executado por homens, mas também uma hierarquização entre eles e o menoscabo do trabalho feminino.

Neste ano de 2022, foi divulgado um relatório do Banco Mundial referente às questões que envolvem as mulheres, o direito e as empresas. No documento *Women, Business and the Law 2022*, a conclusão é numericamente impactante: "2,4 bilhões de mulheres em todo o mundo não têm os mesmos direitos econômicos que os homens".[90] Isso evidencia, ainda, que há uma diferença entre as expectativas salariais de homens e de mulheres no mundo, ao longo de suas vidas, e essa diferença resulta em US$172 trilhões, o equivalente a quase duas vezes o PIB mundial anual.

A história nos impõe um arremate inafastável: as relações de poder determinam a divisão sexual e social do trabalho.[91] Entre brancos

---

[89] OXFAM BRASIL. *Tempo de cuidar*: o trabalho de cuidado não remunerado e mal pago e a crise global da desigualdade. Trad. Master Language Traduções e Interpretações Ltda. Oxford, Reino Unido: Oxfam, 2020. Disponível em: https://rdstation-static.s3.amazonaws.com/cms/files/115321/1579272776200120_Tempo_de_Cuidar_PT-BR_sumario_executivo.pdf. Acesso em: 09 fev. 2021: "*O trabalho de cuidado é essencial para nossas sociedades e para a economia. Ele inclui o trabalho de cuidar de crianças, idosos e pessoas com doenças e deficiências físicas e mentais, bem como o trabalho doméstico diário que inclui cozinhar, limpar, lavar, consertar coisas e buscar água e lenha. Se ninguém investisse tempo, esforços e recursos nessas tarefas diárias essenciais, comunidades, locais de trabalho e economias inteiras ficariam estagnadas. Enquanto isso, na base da pirâmide econômica, mulheres e meninas, principalmente as que vivem em situação de pobreza e pertencem a grupos marginalizados, dedicam gratuitamente 12,5 bilhões de horas todos os dias ao trabalho de cuidado e outras incontáveis horas recebendo uma baixíssima remuneração por essa atividade. Seu trabalho é essencial para nossas comunidades. Ele sustenta famílias prósperas e uma força de trabalho saudável e produtiva*". (grifos nossos)

[90] WORLD BANK GROUP. *Women, Business and the Law 2022*. Washington, DC: World Bank, 2022. Disponível em: https://openknowledge.worldbank.org/handle/10986/36945. Acesso em: 23 set. 2022.

[91] FEDERICI, Silvia. *Calibã e a Bruxa*: mulheres, corpo e acumulação primitiva. Trad. Coletivo Sycorax. São Paulo: Elefante, 2017. p. 198: "As mulheres não poderiam ter sido totalmente desvalorizadas enquanto trabalhadoras e privadas de toda sua autonomia com relação aos homens se não tivessem sido submetidas a um intenso processo de degradação social; e,

e negros, entre homens e mulheres. Se a igualdade é mandamento constitucional que se impõe a toda e qualquer relação, pública ou privada, buscar métodos de minimização desses contrastes socioeconômicos de gênero no Brasil é responsabilidade de todo o corpo social – agentes e instituições privados e públicos. Essa não é, definitivamente, uma questão que envolve apenas mulheres. Envolve a sociedade como um todo, envolve a dignidade da pessoa humana, valor máximo de qualquer Estado Democrático de Direito.

1.3 O mercado de trabalho da mulher no Brasil

A associação entre os aspectos histórico, sociológico e jurídico é inegável – os marcadores sociais são resultado dessa junção de acepções assimiladas pelo grupo social.[92] A confluência de dados e estudos é realçada por autoras e autores que afirmam que o afastamento da depreciação do feminino, em qualquer âmbito, dependerá de uma desconstrução da identidade do feminino e de sua reconstrução, que, como demonstram as investigações, projeta repercussões econômicas, como será pormenorizado.

Os contrastes financeiros e patrimoniais de gênero são, atualmente, objeto de pesquisas e estudos que apontam a nocividade dessa discrepância para o crescimento econômico de países e do mundo. Como mencionado, a desigualdade de gênero é um desafio econômico crítico. Conforme os resultados do McKinsey Global Institute (MGI), se houvesse minimização das assimetrias socioeconômicas entre homens e mulheres, poderia haver um acréscimo de 12 trilhões de dólares como resultado do crescimento global. De acordo com o estudo amplamente divulgado em 2015, a redução do fosso global entre gêneros no mercado de trabalho poderia duplicar a contribuição das mulheres para o crescimento global do PIB entre 2014 e 2025.[93] Quanto ao Brasil, pesquisas divulgadas sinalizam que o PIB brasileiro poderia crescer 30% se as

---

de fato, ao longo dos séculos XVI e XVII, as mulheres perderam terreno em todas as áreas da vida social".

[92] LOPES, Monique Rodrigues; AGUIAR, Rafael dos Reis. Carta das mulheres à constituinte: uma análise sobre as leis de violência contra as mulheres a partir das críticas ao direito. *Revista de Ciências do Estado*, Belo Horizonte, v. 5, n. 1, e20681.

[93] MCKINSEY GLOBAL INSTITUTE (MGI). *The Power of Parity: How Advancing Women's Equality Can add $12 Trillion to Global Growth*, Sep. 2015. Disponível em: https://www.mckinsey. com/~/media/mckinsey/industries/public%20and%20social%20sector/our%20insights/how%20advancing%20womens%20equality%20can%20add%2012%20trillion%20to%20

mulheres participassem do mercado de trabalho na mesma proporção que os homens.[94]

Em estudo elaborado por Janet Stotsky, economista e consultora em políticas públicas, divulgado pelo Fundo Econômico Mundial, *Gender and its Relevance to Macroeconomic Policy: a survey*, a autora conclui que toda a política macroeconômica seria positivamente atingida com a inserção mais igualitária na econômica. Entre outros aspectos, "[a] maior propensão das mulheres a gastar em necessidades também teria implicações no nível macroeconômico".[95]

Janet Gale Stotsky afirma que mais investimentos realizados pelas mulheres poderiam repercutir no volume de dinheiro poupado e nos riscos de investimento. Segundo a economista, o empoderamento político das mulheres também poderia atingir o tamanho do governo, o crescimento macroeconômico e a estabilidade. Segundo conclui em seu estudo, as instituições financeiras internacionais devem usar sua influência para incentivar a redução das limitações que as mulheres enfrentam para alcançar recursos econômicos e que impedem sua plena participação nos mercados.[96]

Como visto no início deste capítulo, o mercado de trabalho da mulher possui características distintas daquele do qual os homens fazem parte.[97] É marcado pela divisão sexual do trabalho. São aspectos que promovem profundas diferenciações e têm raízes culturais, sociais, econômicas, ou seja, raízes interdisciplinares. Assim como no resto do mundo, no Brasil, muitos debates, inclusive acadêmicos, têm sido travados em relação às disparidades econômicas e sociais entre homens e mulheres estatisticamente comprovadas, segundo os órgãos oficiais

---

global%20growth/mgi%20power%20of%20parity_executive%20summary_september%20 2015.pdf. Acesso em: 22 set. 2022.

[94] INSTITUTO DE ENSINO E PESQUISA (INSPER). *Panorama Mulher*: um estudo por Talenses e INSPER. Edição 2019. p. 4. Disponível em: http://online.fliphtml5.com/gbcem/bczq/#p=6. Acesso em: 23 set. 2022.

[95] STOTSKY, Janet G. *Gender and Its Relevance to Macroeconomic Policy*: a survey. International Monetary Fund. Washington. 2006. Disponível em: https://ssrn.com/abstract=941295. Acesso em: 25 nov. 2021.

[96] STOTSKY, Janet G. *Gender and Its Relevance to Macroeconomic Policy*: a survey. International Monetary Fund. Washington. p. 48. Disponível em: https://redir.stf.jus.br/paginadorpub/paginador.jsp?docTP=TP&docID=762441882. Acesso em: 25 nov. 2021.

[97] DIAS NETO, Orlando Fernandes; FERIATO, Juliana Marteli Fais. A tributação como instrumento para a promoção da igualdade de gênero no mercado de trabalho. *Revista Direitos Sociais e Políticas Públicas*, v. 6, n. 2, 2018. Disponível em: http://www.unifafibe.com.br/revista/index.php/direitos-sociais-politicas-pub/issue/view/26/showToc. Acesso em: 04 nov. 2021.

de pesquisas, conforme demonstram relatórios, como o *Estatísticas de Gênero – Indicadores sociais das mulheres no Brasil*.[98] No cenário brasileiro das relações e dos contratos laborais, perpetuam-se as distinções impostas em razão do gênero, como diferenças de salário ou o número de horas trabalhadas,[99] o que contraria a ordem jurídica nacional.[100] Essa ordem constitucional estaria voltada à promoção da igualdade e à construção de uma sociedade livre, justa e solidária, nos termos do art. 3º, I, da Constituição Federal,[101] que aponta ser esse o primeiro dos objetivos fundamentais da República Federativa do Brasil?

As pesquisas e os referenciais históricos apontados no início deste texto não foram, ainda, afastados da realidade brasileira, aliás, da realidade de diversos países.[102] Estudos mais recentes buscam mensurar e mapear o trabalho de homens e mulheres, e todas as suas distinções, considerando, inclusive, atividades não remuneradas, ditas economicamente invisíveis, controvertendo o conceito de "trabalho produtivo".

---

[98] INSTITUTO BRASILEIRO DE GEOGRAFIA E ESTATÍSTICA (IBGE). *Estatísticas de gênero*: indicadores sociais das mulheres no Brasil. 2. ed. Rio de Janeiro, 2021. Disponível em: https://biblioteca.ibge.gov.br/index.php/biblioteca-catalogo?view=detalhes&id=2101784. Acesso em: 11 jan. 2021.

[99] BANDEIRA, Lourdes Maria; PRETURLAN, Renata Barreto. As pesquisas sobre uso do tempo e a promoção da igualdade de gênero no Brasil. *In*: FONTOURA, Natália; ARAÚJO, Clara (Orgs.). *Uso do tempo e gênero*. Rio de Janeiro: UERJ, 2016. p. 45: "Quando somadas as jornadas, o tempo total destinado ao trabalho é sempre maior para as mulheres. Assim sendo, as pesquisas sobre usos do tempo deveriam permitir não apenas a identificação de desigualdades nas jornadas, mas também viabilizar diagnósticos mais precisos a respeito das atividades específicas que homens e mulheres executam, e possibilitar compreender a noção de trabalho mais ampla e complexa, isto é, vinculada à condição diferenciada por gênero, por tempo pessoal e em diferentes espaços, regiões, horários etc.".

[100] GRAU, Eros Roberto. *A Ordem Econômica na Constituição de 1988*: interpretação e crítica. 8. ed. São Paulo: Malheiros, 2003. p. 113: "Por isso dizemos que o Brasil tem como fundamentos aqueles indicados no art. 1º e que os objetivos fundamentais do Brasil são os descritos no art. 3º do texto constitucional. Por isso mesmo cumpre também observarmos que aí, nesses preceitos, opera-se a superação da dissociação entre a esfera política e a esfera social aí caminham juntos, voltando-se à realização dos mesmos fins, o Estado e a sociedade. A Constituição do Brasil de 1988 projeta um Estado desenvolto e forte, o quão necessário seja para que os fundamentos afirmados no seu art. 1º e os objetivos definidos no seu art. 3º venham a ser plenamente realizados, garantindo-se tenha por fim, a ordem econômica, assegurar a todos existência digna".

[101] BRASIL. *Constituição da República Federativa do Brasil de 1988*. Brasília: Senado Federal, 05 out. 1988. Disponível em: http://www.planalto.gov.br/ccivil_03/constituicao/constituicao.htm. Acesso em: 02 jan. 2022.
"Art. 3º Constituem objetivos fundamentais da República Federativa do Brasil: I – construir uma sociedade livre, justa e solidária; (...)".

[102] Nesse sentido, estudo divulgado pelo Fórum Econômico Mundial: WORLD ECONOMIC FORUM. *Global Gender Gap Report 2020*. Disponível em: https://www3.weforum.org/docs/WEF_GGGR_2020.pdf. Acesso em: 04 set. 2022.

As medições não descartam, assim, o trabalho doméstico e de cuidados, e apontam no sentido de que homens e mulheres desempenham suas atividades remuneradas em ambientes distintos do ponto de vista social e econômico.[103]

Pesquisadora do mercado de trabalho da mulher no Brasil desde 1985, Cristina Bruschini aponta mudanças sensíveis na esfera de trabalho remunerado, entretanto, destaca, igualmente, a precariedade em que se desenvolve a inserção das mulheres nesse nicho. A entrada das mulheres no mercado de trabalho se dá em setores ainda vinculados ao cuidado, nos quais a remuneração é, em regra, baixa. As mulheres ocupam, ainda, posições mais precárias, quais sejam, o trabalho não remunerado e aquele executado na produção para consumo próprio ou da unidade familiar são predominantemente desenvolvidos no setor agrícola, em sítios, fazendas e chácaras, por exemplo.[104]

A autora aponta também que a parcela formal de ocupação de empregos, na qual existe algum tipo de contrato entre as partes, é tradicionalmente reduzida no Brasil. E dispõe, ainda, que a estrutura ocupacional do mercado de trabalho brasileiro, nos últimos 30 anos, apresenta tendências recorrentes que não têm sofrido modificações.[105] A presença feminina é elevada em ocupações de setores tradicionais da indústria, por exemplo, costureiras na indústria da confecção. Mantém-se, igualmente, um enorme contingente de mulheres em ocupações dos serviços de cuidado pessoal, higiene e alimentação, como é o caso das cabeleireiras e especialistas em estética em geral, das faxineiras e arrumadeiras em domicílios e hotéis, das lavadeiras, tintureiras e cozinheiras. Tal como acentuado pela autora, "persistem também os tradicionais guetos femininos".[106]

---

[103] CÂMARA, Andalessia Lana Borges; GUSKOW, Tatiana Maria; OLIVEIRA, Liziane Paixão Silva. Tributação e gênero: desigualdades e o necessário fomento do mercado de trabalho da mulher. *Revista de Estudos e Pesquisas Avançadas do Terceiro Setor*, v. 9, n. 1, p. 44-85, jan./jul. 2022.

[104] BRUSCHINI, Maria Cristina Aranha. Trabalho e gênero no Brasil nos últimos dez anos. *Cadernos de Pesquisa* [on-line], v. 37, n. 132, p. 537-572, 2007. Disponível em: https://doi.org/10.1590/S0100-15742007000300003. Acesso em: 30 maio 2022.

[105] BRUSCHINI, Maria Cristina Aranha. Trabalho e gênero no Brasil nos últimos dez anos. *Cadernos de Pesquisa* [on-line], v. 37, n. 132, p. 537-572, 2007. Disponível em: https://doi.org/10.1590/S0100-15742007000300003. Acesso em: 30 maio 2022.

[106] BRUSCHINI, Maria Cristina Aranha. Trabalho e gênero no Brasil nos últimos dez anos. *Cadernos de Pesquisa* [on-line], v. 37, n. 132, p. 537-572, 2007. Disponível em: https://doi.org/10.1590/S0100-15742007000300003. Acesso em: 30 maio 2022.

As disparidades ainda crescentes entre as situações laborais e econômicas de homens e mulheres no Brasil é tema de debates, que buscam, inclusive, indicar meios normativos para a minimização dessas desigualdades.[107] Quanto às perspectivas profissionais e às dessemelhanças entre a trajetória de vida, social e econômica, e a realidade de homens e mulheres no Brasil, existem análises de instituições oficiais, como o Instituto Brasileiro de Geografia e Estatística – IBGE e o Instituto de Pesquisa Econômica Aplicada – IPEA, realizadas por meio da Pesquisa Nacional por Amostra de Domicílio – PNAD. Cabe ressaltar a existência de projetos específicos realizados pelo IBGE, tendo por objeto as questões que radicam a temática gênero, por exemplo: *Estatísticas de Gênero – Indicadores sociais das mulheres no Brasil*.[108]

1.4 Repercussões econômicas das diferenças de gênero – um inventário das desigualdades palpáveis[109]

A participação de homens e mulheres no mercado de trabalho não é igualitária no Brasil.[110] Os cenários são distintos e há um ambiente próprio do qual participam as mulheres em posição de desvantagem.

---

[107] CÂMARA, Andalessia Lana Borges. Mulheres e o acesso ao mercado de trabalho: a tributação como ferramenta de minimização das desigualdades de gênero no Brasil. *In*: SANTOS, Herta Rani Teles; GUIMARÃES, Juliana Pita (Orgs.). *O poder feminino*: entre percursos e desafios. Belo Horizonte: Arraes Editora, 2021. p. 179-203.

[108] Esses dados dão concretude aos objetivos da Comissão de Estatística das Nações Unidas (*United Nations Statistical Commission*), que organizou o Conjunto Mínimo de Indicadores de Gênero – CMIG (*Minimum Set of Gender Indicators* – MSGI), constituído por 63 indicadores (52 quantitativos e 11 qualitativos) que refletem o esforço de sistematização de informações destinadas à produção nacional e à harmonização internacional de estatísticas de países e regiões relativamente à igualdade de gênero e ao empoderamento feminino. INSTITUTO BRASILEIRO DE GEOGRAFIA E ESTATÍSTICA (IBGE). *Estatísticas de gênero*: indicadores sociais das mulheres no Brasil. 2. ed. Rio de Janeiro, 2021. Disponível em: https://biblioteca.ibge.gov.br/index.php/biblioteca-catalogo?view=detalhes&id=2101784. Acesso em: 04 nov. 2021.

[109] Parte inicial desses estudos referentes às disparidades evidentes no mercado de trabalho da mulher no Brasil foi publicada no artigo de CÂMARA, Andalessia Lana Borges. Mulheres e o acesso ao mercado de trabalho: a tributação como ferramenta de minimização das desigualdades de gênero no Brasil. *In*: SANTOS, Herta Rani Teles; GUIMARÃES, Juliana Pita (Orgs.). *O poder feminino*: entre percursos e desafios. Belo Horizonte: Arraes Editora, 2021.

[110] DIAS NETO, Orlando Fernandes; FERIATO, Juliana Marteli Fais. A tributação como instrumento para a promoção da igualdade de gênero no mercado de trabalho. *Revista Direitos Sociais e Políticas Públicas*, v. 6, n. 2, 2018. Disponível em: https://www.unifafibe.com.br/revista/index.php/direitos-sociais-politicas-pub/article/view/504. Acesso em: 11 nov. 2020.

Mulheres possuem salários menores, estão mais propensas ao desemprego e encontram maiores dificuldades para atingir cargos mais altos dentro da hierarquia empresarial, como mencionado no tópico anterior. Essa situação laboral prejudicial, contudo, contradiz o ordenamento jurídico, que protege a participação feminina no mercado de trabalho e veda a sua discriminação (art. 7º, XX e XXX, da CF).[111] O mercado de trabalho da mulher, como já mencionado, agudiza e intensifica as discrepâncias entre os gêneros. Tal como estatisticamente demonstrado por órgãos de pesquisa oficiais, tanto o inciso XX quanto o inciso XXX do art. 7º da Constituição Federal são reiteradamente descumpridos, violados.

Conforme bem delineado em trabalho escrito por Patrícia Rocha Lemos, cientista social, e Thais de Souza Lapa, socióloga, "trabalhadora não é feminino de trabalhador".[112] Isso porque as mulheres enfrentam barreiras financeiras, psicológicas, culturais e sociais diretamente a elas impostas e que fazem com que o seu contexto profissional seja próprio e inequivocamente mais desafiador. "É nesse conflito entre bom emprego e trabalho ruim que trabalhadoras criam suas estratégias para tornar as condições de trabalho suportáveis".[113] As mulheres, muitas vezes, tendo em conta a necessidade de sobrevivência e o histórico de uma

---

[111] BRASIL. Constituição da República Federativa do Brasil de 1988. Brasília: Senado Federal, 05 out. 1988. Disponível em: http://www.planalto.gov.br/ccivil_03/constituicao/constituicao.htm. Acesso em: 02 jan. 2022.
"Art. 7º São direitos dos trabalhadores urbanos e rurais, além de outros que visem à melhoria de sua condição social: (...) XX – proteção do mercado de trabalho da mulher, mediante incentivos específicos, nos termos da lei; (...) XXX – proibição de diferença de salários, de exercício de funções e de critério de admissão por motivo de sexo, idade, cor ou estado civil".

[112] LEMOS, Patrícia Rocha; LAPA, Thaís de Souza. Trabalhadora não é feminino de trabalhador: divisão sexual do trabalho e subjetividade. In: ANTLOGA, Carla Sabrina; MAIA, Marina; SANTOS, Noemia de Morais (Orgs.). Trabalho feminino: desafios e perspectivas no Brasil. Curitiba: Appris, 2021: "Isso leva à compreensão, que procuramos trazer neste capítulo, de que as condições materiais de trabalho das mulheres na indústria e no comércio, as quais mesclam penosidade de trabalho com poucas alternativas melhores de emprego, levam à produção de uma subjetividade que (sobre)valoriza o emprego e seus benefícios, por vezes valoriza também os aprendizados proporcionados pela atividade profissional, mas reconhece a penosidade e a subvalorização do próprio trabalho. É nesse conflito entre bom emprego e trabalho ruim que trabalhadoras criam suas estratégias para tornar as condições de trabalho suportáveis: humor, ironia, reafirmação do próprio valor e do próprio saber, rebaixamento de expectativas e estabelecimento de vínculos com colegas na mesma situação são algumas das saídas subjetivas encontradas".

[113] CÂMARA, Andalessia Lana Borges; GUSKOW, Tatiana Maria; OLIVEIRA, Liziane Paixão Silva. Tributação e gênero: desigualdades e o necessário fomento do mercado de trabalho da mulher. Revista de Estudos e Pesquisas Avançadas do Terceiro Setor, v. 9, n. 1, p. 44-85, jan./jul. 2022.

vida inteira de depreciação, acabam por sobrevalorizar o trabalho e aceitar condições inferiores àquelas oferecidas aos homens.

Um estudo público no ano de 2020 pelo IBGE – *Rendimento de Todas as Fontes 2019* – retrata que, em média, mulheres ganham 76% da remuneração dos homens.[114] Já as mulheres negras (pretas e pardas), em média, recebem 44,4% do salário de um homem branco. Com a mesma graduação em relação ao ensino superior, mulheres negras chegam a ganhar 50% do salário do homem, como apurado e registrado em trabalho específico realizado pelo Instituto de Ensino e Pesquisa – INSPER – *Diferenciais Salariais por Raça e Gênero para Formados em Escolas Públicas ou Privadas*.[115] Foi noticiado, ainda, em pesquisa oficial recentíssima, que as mulheres são mais suscetíveis ao desemprego.[116]

Segundo indicaram, ainda, as estatísticas do IBGE, no ano de 2019, o mercado de trabalho brasileiro contava com 92,5 milhões de pessoas ocupadas com mais de 14 anos. Os homens receberam R$2.555,00, valor mensal situado acima da média nacional (R$2.308,00), e as mulheres, R$1.985,00 por mês. Esses foram dados apurados, segundo o módulo Rendimento de Todas as Fontes, da PNAD Contínua.[117] No ano de 2020, a média da remuneração das mulheres era de R$2.271,00 e a dos homens, de R$ 2.897,00, ficando a média geral em R$2.638,00. Já em 2021, os dados divulgados são a média salarial feminina de R$2.158,00 e a masculina de R$2.698,00. Os dados referentes aos anos de 2020 e 2021 são parte da pesquisa *Rendimento médio mensal real das pessoas de*

---

[114] INSTITUTO BRASILEIRO DE GEOGRAFIA E ESTATÍSTICA (IBGE). *Rendimento de todas as fontes 2019*. Disponível em: https://biblioteca.ibge.gov.br/visualizacao/livros/liv101709_informativo.pdf. Acesso em: 22 set. 2022.

[115] INSTITUTO DE ENSINO E PESQUISA (INSPER). Diferenciais salariais por raça e gênero para formados em escolas públicas ou privadas. *Policy Paper*, Centro de Gestão e Políticas Públicas, n. 45, jul. 2020. Disponível em: https://www.insper.edu.br/wp-content/uploads/2020/07/Policy-Paper-45.pdf. Acesso em: 23 set. 2022.

[116] INSTITUTO BRASILEIRO DE GEOGRAFIA E ESTATÍSTICA (IBGE). *Estatísticas de gênero*: indicadores sociais das mulheres no Brasil. 2. ed. Rio de Janeiro, 2021. Disponível em: https://biblioteca.ibge.gov.br/index.php/biblioteca-catalogo?view=detalhes&id=2101784. Acesso em: 06 jul. 2022: "A Taxa de participação (CMIG 3), que tem como objetivo medir a parcela da população em idade de trabalhar (PIT) que está na força de trabalho, ou seja, trabalhando ou procurando trabalho e disponível para trabalhar, aponta a maior dificuldade de inserção das mulheres no mercado de trabalho".

[117] INSTITUTO BRASILEIRO DE GEOGRAFIA E ESTATÍSTICA (IBGE). *Rendimento de todas as fontes 2019*. Disponível em: https://biblioteca.ibge.gov.br/visualizacao/livros/liv101709_informativo.pdf. Acesso em: 22 set. 2022.

14 anos ou mais de idade, de todos os trabalhos, a preços médios do último ano, por sexo.[118]

No Brasil, mais da metade da população em idade laboral – 52,4% – era formada por mulheres, todavia, os homens representavam 56,8% da parcela da população que efetivamente trabalhava, enquanto as mulheres eram menos de 44%. Parte das mulheres, embora estivesse em idade compatível com a atividade remunerada, sequer poderia procurar o mercado de trabalho, visto que não possuía auxílio nos cuidados com os filhos ou não contava com creche para deixá-los.[119] Dados que demonstram essa mesma realidade já haviam sido divulgados por outros estudos específicos, inclusive pela Oxfam Brasil, em 2017, em relatório de grande repercussão: *A distância que nos une – um retrato das desigualdades brasileiras*.[120]

As referidas pesquisas revelam ainda que, em 2019, ano mais recente mapeado, mesmo empregadas, mulheres dedicam, em média, 10,4 horas semanais a mais que os homens aos afazeres domésticos ou ao cuidado de pessoas.[121] A tabela a seguir demonstra que as mulheres que não possuem atividades remuneradas dedicam 24 horas semanais às tarefas de cuidado e as mulheres que cumulam as atividades remuneradas despendem 18,5 horas semanais às mesmas atividades. Em 2019, esses mesmos números, em relação aos homens, eram: 12,1 horas, no caso daqueles que não exercem atividades remuneradas, e 10,4 horas, considerando os que cumulam atividades remuneradas.[122]

---

[118] INSTITUTO BRASILEIRO DE GEOGRAFIA E ESTATÍSTICA (IBGE). Tabela 7444 – Rendimento médio mensal real das pessoas de 14 anos ou mais de idade, de todos os trabalhos, a preços médios do último ano, por sexo. *Pesquisa Nacional por Amostra de Domicílios Contínua – PNAD, 2012-2019*. Anos 2019, 2020 e 2021. Disponível em: https://sidra.ibge.gov.br/tabela/7444#resultado. Acesso em: 23 set. 2022.

[119] INSTITUTO BRASILEIRO DE GEOGRAFIA E ESTATÍSTICA (IBGE). *Rendimento de todas as fontes 2019*. Disponível em: https://biblioteca.ibge.gov.br/visualizacao/livros/liv101709_informativo.pdf. Acesso em: 22 set. 2022.

[120] OXFAM BRASIL. *A distância que nos une – um retrato das desigualdades brasileiras*. São Paulo: Oxfam Brasil, 2017.

[121] INSTITUTO BRASILEIRO DE GEOGRAFIA E ESTATÍSTICA (IBGE). Tabela 7013 – Média de horas dedicadas pelas pessoas de 14 anos ou mais de idade aos afazeres domésticos e/ou às tarefas de cuidado de pessoas, por sexo e situação de ocupação. *Pesquisa Nacional por Amostra de Domicílios Contínua – PNAD*. Disponível em: https://sidra.ibge.gov.br/tabela/7013#resultado. Acesso em: 23 set. 2022.

[122] INSTITUTO BRASILEIRO DE GEOGRAFIA E ESTATÍSTICA (IBGE). Tabela 7013 – Média de horas dedicadas pelas pessoas de 14 anos ou mais de idade aos afazeres domésticos e/ou às tarefas de cuidado de pessoas, por sexo e situação de ocupação. *Pesquisa Nacional por Amostra de Domicílios Contínua – PNAD*. Disponível em: https://sidra.ibge.gov.br/tabela/7013#resultado. Acesso em: 23 set. 2022.

CAPÍTULO 1
DISTANCIAMENTOS, DESIGUALDADES E O MERCADO DE TRABALHO DA MULHER

Tabela 1 – Diferenças de horas trabalhadas na atividade de cuidado

Tabela 7013 - Média de horas dedicadas pelas pessoas de 14 anos ou mais de idade aos afazeres domésticos e/ou às tarefas de cuidado de pessoas, por sexo e situação de ocupação

Variável – Média de horas dedicadas pelas pessoas de 14 anos ou mais de idade aos afazeres domésticos e/ou às tarefas de cuidado de pessoas (Horas)

Brasil

Ano x Sexo

Situação de ocupação na semana de referência	2016			2017			2018			2019		
	Total	Homens	Mulheres	Total	Homens	Mulheres	Total	Homens	Mulheres	Total	Homens	Mulheres
Total	16,7	11,1	20,9	16,5	10,8	20,9	16,8	10,9	21,3	16,8	11,0	21,4
Ocupadas	14,1	10,5	18,1	14,0	10,3	18,1	14,2	10,3	18,5	14,2	10,4	18,5
Não ocupadas	20,1	12,2	23,3	19,6	12,0	23,2	20,1	12,0	23,8	20,1	12,1	24,0

Fonte: INSTITUTO BRASILEIRO DE GEOGRAFIA E ESTATÍSTICA (IBGE)

Um ponto a ser destacado é o aspecto do maior volume de trabalho das mulheres, que é percebido pelo legislador brasileiro, ao estabelecer, por exemplo, que mulheres devem se aposentar com idade inferior à dos homens. Não em razão de insuficiência física ou intelectual, porém em função de todo o trabalho não remunerado e invisibilizado desenvolvido por elas ao longo de sua existência.[123]

Há, no Brasil, uma conformação social e cultural mais recente, que se apresenta e que precisa ser considerada em qualquer texto direcionado a esquadrinhar a temática gênero. E é crucial que se ressalte a impactante mudança dos arranjos familiares. Famílias passaram a ser estruturadas de formas diferentes, foram transformadas ao longo dos últimos anos. Muitos conjuntos familiares são constituídos de apenas uma pessoa adulta e um ou uma jovem menor de 14 anos, ou ainda uma pessoa adulta que se torna responsável financeira por uma criança ou jovem e também por um idoso. E nesses novos formatos familiares, em sua maioria, as mulheres passaram a ser as únicas responsáveis pelo sustento material do grupo de pessoas.

Estudo aprofundado sobre a configuração dos arranjos familiares – *Mulheres Chefes de Família no Brasil: avanços e desafios* – indica uma transformação na sociedade brasileira, com repercussões econômicas para as mulheres. Segundo os dados divulgados, as famílias chefiadas por homens aumentaram apenas 13%, considerando o período de 2001 a 2015, passando de 37,4 milhões, em 2001, para 42,4 milhões, em 2015. Todavia, os números são gritantes ao indicarem que as famílias chefiadas por mulheres mais que dobraram em termos absolutos, aumentando 105% em 15 anos. Os resultados dão conta de que eram 14,1 milhões de famílias em 2001 e passaram a ser mais de 28,9 milhões em 2015.[124] Os dados estão em conformidade com pesquisa do IPEA – *Retrato das desigualdades de gênero e raça*.[125]

Segundo pesquisas do IBGE, aumenta ano a ano o quantitativo de famílias chefiadas por mulheres. Em 2015, dentro ainda desses números,

---

[123] CAMARO, Ana Amélia. Diferenças na legislação à aposentadoria entre homens e mulheres: breve histórico. *Mercado de Trabalho: Conjuntura e Análise*, n. 62, abr. 2017. Disponível em: http://repositorio.ipea.gov.br/bitstream/11058/7823/1/bmt_62_diferen%C3%A7as.pdf. Acesso em: 05 nov. 2020.

[124] CAVENAGHI, Suzana; ALVES, José Eustáquio Diniz. *Mulheres chefes de família no Brasil*: avanços e desafios. Rio de Janeiro: ENS-CPES, 2018. p. 53-54.

[125] INSTITUTO DE PESQUISAS ECONÔMICAS APLICADAS (IPEA). *Retrato das desigualdades de gênero e raça*. 2017. Disponível em: https://www.ipea.gov.br/retrato/indicadores_chefia_familia.html. Acesso em: 06 jan. 2022.

41,1% das referidas famílias tinham como chefes financeiras mulheres pretas e partas, enquanto 39,7% delas eram chefiadas por mulheres brancas.[126] No total de arranjos familiares em que há apenas um adulto e filhos (as), 90,3% deles têm mulheres como responsáveis financeiras. Nestes arranjos familiares com filhos, ou seja, mulher e filhos, 58,8% são mulheres pretas e 41,2% são mulheres brancas.[127]

Por fim, como repercussão dessa discrepância socioeconômica de gênero, refletida no mercado de trabalho, os dados contidos em publicação da Secretaria da Receita Federal do Brasil – *Grandes Números IRPF – Ano-calendário 2018 – Exercício 2019*[128] – revelam que os homens são titulares de 71% de todos os bens e direitos declarados. As mulheres participam em apenas 29% do que é declarado a título de propriedade de patrimônio.

Os dados catalogados pela Secretaria da Receita Federal do Brasil dão conta da concentração de riquezas no Brasil em nome dos homens. Tais números sacramentam o cenário de dificuldades socioeconômicas vivenciado pelas mulheres. Cenário esse que deságua em uma menor, muito menor, titularidade de bens e direitos em nome das mulheres declarantes de imposto de renda (pessoa física).

A partir da combinação de todos esses dados oficiais, foi possível elaborar uma tabela, bastante simplória, que reúne os números referentes ao mercado de trabalho da mulher no Brasil e demonstra, de forma clara, as disparidades existentes. O trabalho é a aglutinação de dados que evidenciam as desigualdades socioeconômicas de gênero e que facilitam a visualização dos dados. "O 'matriarcado da miséria' é feito de exclusão, racismo, sexismo e, apesar disso, de resistências no cotidiano e na ação política coletiva".[129] A seguir, infográfico no qual estão contidas as informações condensadas sobre a realidade socioeconômica de mulheres no Brasil:

---

[126] INSTITUTO DE PESQUISAS ECONÔMICAS APLICADAS (IPEA). *Retrato das desigualdades de gênero e raça*. 2017. Disponível em: https://www.ipea.gov.br/retrato/indicadores_chefia_familia.html. Acesso em: 06 jan. 2022.

[127] INSTITUTO DE PESQUISAS ECONÔMICAS APLICADAS (IPEA). *Retrato das desigualdades de gênero e raça*. 2017. Disponível em: https://www.ipea.gov.br/retrato/indicadores_chefia_familia.html. Acesso em: 06 jan. 2022.

[128] BRASIL. Receita Federal do Brasil. *Grandes Números IRPF – Ano calendário 2018 – exercício 2019*. Disponível em: https://receita.economia.gov.br/dados/receitadata/estudos-e-tributarios-e-aduaneiros/estudos-e-estatisticas/11-08-2014-grandes-numeros-dirpf/grandes-numeros-irpf-2018-2019-completo-1.pdf. Acesso em: 20 fev. 2021.

[129] BIROLI, Flávia. *Gênero e desigualdades*: limites da democracia do Brasil. São Paulo: Boitempo, 2018. p. 110.

Infográfico1 – Retrato das diferenças de gênero

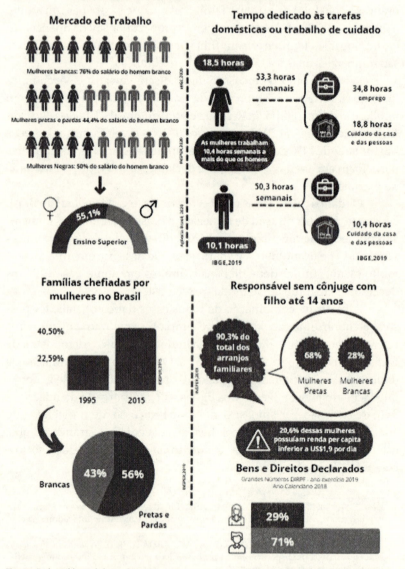

Fonte: Infográfico elaborado pela autora a partir de dados do Instituto Brasileiro de Geografia e Estatística (IBGE) OXFAM Brasil e Instituto de Ensino e Pesquisa (INSPER).

Ainda tendo como objeto de análise o panorama brasileiro, segundo levantamento também realizado pelo IBGE, a inserção das mulheres em posições de liderança, tanto no setor público quanto no setor privado – como em cargos de diretoria ou gerenciais de empresas privadas –, é de 39,1% do total desses cargos.[130] Se os percentuais forem circunscritos ao setor privado, a diferença é ainda maior. De acordo com uma pesquisa realizada pelo INSPER, em parceria com a Talenses, com 532 empresas – *Panorama Mulher*, em 2019, no Brasil, as mulheres ocuparam, em média, apenas 19% dos cargos de liderança em empresas privadas. Das 415 empresas que possuem o cargo de presidente, em apenas 13% delas esse cargo é ocupado por uma mulher,[131] menos de 54 empresas.

Recentemente, foi publicado o relatório da ONU, *[o] Progresso das Mulheres no Mundo 2019-2020: famílias em um mundo em mudança*.[132] Segundo consta do referido documento, a inserção das mulheres no mercado de trabalho continua a crescer significativamente, apesar disso, é notório que o casamento e a maternidade reduzem os índices de participação nos ambientes laborais remunerados. E reduzem, igualmente, a renda e os benefícios vinculados a essa participação.

No panorama mundial, segundo diagnosticado na citada pesquisa da ONU, pouco mais da metade das mulheres com idade entre 25 e 54 anos é economicamente ativa. No que se refere aos homens, 96% dos homens casados estão economicamente ativos, de acordo com os dados do relatório. Dessa forma, a conclusão apresentada é a seguinte: uma das principais causas das desigualdades indicadas é que as mulheres continuam a realizar trabalho doméstico e trabalho de cuidados não remunerados três vezes mais que os homens.[133]

---

[130] INSTITUTO BRASILEIRO DE GEOGRAFIA E ESTATÍSTICA (IBGE). *Estatísticas de gênero*: indicadores sociais das mulheres no Brasil. 2. ed. Rio de Janeiro, 2021. Disponível em: https://biblioteca.ibge.gov.br/index.php/biblioteca-catalogo?view=detalhes&id=2101784. Acesso em: 07 jan. 2021.

[131] INSTITUTO DE ENSINO E PESQUISA (INSPER). *Panorama Mulher*: um estudo por Talenses e INSPER. Edição 2019. Disponível em: http://online.fliphtml5.com/gbcem/bczq/#p=6. Acesso em: 23 set. 2022.

[132] ORGANIZAÇÃO DAS NAÇÕES UNIDAS (ONU). *O Progresso das Mulheres no Mundo 2019-2020*: Famílias em um mundo em mudança. Disponível em: http://www.onumulheres.org.br/wp-content/uploads/2019/06/Progress-of-the-worlds-women-2019-2020-en.pdf. Acesso em: 22 set. 2022.

[133] ORGANIZAÇÃO DAS NAÇÕES UNIDAS (ONU). *O Progresso das Mulheres no Mundo 2019-2020*: Famílias em um mundo em mudança. Disponível em: http://www.onumulheres.org.br/wp-content/uploads/2019/06/Progress-of-the-worlds-women-2019-2020-en.pdf. Acesso em: 22 set. 2022.

Segundo um relatório publicado pelo LinkedIn, embora pessoas de ambos os sexos procurem empregos de forma semelhante, elas e eles se candidatam às vagas de modo diferente. As mulheres se cadastram em 20% menos vagas que os homens, e pesquisas mostram que, para se candidatar a um emprego, elas sentem que precisam cumprir 100% dos critérios, enquanto os homens geralmente se candidatam após atender cerca de 60% das exigências.[134] O estudo está estruturado em bilhões de dados produzidos pelos mais de 640 milhões de usuários da plataforma em 200 países. Gisèle Szczyglak, em seus estudos, conclui que a autocobrança, assim como o receio de errar, paralisa as mulheres. Como afirma a autora, "É interessante notar que a inibição induzida pelo medo de serem mal interpretadas e malvistas em seu comportamento reduz o campo de ação e de influência das mulheres que se subtraem à possibilidade de utilizá-las em toda a sua extensão e em seu impacto".[135]

Mulheres foram e continuam sendo alijadas das estruturas de poder, como reiterado por Mary Beard, na obra *Mulheres e Poder: um manifesto*, ao se referir ao poder como prestígio público, objeto de posse: "as mulheres como gênero – não como pessoas – são excluídas. Não se pode com facilidade, inserir mulheres numa estrutura que já está codificada como masculina, é preciso mudar a estrutura".[136] Ainda enfrentam dificuldades, entre tantas outras no mercado de trabalho, para atingir cargos elevados dentro da hierarquia empresarial.[137]

Segundo dados apresentados pela Organização das Nações Unidas para a Mulher (ONU Mulher), das 250 maiores empresas do

---

[134] LINKEDIN. *Gender Insights Report How women find jobs differently.* Disponível em: https://business.linkedin.com/content/dam/me/business/en-us/talent-solutions-lodestone/body/pdf/Gender-Insights-Report.pdf. Acesso em: 29 maio 2022.

[135] SZCZYGLAK, Gisèle. *Subversivas*: a arte sutil de nunca fazer o que esperam de nós. Trad. Karina Jannini. São Paulo: Cultrix, 2022. p. 40.

[136] BEARD, Mary. *Mulheres e poder*: um manifesto. Trad. Celina Portocarrero. São Paulo: Planeta do Brasil, 2018. p. 93.

[137] INSTITUTO BRASILEIRO DE GEOGRAFIA E ESTATÍSTICA (IBGE). *Estatísticas de gênero*: ocupação das mulheres é menor em lares com crianças de até três anos. Disponível em: https://agenciadenoticias.ibge.gov.br/agencia-sala-de-imprensa/2013-agencia-de-noticias/releases/30172-estatisticas-de-genero-ocupacao-das-mulheres-e-menor-em-lares-com-criancas-de-ate-tres-anos. Acesso em: 05 jul. 2021: "Mulheres ocupavam 37,4% dos cargos gerenciais em 2019. No Brasil, 62,6% dos cargos gerenciais eram ocupados por homens e 37,4% pelas mulheres, em 2019. A maior desigualdade por sexo foi encontrada nos 20% da população ocupada com os maiores rendimentos do trabalho principal (77,7% para os homens contra 22,3% para as mulheres). Do mesmo modo, a desigualdade se aprofunda nas faixas etárias mais elevadas: entre pessoas de 60 ou mais anos de idade, 78,5% dos cargos gerenciais eram ocupados por homens e 32,6% pelas mulheres".

Brasil, apenas 2% das CEOs (*Chief Executive Officer*) são mulheres e 66,5% das empresas no Brasil não têm mulheres em posição de diretoria executiva.[138] Aliado a isso, mulheres sentem-se inseguras: candidatam-se à vaga de emprego quando entendem que preenchem 100% das habilidades para o cargo, enquanto homens candidatam-se quando consideram preencher 60% dos pré-requisitos, como já mencionado neste texto e como publicizado pela mídia.[139]

As estatísticas oficiais, os fatores sociais e a trajetória histórica apresentados até aqui revelam que, embora as mulheres venham avançando na experimentação de novos espaços de trabalho, com proteção normativa específica para tanto, em sentido oposto ao que lhes fora reservado historicamente pela divisão sexual do trabalho, sua presença ainda não é equitativamente comparada à dos homens nesse ambiente de produção remunerada. Tudo o que diz respeito às mulheres foi marginalizado, excluído, depreciado.[140]

Os trabalhos de cuidado e atividades no ambiente doméstico foram historicamente vinculados às mulheres, principalmente às mulheres negras e pobres, e os resultados são a sua menor disponibilidade para o mercado formal de trabalho e o não pagamento pelo trabalho que é desenvolvido dentro do ambiente familiar.[141,142] As repercussões das atividades não remuneradas, em regra desempenhadas pelas mulheres, é assunto a ser explorado em todas as vertentes: econômica, acadêmica e

---

[138] ONU MULHERES. *Princípios de empoderamento das mulheres*. Disponível em: https://www.onumulheres.org.br/wp-content/uploads/2016/04/cartilha_ONU_Mulheres_Nov2017_digital.pdf. Acesso em: 09 jul. 2021.

[139] BBC NEWS BRASIL. *Três fatores que podem atrapalhar as mulheres na busca por emprego, segundo o LinkedIn*. 2019. Disponível em: https://www.bbc.com/portuguese/internacional-47714368. Acesso em: 09 jul. 2021.

[140] SILVA, Christine Oliveira Peter da. Por uma dogmática constitucional feminista. *Suprema: Revista de Estudos Constitucionais*, Brasília, v. 1, n. 2, p. 165, jul./dez. 2021: "E, não se pode deixar de registrar que, junto com as mulheres, tudo o que diz respeito ao feminino também foi marginalizado e confinado aos ambientes domésticos e privados, excluído, portanto, da arena pública e política. Assim, as exclusões do constitucionalismo clássico também se dirigiam ao gênero feminino e à orientação sexual diversa da heterogâmica patriarcal".

[141] MARÇAL, Katrine. *O lado invisível da economia*. São Paulo: Alaúde Editorial, 2017. p. 34: "Atividades como criar filhos, limpar, lavar e passar roupas para a família não criam bens tangíveis que possam ser comprados, trocados ou vendidos. Portanto, também não contribuem com a prosperidade, pensavam os economistas do século XIX. A prosperidade era tudo o que pudesse ser transportado, tivesse fornecimento limitado e direta ou indiretamente desse prazer ou evitasse dor".

[142] INSTITUTO DE PESQUISAS ECONÔMICAS APLICADAS (IPEA). *Retrato das desigualdades de gênero e raça*. 2017. Disponível em: http://www.ipea.gov.br/portal/index.php?option=com_content&view=article&id=29526. Acesso em: 06 nov. 2020.

social. O trabalho invisível desenvolvido historicamente pelas mulheres retira-lhes, não raras vezes, a chance da atividade remunerada.

É preciso conhecer o entroncamento, a interseção das definições de gênero, a divisão sexual do trabalho; compreender de que forma se dá a reprodução no âmbito dessas construções sociais da subjugação das mulheres, a fim de buscar respostas jurídicas para a sua efetiva superação. Embora a discriminação das mulheres seja diuturnamente reafirmada em uma diversidade de esferas, neste texto, a problemática a ser abordada encontra-se focada na desigualdade pertinente ao mercado de trabalho, suas repercussões socioeconômicas e as possíveis respostas que podem ser encontradas no ordenamento jurídico pátrio.

A igualdade entre homens e mulheres, aqui mais especificamente a isonomia de tratamento no mercado de trabalho, idealizada pela Constituição Federal, em seu art. 7º, XX e XXX,[143] permanece um ideal. A necessidade de que sejam desenvolvidas políticas públicas para a minimização das discrepâncias sociais e econômicas entre homens e mulheres é objetivo do Estado Democrático de Direito a ser alcançado pelos diversos microssistemas normativos e pelos agentes públicos e privados.[144] Neste texto, a pretensão é desenvolver linha argumentativa que demonstre o envolvimento mais específico do sistema tributário, sua vertente extrafiscal e sua necessária vinculação à edificação de políticas públicas de igualdade.

Muito recentemente, foi pulicada a Lei nº 14.457, de 21 de setembro de 2022,[145] que institui o Programa Emprega + Mulheres, criado pela Medida Provisória nº 1.116/2022. A versão final da MP nº 1.116/2002

---

[143] BRASIL. Constituição da República Federativa do Brasil de 1988. Brasília: Senado Federal, 05 out. 1988. Disponível em: http://www.planalto.gov.br/ccivil_03/constituicao/constituicao.htm. Acesso em: 02 jan. 2022.
"Art. 7º São direitos dos trabalhadores urbanos e rurais, além de outros que visem à melhoria de sua condição social: (...) XX – proteção do mercado de trabalho da mulher, mediante incentivos específicos, nos termos da lei;
(...) XXX – proibição de diferença de salários, de exercício de funções e de critério de admissão por motivo de sexo, idade, cor ou estado civil".

[144] CÂMARA, Andalessia Lana Borges; GUSKOW, Tatiana Maria; OLIVEIRA, Liziane Paixão Silva. Tributação e gênero: desigualdades e o necessário fomento do mercado de trabalho da mulher. *Revista de Estudos e Pesquisas Avançadas do Terceiro Setor*, v. 9, n. 1, p. 44-85, jan./jul. 2022.

[145] BRASIL. *Lei nº 14.457, de 21 de setembro de 2022*. Institui o Programa Emprega + Mulheres; e altera a Consolidação das Leis do Trabalho, aprovada pelo Decreto-Lei nº 5.452, de 1º de maio de 1943, e as Leis nºs 11.770, de 9 de setembro de 2008, 13.999, de 18 de maio de 2020, e 12.513, de 26 de outubro de 2011. Brasília, 21 set. 2022. Disponível em: http://www.planalto.gov.br/ccivil_03/_Ato2019-2022/2022/Lei/L14457.htm. Acesso em: 22 set. 2022.

foi aprovada no Plenário do Senado em 31 de agosto. A relatora do texto foi a senadora Dra. Eudócia (PSB-AL).[146] Os principais objetivos do programa são o apoio às mães na primeira infância dos filhos, a qualificação de mulheres em áreas estratégicas, visando à sua ascensão profissional, e a facilitação do retorno das trabalhadoras após o término da licença-maternidade.

A nova lei flexibiliza, ainda, a jornada de trabalho para mães e pais que tenham filhos com até 6 anos ou com deficiência. Determina também que mulheres recebam salários iguais aos dos homens que exerçam a mesma função na empresa e prevê apoio ao microcrédito para mulheres. Além disso, amplia para 5 anos e 11 meses a idade máxima para a criança ter direito a auxílio-creche, fortalece o sistema de qualificação de mulheres vítimas de violência doméstica e apresenta medidas de combate ao assédio sexual.

Mais uma vez, cabe reiterar a hipótese que se pretende ver confirmada com o desenvolvimento desta pesquisa, qual seja, que políticas públicas que tenham por objetivo a redução das desigualdades socioeconômicas, construídas por uma interseccionalidade de fundamentações jurídicas e não jurídicas, entre homens e mulheres sejam consolidadas por todos os agentes públicos, em todas as esferas de poder. Na vertente limitada deste trabalho, medidas que corrijam as referidas assimetrias com base na eficácia extrafiscal da tributação, por meio da busca da utilização da tributação como alavanca de instrumentalização de direitos sociais.

---

[146] BRASIL. *Medida Provisória nº 1.116, de 5 de maio de 2022*. Institui o Programa Emprega + Mulheres e Jovens e altera a Lei nº 11.770, de 9 de setembro de 2008, e a Consolidação das Leis do Trabalho, aprovada pelo Decreto-Lei nº 5.452, de 1º de maio de 1943. Brasília, 4 maio de 2022. Disponível em: https://www.congressonacional.leg.br/materias/medidas-provisorias/-/mpv/152939. Acesso em: 23 set. 2022.

CAPÍTULO 2

A LUTA PELA IGUALDADE

"Sem que se levem em conta as relações de gênero, é impossível explicar por que a precariedade e a vulnerabilidade são maiores entre as mulheres do que entre os homens" (BIROLI, 2018).

No capítulo anterior, foram apresentados, ainda que de forma parcial, os elementos sociais, culturais, históricos e econômicos que dão base à construção dos papéis de gênero no mundo e, por consequência, também no Brasil. Foram apontados os fatores de distorção entre o mercado de trabalho da mulher e o cenário profissional do homem, e expostos, também, dados quantitativos,[147] elaborados por órgãos de pesquisas oficiais e/ou com grande credibilidade, que efetivamente desenham as diferenciações da remuneração e das horas de trabalhado a partir do gênero, agravada a situação da mulher negra, e as repercussões dessa discrepância para a economia mundial. Por fim, delineou-se que a divisão sexual do trabalho e a maternidade são, em regra, as motivações para que as mulheres sejam discriminadas pejorativamente no mercado de trabalho, ainda nos dias atuais.

Neste capítulo, em que o objeto é a igualdade traçada no Brasil pela Constituição de 1988, incluindo a igualdade de gênero, a intenção primeira é demonstrar que a desigualdade de tratamento no ambiente profissional, à qual estão sujeitas as mulheres, principalmente as mulheres negras, não encontra razões jurídicas que lhe justifiquem, mas

---

[147] INSTITUTO BRASILEIRO DE GEOGRAFIA E ESTATÍSTICA. *Estatísticas de gênero*: indicadores sociais das mulheres no Brasil. Disponível em: https://biblioteca.ibge.gov.br/index.php/biblioteca-catalogo?view=detalhes&id=2101784. Acesso em: 26 mar. 2022.

que, ao contrário, o suporte constitucional brasileiro[148] é indiscutível e determina que o caminho normativo é no sentido diametralmente oposto ao da distorção de condições sociais, econômicas e jurídicas, entre homens e mulheres.

2.1 O tema da igualdade de gêneros

A luta das mulheres por igualdade, embora tenha sido muitas vezes ocultada, deixou evidências, como afirma Gerda Lerner, em sua já citada obra *A criação do patriarcado – história da opressão das mulheres pelos homens*. A autora registra que metade da humanidade – mulheres excluídas da linguagem escrita e privadas de educação – foi impedida de participar da construção de símbolos, de valores, de sistemas, inclusive o jurídico, de filosofias e da ciência. Como bem acentuado pela professora e pesquisadora, "as mulheres foram excluídas da iniciativa de criar sistemas de símbolos, filosofias, ciências e leis. Elas não apenas vêm sendo privadas de educação ao longo da história em toda sociedade conhecida, mas também excluídas da formação de teorias".[149]

Essa aspiração por igualdade de tratamento é objetivo que remonta há séculos. Uma figura que pode ser indicada como marco dessa busca por igualdade é Olympe de Gouges, pseudônimo usado por Marie Gouze, filha de um açougueiro no sul da França, que escreveu em 1791 a *Déclaration des droits de la femme et de la citoyenne* (Declaração dos direitos da mulher e da cidadã).[150] O manifesto em favor das mulheres surge no contexto da Revolução Francesa, e a ousadia lhe custou a vida. Ela foi duramente censurada por ter oferecido oposição ao revolucionário Robespierre. Condenada como contrarrevolucionária

---

[148] BARROSO, Luís Roberto. Neoconstitucionalismo e constitucionalização do direito (O triunfo tardio do direito constitucional no Brasil). *R. Dir. Adm.*, Rio de Janeiro, 240, p. 1-42, abr./jun. 2005. Disponível em: http://www.luisrobertobarroso.com.br/wp-content/uploads/2017/09/neoconstitucionalismo_e_constitucionalizacao_do_direito_pt.pdf. Acesso em: 10 mar. 2021: "Uma das grandes mudanças de paradigma ocorridas ao longo do século XX foi a atribuição à norma constitucional do *status* de norma jurídica".

[149] LERNER, Gerda. *A criação do patriarcado*: história da opressão das mulheres pelos homens. Trad. Luiza Sellera. São Paulo: Cultrix, 2019. p. 29: "As mulheres 'fizeram história', mesmo sendo impedidas de conhecer a própria História e de interpretar a história, seja a delas mesmas ou a dos homens. Foram excluídas da iniciativa de criar sistemas de símbolos, filosofias, ciências e leis. Elas não apenas vêm sendo privadas de educação ao longo da história em toda sociedade conhecida, mas também excluídas da formação de teorias".

[150] GOUGES, Olympe. Declaração dos direitos da mulher e da cidadã. *Isonomia*, 2014. Disponível em: http://isonomia.uji.es/wp-content/uploads/2014/01/07.05-Olimpia-de-Gouges-Isonomia.pdf. Acesso em: 26 mar. 2022.

e denunciada como uma mulher "desnaturada" e "perigosa demais", ela foi guilhotinada, no ano de 1793, em Paris, no ambiente em que se levantava o lema: Liberdade, Igualdade, Fraternidade. Ao ser conduzida à morte, Olympe de Gouges teria afirmado: "A mulher que tem o direito de subir ao cadafalso; ela deve ter igualmente o direito de subir à tribuna". A revolucionária, que apresentou o texto em nome das mães, filhas e irmãs, em seu pós-âmbulo, questionava: "Mulher, acorda! A força da razão faz-se ouvir em todo o universo: reconhece teus direitos?"[151] O Preâmbulo da Declaração dos Direitos da Mulher Cidadã guarda pertinência com a atualidade das discriminações, experimentadas por mulheres e meninas, e deve servir de ponto de partida para reflexões, também jurídicas. Dada a sua profundidade, segue transcrito:

> As mães, as filhas, as irmãs, representantes da nação, reivindicam constituírem-se em Assembleia Nacional.
> Considerando que a ignorância, o esquecimento ou o menosprezo dos direitos da mulher são as únicas causas das desgraças públicas e da corrupção no governo, resolveram expor, em uma declaração solene, os direitos naturais inalienáveis e sagrados da mulher. Assim, que esta declaração, constantemente presente a todos os membros do corpo social, lhes lembre sem cessar os seus direitos e os seus deveres; que, sendo mais respeitados, os atos do poder das mulheres e os atos do poder dos homens possam ser a cada instante comparados com o objetivo de toda instituição política; e que as reivindicações das cidadãs, fundamentadas doravante em princípios simples e incontestáveis, sempre respeitem a constituição, os bons costumes e a felicidade de todos.
> Consequentemente, o sexo superior em beleza e em coragem, em meio aos sofrimentos maternais, reconhece e declara, na presença e sob a proteção do Ser Supremo, os seguintes Direitos da Mulher e da Cidadã.[152]

Como ressaltado por Teresa Cristina no livro *O voto feminino no Brasil*, Olympe de Gouges afirmava que homens e mulheres deveriam usufruir das mesmas oportunidades de trabalho, já que pagavam

---

[151] GOUGES, Olympe. Declaração dos direitos da mulher e da cidadã. *Isonomia*, 2014. Disponível em: http://isonomia.uji.es/wp-content/uploads/2014/01/07.05-Olimpia-de-Gouges-Isonomia.pdf. Acesso em: 26 mar. 2022.

[152] GOUGES, Olympe. Declaração dos direitos da mulher e da cidadã. *Isonomia*, 2014. Disponível em: http://isonomia.uji.es/wp-content/uploads/2014/01/07.05-Olimpia-de-Gouges-Isonomia.pdf. Acesso em: 26 mar. 2022.

impostos igualmente.[153] Sustentava, ainda, que todas as mulheres deveriam receber educação de qualidade, de modo a serem boas cidadãs, para além de serem ouvidas no momento da elaboração das leis. Suas ideias foram rechaçadas e ela, considerada avessa à revolução que se formava.

Ronald Dworkin, ao escrever sobre a igualdade, em *A virtude soberana*, afirma que "nenhum governo é legítimo a menos que demonstre igual consideração pelo destino de todos os cidadãos sobre os quais afirme seu domínio e aos quais reivindique fidelidade". Aponta, ainda, que a igual consideração demanda que o Estado busque a igualdade material, chamada por ele de igualdade de recursos.[154] Para tanto, nessa linha de raciocínio, é necessário que as leis e políticas públicas garantam que, independentemente do histórico econômico, sexo, raça ou qualquer limitação, os cidadãos e cidadãs vivam dignamente.

Ainda consoante Dworkin, a igualdade é um ideal político popular. As pessoas podem se tornar iguais, ou pelo menos mais iguais, em um espectro, e, simultaneamente, se tornar desiguais em outro, como consequência. Ele afirma que não há conclusões no sentido de que a igualdade não tenha valor com ideal. Mas é preciso entender qual a forma de igualdade que se faz realmente, decisivamente, importante.[155] É preciso que os tipos de igualdade sejam diferenciados, para que se decida quais desses conceitos, quais dessas facetas, ou quais combinações deles, definem um ideal político.[156]

Nas palavras de Ricardo Lobo Torres, a acepção de igualdade tem uma caracterização própria. Ao sistematizar a igualdade como um valor, ressalta o autor que "a aceitação da igualdade como valor é essencial ao Estado Democrático de Direito, eis que, mesmo destituído de conteúdo prévio, imanta todos os outros valores".[157] É uma ideologia, um plexo de sentido, uma grandeza, que repercute em todos os demais valores. Ainda sobre as características da igualdade, sua acepção e suas

---

[153] MARQUES, Teresa Cristina de Novaes. *O voto feminino no Brasil*. 2. ed. Brasília: Câmara dos Deputados, 2019. p. 15-16. E-book.
[154] DWORKIN, Ronald. *A virtude soberana*: a teoria e a prática da igualdade. Trad. Jussara Simões. São Paulo: Martins Fontes, 2005. p. XVII.
[155] DWORKIN, Ronald. *A virtude soberana*: a teoria e a prática da igualdade. Trad. Jussara Simões. São Paulo: Martins Fontes, 2005. p. 3.
[156] DWORKIN, Ronald. *A virtude soberana*: a teoria e a prática da igualdade. Trad. Jussara Simões. São Paulo: Martins Fontes, 2005. p. 4-10.
[157] TORRES, Ricardo Lobo. *Tratado de direito constitucional financeiro e tributário*: valores e princípios constitucionais tributários. 2. ed. Rio de Janeiro: Renovar, 2014. p. 140.

repercussões, o professor sublinha que a igualdade exibe algumas características comuns a outros valores, entretanto, apresenta características especialíssimas que a diferem de outros valores, por exemplo, "é vazia" e "bipolar, no sentido de que o seu antônimo (desigualdade) pode não contraditá-la".[158]

Prossegue o autor afirmando que é um valor que se positiva também como princípio constitucional.[159] Conjuga-se, de maneira umbilical, com as ideias de liberdade, de justiça, de solidariedade e de segurança jurídica. Com fundamento nos estudos de Dworkin, o autor repisa, ainda, ser a igualdade a "virtude soberana", cujo conteúdo é vazio, para que sua acepção possa ser constantemente aperfeiçoada, transformada.[160]

Modernamente, em paralelo ao movimento feminista, há séculos desenvolvido,[161] a igualdade de oportunidades, a minimização das discrepâncias sociais e econômicas, além de muitas outras distinções de gênero, são temas que ocupam entidades acadêmicas e internacionais, como a Organização das Nações Unidas (ONU) e a Organização

---

[158] TORRES, Ricardo Lobo. *Tratado de direito constitucional financeiro e tributário*: valores e princípios constitucionais tributários. 2. ed. Rio de Janeiro: Renovar, 2014. p. 141: "A igualdade exibe algumas características comuns aos outros valores, pois todos eles: a) estão em permanente interação e em incessante busca de equilíbrio, sem qualquer hierarquia; b) são analógicos, por deles se deduzirem os princípios e as normas; c) existem no grau máximo de generalidade e abstração e não se deixam traduzir uma linguagem constitucional. A igualdade, entretanto, apresenta algumas características especialíssimas, que a estremam de outros valores a) é vazia; b) é bipolar, no sentido de que o seu antônimo (desigualdade) pode não contraditá-la".

[159] TORRES, Ricardo Lobo. *Tratado de direito constitucional financeiro e tributário*: valores e princípios constitucionais tributários. 2. ed. Rio de Janeiro: Renovar, 2014. p. 140.

[160] TORRES, Ricardo Lobo. *Tratado de direito constitucional financeiro e tributário*: valores e princípios constitucionais tributários. 2. ed. Rio de Janeiro: Renovar, 2014. p. 141-142.

[161] LOPES, Monique Rodrigues; AGUIAR, Rafael dos Reis. Carta das mulheres à constituinte: uma análise sobre as leis de violência contra as mulheres a partir das críticas ao direito. *Revista de Ciências do Estado*, Belo Horizonte, v. 5, n. 1, e20681. p. 6: "As lutas das mulheres para se constituírem como sujeitos históricos datam de muitos séculos, mas foi com o feminismo que elas ganharam uma visibilidade pública de um coletivo. Assim no mundo ocidental tem sido classificado em três grandes ondas ou fases. Na qual a primeira (séc. XVIII, XIX e início do XX) corresponde à luta pelo reconhecimento legal da igualdade de direitos, frisa-se voto, trabalho, entre outros. A segunda, correspondente aos anos 1960 e 1980, quando a preocupação foi direcionada aos costumes, a sexualidade, a violência contra as mulheres.
A terceira onda que começou nos anos finais da década de 1980 na qual ênfase foi dada a libertação da sexualidade e o papel das mulheres enquanto sujeitos de transformações culturais e seu reconhecimento foi mais consolidado (GOHN, 2011, p. 138).
Atualmente temos em curso a quarta onda, que a partir dos anos 2000, como afirma Marlise Matos (2014, p. 12) organizou um novo formato podendo ser analisado como um "movimento multimodal de mulheres ou que parte de diferentes 'comunidades de políticas de gênero'".

Internacional do Trabalho (OIT),[162] apenas para dar dois exemplos. No caso da ONU, foi elaborada a Agenda 2030, compromisso firmado por 195 países em 2015.[163] Foi um processo iniciado pela organização para formular os novos Objetivos de Desenvolvimento Sustentável (ODS) em substituição às propostas pautadas pelos Objetivos de Desenvolvimento do Milênio (ODM).

A Agenda 2030 tem por núcleo os 17 objetivos de desenvolvimento sustentável, desdobrados em 169 metas, que são encadeamentos de implementação e de parcerias globais para acompanhamento e revisão dos objetivos. O objetivo 5, desmembrado em 9 metas, possui a seguinte redação: "Igualdade de Gênero – Alcançar a igualdade de gênero e empoderar todas as mulheres e meninas".[164].

No cenário brasileiro, a nova ordem constitucional, trazida pela Carta de 1988, carrega compromisso, transformações, e, por necessidade, evidenciou também os pilares da redemocratização.[165] A Carta de compromisso está impregnada de imperativos de transformações políticas, sociais e jurídicas. É uma carta de intenções. Nela, os valores liberdade e igualdade são marcos que permeiam toda a estrutura constitucional desses novos tempos e que dão corpo à dignidade da pessoa humana, a qual se tornou o centro axiológico da concepção do Estado Democrático de Direito, seu princípio fundante, bem como o foco de uma conjuntura mundial direcionada à efetivação de direitos fundamentais, como escreve Luís Roberto Barroso.[166]

Muito embora a igualdade seja uma constante na norma constitucional brasileira – desde a Constituição de 1824 –, não há realização

---

[162] O relatório "Perspectivas sociais e de emprego no mundo" indica que reduzir as desigualdades de gênero no mercado de trabalho em 25%, até 2025, com maior presença das trabalhadoras, poderia injetar US$5,76 trilhões à economia global. ORGANIZAÇÃO INTERNACIONAL DO TRABALHO (OIT). *World Employment and Social Outlook* – Trends for women 2017. Disponível em https://www.ilo.org/wcmsp5/groups/public/---dgreports/---inst/documents/publication/wcms_557077.pdf. Acesso em: 21 de nov. 2021.

[163] Disponível em: https://brasil.un.org/pt-br/sdgs. Acesso em: 21 nov. 2021.

[164] Metas do Objetivo 5 (nove metas). Disponível em: https://brasil.un.org/pt-br/sdgs/5. Acesso em: 21 nov. 2021.

[165] BARROSO, Luís Roberto. Neoconstitucionalismo e constitucionalização do direito (O triunfo tardio do direito constitucional no Brasil). *R. Dir. Adm.*, Rio de Janeiro, 240, p. 1-42, abr./jun. 2005. Disponível em: http://www.luisrobertobarroso.com.br/wp-content/uploads/2017/09/neoconstitucionalismo_e_constitucionalizacao_do_direito_pt.pdf. Acesso em: 10 mar. 2021.

[166] BARROSO, Luís Roberto. Neoconstitucionalismo e constitucionalização do direito (O triunfo tardio do direito constitucional no Brasil). *R. Dir. Adm.*, Rio de Janeiro, 240, p. 1-42, abr./jun. 2005. Disponível em: http://www.luisrobertobarroso.com.br/wp-content/uploads/2017/09/neoconstitucionalismo_e_constitucionalizacao_do_direito_pt.pdf. Acesso em: 10 mar. 2021.

adequada da diretriz normativa máxima até os dias atuais, como apontado estatisticamente no Capítulo 1. Como bem estruturado por Cármen Lúcia, "não foi, pois, sem razão ou causa que o constituinte pátrio de 87/88 fez emergir, com peculiar força jurídica, no sistema constitucional por eles promulgado, o princípio da igualdade como um dos pilares mestres do edifício fundamental do Direito Positivo pátrio".[167] A igualdade precisou ser inserida em um novo texto constitucional, para servir de norte, de imposição, de fundamentação para os agentes públicos, para a sociedade civil.

A cidadania das mulheres e a sua efetiva participação na vida política e nos espaços de decisões restam obstaculizadas. Conforme afirma Flávia Biroli, a desigualdade de gênero compromete a democracia.[168] No Brasil, a vulnerabilidade de mulheres e meninas está estatisticamente comprovada, segundo os órgãos oficiais de pesquisas, como demonstram relatórios como o *Estatísticas de Gênero – Indicadores sociais das mulheres no Brasil*,[169] números indicados no capítulo anterior. Se as assimetrias entre as situações econômicas de mulheres e homens são abismais e perpetuadas, e se a Constituição do Brasil traz como alicerce o princípio da igualdade, para além da igualdade formal, a material, haveria, então, o descumprimento pelo Estado e por agentes públicos do conjunto de valores contidos no texto constitucional?

2.2 A igualdade e a ideologia da Constituição de 1988

No Brasil, embora formalmente o princípio da igualdade estivesse presente nos textos constitucionais anteriores,[170] a demanda por equidade de tratamento é realidade que ficou explícita, mais uma vez, no texto da Constituição de 1988. A igualdade formal clama pela igualdade material, substantiva, real e concreta. A igualdade demanda a criação,

---

[167] ROCHA, Cármen Lúcia Antunes. Ação afirmativa: o conteúdo democrático do princípio da igualdade jurídica. *Revista de Informação Legislativa*, Brasília, ano 33, n. 131, p. 288, jul./set. 1996.

[168] BIROLI, Flávia. *Gênero e desigualdades*: limites da democracia do Brasil. São Paulo: Boitempo, 2018. p. 43-51.

[169] INSTITUTO BRASILEIRO DE GEOGRAFIA E ESTATÍSTICA (IBGE). *Estatísticas de gênero*: indicadores sociais das mulheres no Brasil/IBGE. Rio de Janeiro, 2021. Disponível em: https://www.ibge.gov.br/estatisticas/multidominio/genero/20163-estatisticas-de-genero-indicadores-sociais-das-mulheres-no-brasil.html?=&t=resultados. Acesso em: 26 mar. 2022.

[170] ROCHA, Cármen Lúcia Antunes. Ação afirmativa: o conteúdo democrático do princípio da igualdade jurídica. *Revista de Informação Legislativa*, Brasília, ano 33, n. 131, p. 283-295, jul./set. 1996.

o desenvolvimento e a implementação de políticas públicas, que sejam desdobradas em ações públicas, com o fim de aproximar a realidade de homens e mulheres na integridade e na complexidade de suas vidas.[171]

É imprescindível e urgente que a inclusão social e econômica das mulheres seja materializada, e o fundamento normativo para tanto é o texto constitucional, com o qual todos os demais microssistemas devem guardar incondicional adequação. Cármen Lúcia apresenta, no texto *Ação afirmativa – o conteúdo democrático do princípio da igualdade jurídica*, as seguintes ponderações: a igualdade é um direito efetiva e eficientemente assegurado no sistema constitucional pela sua mera formalização no rol de direitos fundamentais, no qual se proíbe a manifestação do preconceito? A interpretação dessa proibição, como conteúdo pleno do princípio, garante a igualdade jurídica?[172]

O encadeamento de valores da Constituição de 1988 determina que não só a igualdade formal, mas também a igualdade material seja construída por todos os agentes públicos, em todas as suas esferas de atuação, por meio de todos os atos e de todas as políticas públicas – atos que podem ser positivos ou negativos, que, nesse caso, são deveres. Aqui não se trata de excesso dos termos todos os atos e todas as políticas públicas. Não se trata de uso de absolutismo de narrativa. Como afirmado por Cármen Lúcia, "[o] princípio constitucional da igualdade deixou de ser um dever social negativo para tornar-se uma obrigação

---

[171] SILVA, Salete Maria da. Com presença, palavra e pressão feminina/feminista: assim se fez, assim se lê o vigente texto constitucional. *In*: MARQUES, Samantha Ribeiro Meyer-Pflug; MACIEL, Renata Mota (Coords.).; RODRIGUES, Patrícia Pacheco; ALVES, Samira Rodrigues Pereira (Orgs.). *A Constituição por elas*: a interpretação constitucional sob a ótica das mulheres. São Paulo: Universidade Nove de Julho, 2021. p. 251: "Quanto ao princípio da igualdade, pode-se dizer que, desde uma leitura crítica e feminista, será necessário a conjugação da igualdade formal com a igualdade material, também conhecida como substantiva, real e concreta, pois, em geral, a realidade das mulheres vai exigir a adoção ou mesmo a construção de mecanismos que favoreçam o pleno alcance deste princípio, através de medidas que estabeleçam equidade de gênero, observando as diferenças e desigualdades entre homens e mulheres ou mesmo entre as próprias mulheres. Eis porque é importante olhar para o Direito Constitucional com apoio de outras ciências e outras lentes conceituais, a fim de favorecer a fundamentação e/ou o fortalecimento de normas e/ou políticas destinadas ao combate à discriminação histórica e à promoção da inclusão social, tão necessárias ao atendimento das necessidades jurídicas dos grupos historicamente excluídos e/ou vulnerabilizados, dentre os quais emergem as mulheres, notadamente as populares e diversas. E tudo isso implica na construção de uma outra hermenêutica, de outra dogmática e até mesmo de outra zetética que não se pretenda neutra, imparcial ou universal".

[172] ROCHA, Cármen Lúcia Antunes. Ação afirmativa: o conteúdo democrático do princípio da igualdade jurídica. *Revista de Informação Legislativa*, Brasília, ano 33, n. 131, p. 283-295, jul./set. 1996.

política positiva".[173] Consubstancia um conceito positivo de deveres promotores da igualação jurídica.[174] Condutas a serem visadas por todos os agentes públicos, em todas as suas ações.

A evolução das ações do Estado depende da aceitação da demanda de ampliação dos interesses políticos. "Os grandes temas constitucionais que interessam às maiorias e/ou minorias hegemônicas, devem ser discutidos ao lado dos temas que interessam às minorias e/ou às maiorias não hegemônicas, como é o caso das mulheres".[175] É o que sinaliza Christine Peter também no tocante às discussões sociais e políticas que interessam às mulheres. Os problemas que atingem as mulheres devem ter os mesmos espaços de debate e deliberação nas instituições públicas e privadas.

A exclusão das mulheres e a resistência à confrontação das temáticas que expõem o grande desequilíbrio entre homens e mulheres são práticas inadmissíveis e antidemocráticas de absorção dos fatores reais e simbólicos de poder. A indissociabilidade entre igualdade e democracia é nítida também para Flávia Biroli, que afirma categoricamente que a exclusão de minorias e grupos minorizados, como é o caso das mulheres, compromete a democracia. Deixa relativizada a participação na defesa dos interesses dessas pessoas, que, por suas condições de vulnerabilidade, precisariam, ainda mais forçosamente, receber a materialização de garantias e fricção de direitos, o que ela denomina de "política de interesses".[176]

---

[173] ROCHA, Cármen Lúcia Antunes. Ação afirmativa: o conteúdo democrático do princípio da igualdade jurídica. *Revista de Informação Legislativa*, Brasília, ano 33, n. 131, p. 283-295, jul./set. 1996.

[174] ROCHA, Cármen Lúcia Antunes. Ação afirmativa: o conteúdo democrático do princípio da igualdade jurídica. *Revista de Informação Legislativa*, Brasília, ano 33, n. 131, p. 283-295, jul./set. 1996: "Mas se teve, e ainda se tem, a reversão do conceito jurídico do princípio da igualdade no Direito em benefício dos discriminados. De um conceito jurídico passivo mudou-se para um conceito jurídico ativo, quer-se dizer, de um conceito negativo de condutas discriminatórias vedadas passou-se a um conceito positivo de condutas promotoras da igualação jurídica".

[175] SILVA, Christine Oliveira Peter da. Por uma dogmática constitucional feminista. *Suprema: Revista de Estudos Constitucionais*, Brasília, v. 1, n. 2, p. 160, jul./dez. 2021: "Os debates constitucionais de uma nação devem ter temas que interessam às mulheres, temas que digam com suas vidas, suas aspirações, suas histórias. Os estranhamentos em relação a tais temas devem ser considerados tentativas subversivas de capturas antidemocráticas dos lugares reais e simbólicos de poder. O constitucionalismo feminista e a dogmática constitucional respectiva exigem postura inclusiva quanto aos temas de interesses das mulheres nos espaços de poder".

[176] BIROLI, Flávia. *Gênero e desigualdades*: limites da democracia do Brasil. São Paulo: Boitempo, 2018. p. 51.

Não há como politizar questões, discutir soluções, sem a adequada representatividade. Conforme a autora, em sua obra *Gênero e desigualdades – limites da democracia no Brasil*, "[a] exclusão sistemática de alguns grupos expõe o caráter hierarquizado da democracia, mantendo-os numa condição de sub-representação e de marginalidade no debate público, na construção de normas e políticas públicas".[177] E o ponto mais alto de sua conclusão é que "a divisão sexual do trabalho é um fator importante dessa exclusão, comprometendo a autonomia individual e coletiva das mulheres".[178]

Como marcado pela autora e por sua pertinência e clareza, segue aqui repisado trecho que resume bem a dificuldade de enfrentamento das distâncias sociais, culturais e econômicas entre homens e mulheres: "Sem que se levem em conta as relações de gênero, é impossível explicar por que a precariedade e a vulnerabilidade são maiores entre as mulheres do que entre os homens".[179] A axiologia da Constituição de 1988, os valores por ela perseguidos refletem que essa distinção de realidades era o contexto. Foi preciso expurgar o cenário e, de modo categórico, igualar homens e mulheres textualmente, bem como incentivar,

---

[177] BIROLI, Flávia. *Gênero e desigualdades*: limites da democracia do Brasil. São Paulo: Boitempo, 2018. p. 51: "A participação na política institucional amplia os recursos para a politização e a ressemantização das experiências e dos problemas enfrentados pelas pessoas.
Trata-se de um âmbito privilegiado das disputas, em que se definem quais são as necessidades prioritárias e o que seria preciso para atendê-las, assim como para a construção coletiva e a validação política dos interesses.
A exclusão sistemática de alguns grupos expõe o caráter hierarquizado da democracia, mantendo-os numa condição de sub-representação e de marginalidade no debate público, na construção de normas e políticas públicas. Procurei mostrar que a divisão sexual do trabalho é um fator importante dessa exclusão, comprometendo a autonomia individual e coletiva das mulheres.
Ainda que não incida da mesma forma nem no mesmo grau na vida de todas as mulheres, estabelece assimetrias no acesso ao tempo, à renda e às redes de contato, assim como na forma de julgamentos e pressões sociais.
As restrições que assim se estabelecem definem-se na forma de opressões cruzadas, isto é, na convergência entre gênero, classe e raça. Sem que se levem em conta as relações de gênero, é impossível explicar por que a precariedade e a vulnerabilidade são maiores entre as mulheres do que entre os homens. Sem que se levem em conta as relações de classe e de raça, é impossível compreender por que as mulheres estão em posições assimétricas nas hierarquias que assim se definem. *Permanece, portanto, a necessidade de se compreenderem e enfrentarem os padrões de gênero nessas hierarquias, considerando que a produção do gênero nas relações de trabalho se faz na interseção de ao menos três fatores: gênero, classe e raça*". (grifos nossos)

[178] BIROLI, Flávia. *Gênero e desigualdades*: limites da democracia do Brasil. São Paulo: Boitempo, 2018. p. 51.

[179] BIROLI, Flávia. *Gênero e desigualdades*: limites da democracia do Brasil. São Paulo: Boitempo, 2018. p. 51.

por exemplo, o mercado de trabalho das mulheres, também de forma expressa (art. 7º, XX e XXX).[180]
Ideologia é uma palavra polissêmica. Ostenta múltiplas significações. Todavia, neste texto, como também em outros,[181] ideologia representa o conjunto de valores, o repositório de diretrizes, os mandamentos maiores. No que interessa para esta análise, a ideologia da Constituição, ou seja, as convicções nela contidas, são os valores que a orientavam e que servem de direcionadores atuais para os intérpretes[182] na busca da aproximação entre a realidade e o objeto do texto de 1988.

Ainda sobre a vinculação entre a ideologia da Constituição de 1988 e a sustentabilidade da democracia, ao escrever sobre o *Controle de constitucionalidade estruturante: um desafio à superação das crises do sistema democrático brasileiro*, Anna Priscylla Prado desenvolve linha argumentativa acerca da ideologia do Estado brasileiro de 1988. Esmiúça a estrutura de valores constitucionais, a escolha das diretrizes normativas, e ressalta que o conjunto de tais valores máximos deve ser observado de forma ampla e incondicional.[183] A ideologia, no referido contexto, é entendida, em seu sentido jurídico, como valores sociais, econômicos e culturais sedimentados pela ordem constitucional. É a isso que se

---

[180] BRASIL. Constituição da República Federativa do Brasil de 1988. Brasília: Senado Federal, 5 out. 1988. Disponível em: http://www.planalto.gov.br/ccivil_03/constituicao/constituicao.htm. Acesso em: 2 jan. 2022.
"Art. 7º São direitos dos trabalhadores urbanos e rurais, além de outros que visem à melhoria de sua condição social: (...) XX – proteção do mercado de trabalho da mulher, mediante incentivos específicos, nos termos da lei; (...) XXX – proibição de diferença de salários, de exercício de funções e de critério de admissão por motivo de sexo, idade, cor ou estado civil".

[181] BIROLI, Flávia. *Gênero e desigualdades*: limites da democracia do Brasil. São Paulo: Boitempo, 2018; PRADO, Anna Priscylla Lima. *Controle de constitucionalidade estruturante: um desafio à superação das crises do Sistema Democrático Brasileiro*. Tese (Doutorado) – Universidade Federal de Pernambuco, Centro de Ciências Jurídicas, Pernambuco, 2021. p. 24. No prelo.

[182] BARROSO, Luís Roberto. Neoconstitucionalismo e constitucionalização do direito (O triunfo tardio do direito constitucional no Brasil). *R. Dir. Adm.*, Rio de Janeiro, 240, p. 1-42, abr./jun. 2005. Disponível em: http://www.luisrobertobarroso.com.br/wp-content/uploads/2017/09/neoconstitucionalismo_e_constitucionalizacao_do_direito_pt.pdf. Acesso em: 10 mar. 2021.

[183] PRADO, Anna Priscylla Lima. *Controle de constitucionalidade estruturante: um desafio à superação das crises do Sistema Democrático Brasileiro*. Tese (Doutorado) – Universidade Federal de Pernambuco, Centro de Ciências Jurídicas, Pernambuco, 2021. São Paulo: Dialética, 2022. p. 27: "a ideologia constitucional do Estado Brasileiro de 1988 centrada nos valores constitucionais estabelecidos no texto e que devem permanecer ativos ao longo do processo de amadurecimento da democracia são verdadeiros alicerces de sustentabilidade do sistema democrático brasileiro assentado na constituinte".

propõe o Estado Democrático de Direito, à igualdade material, e não apenas à formal.[184]

É essa a ideologia, esse é o ideário, da qual está impregnada a Constituição de 1988, tendo em conta que a igualdade é suporte necessário, seja para a democracia, seja para o Estado Democrático de Direito. A inobservância dos comandos constitucionais deve deflagrar, nas palavras do Ministro Luís Roberto Barroso, mecanismos próprios de coação e de cumprimento forçado.[185]

Dentre os objetivos fundamentais da República Federativa do Brasil, o primeiro deles é a construção de uma sociedade livre, justa e solidária, e a promoção do bem de todos, sem preconceitos de origem, raça, sexo, cor, idade e quaisquer outras formas de discriminação (art. 3º, I, da CF).[186] São valores intrinsicamente relacionados à busca pela efetividade do princípio da dignidade da pessoa humana.[187] A igualdade de todas as pessoas é a diretriz a ser tomada como lente para a visualização do sistema normativo constitucional e de todos, repita-se, todos os microssistemas que formam o ordenamento jurídico brasileiro.

Muito além de diretriz que determina a equidade entre todas e todos e se consubstancia em objeção a privilégios de um indivíduo ou de um grupo em detrimento de outro, a igualdade será decantada na realidade por meio de discriminações – "O princípio da igualdade

---

[184] PRADO, Anna Priscylla Lima. *Controle de constitucionalidade estruturante: um desafio à superação das crises do Sistema Democrático Brasileiro*. Tese (Doutorado) – Universidade Federal de Pernambuco, Centro de Ciências Jurídicas, Pernambuco, 2021. p. 24. No prelo.

[185] BARROSO, Luís Roberto. Neoconstitucionalismo e constitucionalização do direito (O triunfo tardio do direito constitucional no Brasil). *R. Dir. Adm.*, Rio de Janeiro, 240, p. 1-42, abr./jun. 2005. Disponível em http://www.luisrobertobarroso.com.br/wp-content/uploads/2017/09/neoconstitucionalismo_e_constitucionalizacao_do_direito_pt.pdf. Acesso em: 10 mar. 2021.

[186] BRASIL. Constituição da República Federativa do Brasil de 1988. Brasília: Senado Federal, 05 out. 1988. Disponível em: http://www.planalto.gov.br/ccivil_03/constituicao/constituicao.htm. Acesso em: 02 jan. 2022.
"Art. 3º Constituem objetivos fundamentais da República Federativa do Brasil: I – construir uma sociedade livre, justa e solidária; (...)."

[187] No mesmo sentido, sobre o princípio da dignidade da pessoa humana: BARROSO, Luís Roberto. *Interpretação e aplicação da Constituição*. 7. ed. São Paulo: Saraiva, 2009. p. 336: "O princípio da dignidade da pessoa humana identifica um espaço de integridade moral a ser assegurado a todas as pessoas por sua só existência no mundo. É um respeito à criação, independente da crença que se professe quanto à sua origem. A dignidade relaciona-se tanto com a liberdade e valores do espírito como com as condições materiais de subsistência. O desrespeito a esse princípio terá sido um dos estigmas do século que se encerrou e a luta por sua afirmação, um símbolo do novo tempo. Ele representa a superação da intolerância, da discriminação, da exclusão social, da violência, da incapacidade de aceitar o outro, o diferente, na plenitude de sua liberdade de ser, pensar e criar".

interdita tratamento desuniforme às pessoas",[188] com o intuito maior de aproximar suas realidades, entre elas a realidade socioeconômica. Na linha exposta por Celso Antônio Bandeira de Mello, "se a lei se propôs a distinguir pessoas, situações, grupos, e se tais diferenciações se compatibilizam com os princípios expostos, não há como negar os *discrimens*".[189]

Ao tratar da "estrutura da igualdade", Ricardo Lobo Torres acentua a sua polaridade. Destaca que a desigualdade não significa o oposto da igualdade, não é sinônimo da sua negação. A desigualdade não é o oposto da igualdade. "Por isso mesmo alguma desigualdade existe sempre na equação da igualdade".[190] A desigualdade de tratamento é essencial para que sejam alcançados os resultados mais próximos daquilo que pode ser igualdade entre todas e todos. E, como salientado por Celso Antônio Bandeira de Mello, é preciso, para conceber discriminações, definir de modo claro quem são os iguais e quem são os desiguais.

Celso Antônio Bandeira de Mello qualifica os questionamentos e prossegue dizendo: "O que permite radicalizar alguns sob a rubrica de iguais e outros sob a rubrica de desiguais? Em suma: qual o critério legitimamente manipulável – sem agravos à isonomia (...)". E complementa: "(...) o que autoriza distinguir pessoas e situações em grupos apartados para fins de tratamentos jurídicos diversos"? Propondo essas discussões, o autor suscita, ainda, "(...) que espécie de igualdade veda e que tipo de desigualdade faculta a discriminação de situações e de pessoas, sem quebra e agressão aos objetivos transfundidos no princípio constitucional da isonomia?". E, ao final, conclui que "[o] princípio da igualdade interdita tratamento desuniforme às pessoas".[191]

Ainda como preconizado por Celso Antônio Bandeira de Mello, é função da lei discriminar, dispensar tratamentos diversos, estabelecer medidas desiguais. O imprescindível é que os fatores de discriminação guardem pertinência máxima com a Constituição, estejam inarredavelmente alinhados ao seu arcabouço ideológico-normativo, visando

---

[188] MELLO, Celso Antônio Bandeira de. *O conteúdo jurídico do princípio da igualdade*. 3. ed. 24. tir. São Paulo: Malheiros, 2014. p. 12.
[189] MELLO, Celso Antônio Bandeira de. *O conteúdo jurídico do princípio da igualdade*. 3. ed. 24. tir. São Paulo: Malheiros, 2014. p. 45.
[190] TORRES, Ricardo Lobo. *Tratado de direito constitucional financeiro e tributário*: valores e princípios constitucionais tributários. 2. ed. Rio de Janeiro: Renovar, 2014. p. 158.
[191] MELLO, Celso Antônio Bandeira de. *O conteúdo jurídico do princípio da igualdade*. 3. ed. 24. tir. São Paulo: Malheiros, 2014. p. 11-13.

concretizar seus objetivos. Discriminar situações e pessoas é função do ordenamento jurídico, o que resulta em direitos e obrigações distintos, que são direcionados a grupos de pessoas e a setores econômicos. As hipóteses de *discrímen* e seus fundamentos é que precisam estar muito bem expostos e, como dito, em integral consonância com as diretrizes constitucionais.

A igualdade, para ser decantada na realidade, precisa favorecer um grupo de pessoas que se encontra em situação fática ou jurídica distinta da dos demais. É o que afirma Celso Antônio Bandeira de Mello. E é disso que trata o que comumente se convencionou chamar de igualdade material. Não há dúvidas. Os questionamentos são sobre a adequação ou inadequação das situações de comparação e consequente aproximação. É preciso entender em que pilares constitucionais estão alicerçadas as razões de *discrímen* positivo e quais os valores constitucionais dão suporte a essa discriminação.

Celso Antônio Bandeira de Mello estabelece, de modo didático, como as distinções, para alcançar a igualdade, devem ser estruturadas. Segundo o autor, deve haver consonância da discriminação com os interesses protegidos na Constituição. Para que um *discrímen* legal seja concordante com a isonomia, devem convergir quatro condicionantes: a desequiparação de não ser atrelada a um só indivíduo; as situações ou pessoas desigualadas deverem ser efetivamente diferentes e ostentar características distintas; existir correlação entre as razões diferenciais e a distinção de regime jurídico aplicada; e a diferenciação de tratamento jurídico estar dirigida ao bem público.[192]

A igualdade que, se não se materializa pela disponibilidade financeira em regra, e pelas oportunidades sociais presentes nas realidades das pessoas, que no Brasil são raríssimas, deve, então, resultar

---

[192] MELLO, Celso Antônio Bandeira de. *O conteúdo jurídico do princípio da igualdade*. 3. ed. 24. tir. São Paulo: Malheiros, 2014. p. 41: "VI – CONSONÂNCIA DA DISCRIMINAÇÃO COM OS INTERESSES PROTEGIDOS NA CONSTITUIÇÃO
35. Para que um *discrímen* legal seja convivente com a isonomia, consoante visto até agora, impende que concorram quatro elementos:
a) que a desequiparação não atinja de modo atual e absoluto, um só indivíduo;
b) que as situações ou pessoas desequiparadas pela regra de direito sejam efetivamente distintas entre si, vale dizer, possuam características, traços, nelas residentes, diferençados;
c) que exista, em abstrato, uma correlação lógica entre os fatores diferenciais existentes e a distinção de regime jurídico em função deles, estabelecida pela norma jurídica;
d) que, *in concreto*, o vínculo de correlação suprarreferido seja pertinente em função dos interesses constitucionalmente protegidos, isto é, resulte em diferenciação de tratamento jurídico fundada em razão valiosa – ao lume do texto constitucional – para o bem público".

da aplicação de fatores de discriminação positiva. É dever do Estado suscitar as razões de discriminação positiva e garantir, em uma conjuntura de Estado Democrático de Direito, as condições indispensáveis para que os cidadãos e cidadãs tenham o mínimo necessário.[193] São ações estatais que equalizam as condições econômicas, sociais e políticas de todas e de todos, os direitos fundamentais das cidadãs e dos cidadãos – a concepção moderna de redistribuição vinculada à ideia de igualdade, de discriminação positiva.[194]

Ao esmiuçar a redistribuição moderna, que seria uma lógica de direitos, a perspectiva da redistribuição para promoção da equidade é apresentada por Thomas Picketty em *O capital no século XXI*: "A redistribuição moderna é construída em torno de uma lógica de direitos e um princípio de igualdade de acesso a certo número de bens julgados fundamentais".[195] A atividade do estado como propulsora de condições mínimas para o exercício de direitos fundamentais é a conclusão obtida pelo autor, ao apontar que "[é] necessário então estender os direitos fundamentais e as vantagens materiais ao máximo de pessoas possível, sobretudo se for do interesse daqueles que têm menos direitos e que enfrentam oportunidades de vida mais restritas".[196] Ele prossegue sinalizando que a redistribuição moderna não consiste em entrega direta de valores de ricos a pobres, mas configura o financiamento dos serviços públicos e de rendas de substituição para todos, principalmente no que concerne a educação, saúde e aposentadoria.[197]

Cármen Lúcia Rocha, em *Ação afirmativa – o conteúdo democrático do princípio da igualdade jurídica*, acrescenta sobre a definição de igualdade:

---

[193] TAVARES, Nathalia de Andrade Medeiros. *Desigualdades sociais patrimoniais*: como a tributação pode reduzi-las? Rio de Janeiro: Lumen Juris, 2017. p. 45.
[194] PIKETTY, Thomas. *O capital no século XXI*. Trad. Monica Baumgarten de Bolle. Rio de Janeiro: Intrínseca, 2014. p. 467.
[195] PIKETTY, Thomas. *O capital no século XXI*. Trad. Monica Baumgarten de Bolle. Rio de Janeiro: Intrínseca, 2014. p. 466-468. O autor desenvolve o raciocínio com maiores detalhes: "A redistribuição moderna é construída em torno de uma lógica de direitos e um princípio de igualdade de acesso a certo número de bens julgados fundamentais. (...) É necessário então estender os direitos fundamentais e as vantagens materiais ao máximo de pessoas possível, sobretudo se for do interesse daqueles que têm menos direitos e que enfrentam oportunidades de vida mais restritas. (...) As revoluções americana e francesa afirmaram no fim do século XVIII o princípio absoluto da igualdade de direitos, o que era sem dúvida um progresso para a época. Mas, na prática, os regimes políticos frutos dessas revoluções se concentraram, sobretudo no século XIX, na proteção da propriedade privada".
[196] PIKETTY, Thomas. *O capital no século XXI*. Trad. Monica Baumgarten de Bolle. Rio de Janeiro: Intrínseca, 2014. p. 467.
[197] PIKETTY, Thomas. *O capital no século XXI*. Trad. Monica Baumgarten de Bolle. Rio de Janeiro: Intrínseca, 2014. p. 466-467.

"de um conceito jurídico passivo mudou-se para um conceito jurídico ativo, quer-se dizer, de um conceito negativo de condutas discriminatórias vedadas passou-se a um conceito positivo de condutas promotoras da igualação jurídica".[198] Além disso, é uma acepção em construção, que se amolda aos interesses das sociedades.[199] Relaciona-se, ao longo da trajetória jurídica, com a legalidade, a liberdade, a ideia de justiça e os sistemas econômicos e políticos. Não é estanque, transforma-se para acompanhar a realidade social.

Ao escrever sobre *O direito ao mínimo existencial*, o professor Ricardo Lobo Torres desdobra a igualdade em duas frentes de análise: a igualdade material contrapondo-se à igualdade formal e a igualdade de chances contrastando-se com a igualdade de resultados. Acentua o autor que, pela igualdade de chances – igualdade atrelada à liberdade –, estariam inicialmente garantidas as condições mínimas para os avanços da igualdade social. A igualdade de resultados estaria, então, conectada à ideia de justiça.[200]

No âmbito de uma sociedade livre, justa e solidária a ser edificada, é necessário refletir sobre a igualdade social. Nas palavras de Natália de Andrade Medeiros Tavares, "a ideia de concretização social está diretamente relacionada à necessidade de que sejam garantidos os direitos sociais, já que esses direitos, caso deixem de ser implementados ou garantidos, gerarão contextos de hipossuficiência", e não atendendo aos objetivos do Estado Democrático de Direito,[201] na mesma linha do que defendido por Flávia Biroli[202] e anteriormente mencionado. E, como acentuado por Isabelle Rocha, "o princípio da igualdade possui também a função de garantir que as classes sub-representadas nas esferas de poder não sejam prejudicadas por arbitrariedades daquelas que detêm o controle dos centros de produção normativa".[203]

---

[198] ROCHA, Cármen Lúcia Antunes. Ação afirmativa: o conteúdo democrático do princípio da igualdade jurídica. *Revista de Informação Legislativa*, Brasília, ano 33, n. 131, p. 283-295, jul./set. 1996.

[199] TORRES, Ricardo Lobo. *Tratado de direito constitucional financeiro e tributário*: valores e princípios constitucionais tributários. 2. ed. Rio de Janeiro: Renovar, 2014. p. 143-149.

[200] TORRES, Ricardo Lobo. *O direito ao mínimo existencial*. Rio de Janeiro: Renovar, 2009. p. 170-175.

[201] TAVARES, Nathalia de Andrade Medeiros. *Desigualdades sociais patrimoniais*: como a tributação pode reduzi-las? Rio de Janeiro: Lumen Juris, 2017. p. 37.

[202] BIROLI, Flávia. *Gênero e desigualdades*: limites da democracia do Brasil. São Paulo: Boitempo, 2018. p. 43-51.

[203] ROCHA, Isabelle. *Tributação e gênero*: como o imposto de renda da pessoa física afeta as desigualdades entre homens e mulheres. Belo Horizonte: Dialética, 2021. p. 101.

Para a edificação de uma sociedade livre, justa e solidária, faz-se necessário reduzir – o ideal seria exterminar – as desigualdades sociais, de modo geral. E, para tanto, não há como negar que essa correção de disparidades será custeada pelo Estado, na maioria esmagadora dos casos. O uso das finanças públicas e das receitas tributárias é via única para esse intento.[204] Ao se referir à extrafiscalidade, objeto mais próximo deste trabalho, e à construção de uma sociedade mais justa, Daniela Olímpio de Oliveira acentua que a função do tributo é repartir, com isso, "a tributação constrói o bem jurídico, protege, e o mede". Como afirma a autora, "[a] segunda função da tributação é a de distribuir. A parcela do produto arrecadado será distribuída, seja enquanto benefícios sociais, seja retomando a condição de propriedade privada".[205]

Deve ser imediato o reconhecimento pela sociedade da responsabilidade geral, de todas e de todos, quanto à consideração do outro como alguém que, como nós, precisa ser considerado e respeitado. Christine Peter, ao escrever o artigo *Dogmática constitucional feminista*, realça que tal conscientização é urgente, e que do respeito e consideração dirigidos ao outro e ao diferente depende a concretização da igualdade, princípio fundamental estruturante da nação brasileira.[206]

---

[204] SALVADOR, Evilasio Silva, YANNOULAS, Silvia Cristina. Orçamento e Financiamento de políticas públicas: questões de gênero e raça. *Revista Feminismos*. v. 1 n. 2, p. 1, maio/ago. 2013. Disponível em: http://www.feminismos.neim.ufba.br/index.php/revista/article/view/19/52. Acesso em: 05 jun. 2022. "O orçamento público é um instrumento estratégico para a concretização dos direitos e para o exercício do controle social das políticas públicas. No orçamento, são expostas as prioridades políticas e definidas as opções quanto à redistribuição. A distribuição dos recursos públicos pode contribuir ou impedir a superação das desigualdades de gênero e raça e constitui um obstáculo para que mulheres e negros/negras possam desfrutar de melhor qualidade de vida, ampliar a autonomia e exercer seus direitos de cidadania".

[205] OLIVEIRA, Daniela Olímpio de. *Uma sociologia da questão tributária no Brasil*: ocultamento e desocultamento da moral tributária. Rio de Janeiro: Lumen Juris, 2020. p. 71: "A segunda função da tributação é a de distribuir. A parcela do produto arrecadado será distribuída, seja enquanto benefícios sociais, seja retomando a condição de propriedade privada. A máquina tributária faz girar a administração pública e o próprio mercado, com a parcela do produto social arrecadado. De alguma forma, ainda é a tributação como medida, pois se está diante do desafio de se equilibrar as finanças públicas, o crescimento ordenado do mercado e a disponibilidade de renda por parte dos particulares – a tributação, enquanto medida distributiva, promove a circularidade do dinheiro na sociedade".

[206] SILVA, Christine Oliveira Peter da. Por uma dogmática constitucional feminista. *Suprema: Revista de Estudos Constitucionais*, Brasília, v. 1, n. 2, p. 155, jul./dez. 2021: "Porém é, ainda, urgente a conscientização das cidadãs e dos cidadãos do mundo inteiro, em geral, e dos brasileiros, em particular, de que a igualdade, como princípio constitucional fundamental estruturante da nação constituída, somente poderá ser concretizada se diante do inexorável respeito e consideração (DWORKIN, 2000, p. 293) ao outro e ao diferente".

A Constituição é a fonte jurídica irradiadora de todo o direito, de todas as normas, de todos os sistemas normativos. É a partir do ideário jurídico contido no texto arquitetado a partir da Assembleia Nacional Constituinte, momento em que nasce uma nova ordem constitucional, baseada na dignidade da pessoa humana, que todas as demais normas devem ser interpretadas. Ideologia jurídica ou ideário jurídico aqui entendidos como conjuntos de ideias, como encadeamento de convicções jurídicas, como ordem de valores jurídicos.

Luís Roberto Barroso afirma reiteradamente que a Constituição não é só técnica. Sob a Constituição de 1988, escreve que o "surgimento de um sentimento constitucional no País é algo que merece ser celebrado". E o referido cenário "é um grande progresso. Superamos a crônica indiferença que, historicamente, se manteve em relação à Constituição. E, para os que sabem, é a indiferença, e não o ódio, o contrário do amor".[207] É esse sentimento de transformação, de igualdade – a material –, que é dirigida como imperativo a todos os agentes, em todas as esferas de poder.

Conforme ressaltado por Nathalia Tavares sobre a responsabilidade do Estado, "[o] indivíduo não pode ser obrigado a encontrar essas soluções por si só, cabendo sim a presença do Estado como garantidor de direitos sociais que, no Brasil, são considerados como direitos fundamentais, ou seja, que são indispensáveis de serem garantidos a todas as pessoas". E essa realidade é decorrência de razões muito óbvias. A maior parcela da população brasileira não dispõe de recursos financeiros para assegurar as suas necessidades básicas, muito menos seus direitos, sejam eles direitos individuais ou sociais, ou a garantia deles. "A proteção social e a atuação do Estado na promoção de direitos sociais contemplam um dever do Estado de realizar prestações positivas dos referidos direitos, por suas vezes de aplicabilidade imediata, além de, também, contemplar a parcela de direitos individuais relacionadas".[208]

---

[207] BARROSO, Luís Roberto. Neoconstitucionalismo e constitucionalização do direito (O triunfo tardio do direito constitucional no Brasil). *R. Dir. Adm.*, Rio de Janeiro, 240, p. 1-42, abr./jun. 2005. Disponível em: https://bibliotecadigital.fgv.br/ojs/index.php/rda/article/view/43618/44695. Acesso em: 10 mar. 2021.

[208] TAVARES, Nathalia de Andrade Medeiros. *Desigualdades sociais patrimoniais*: como a tributação pode reduzi-las? Rio de Janeiro: Lumen Juris, 2017. p. 40: "O indivíduo não pode ser obrigado a encontrar essas soluções por si só, cabendo sim a presença do Estado como garantidor de direitos sociais que, no Brasil, são considerados como direitos fundamentais, ou seja, que são indispensáveis de serem garantidos a todas as pessoas. A proteção social e a atuação do Estado na promoção de direitos sociais contemplam um dever do Estado de realizar prestações positivas dos referidos direitos, por suas vezes de aplicabilidade imediata,

O vetor da igualdade é diretriz cujo destinatário é, além do aplicador do direito, também o legislador, tendo em conta a estrutura imposta pela Constituição, no sentido de dispensar tratamento isonômico àqueles que se encontram em situações e condições, especialmente socioeconômicas, isonômicas e análogas.[209] Para Cármen Lúcia Antunes Rocha, atingir o máximo de isonomia demanda uma atuação transformadora por parte do Estado "Somente a ação afirmativa, vale dizer, a atuação transformadora, igualadora pelo e segundo o Direito possibilita a verdade do princípio da igualdade, para se chegar à igualdade que a Constituição brasileira garante como direito fundamental de todos".[210]

A igualdade está presente ao longo de todo o texto da Lei Maior. Radicam, desde o Preâmbulo, os alicerces e as convicções sobre os quais se funda a nova perspectiva de redemocratização e de transformações normativas. A instituição de um Estado Democrático destinado a assegurar o exercício dos direitos sociais e individuais, a liberdade, a segurança, o bem-estar, o desenvolvimento, a igualdade e a justiça constituem os valores supremos de uma sociedade fraterna, pluralista e sem preconceitos.

Conforme disposto no art. 1º da Constituição Federal, são fundamentos do Estado a soberania, a cidadania, a dignidade da pessoa humana, os valores sociais do trabalho e da livre-iniciativa, o pluralismo político e a criação de leis por representantes democrática e diretamente eleitos. O art. 3º da Constituição Federal, por sua vez, arrola os objetivos fundamentais da República Federativa do Brasil, quais sejam, construir uma sociedade livre, justa e solidária, garantir o desenvolvimento nacional, erradicar a pobreza e a marginalização, reduzir as desigualdades sociais e regionais, e promover o bem de todos, sem preconceitos de origem, raça, sexo, cor, idade e quaisquer outras formas de discriminação.[211]

---

além de, também, contemplar a parcela de direitos individuais relacionadas. Dessa forma, a conclusão é a de que os direitos sociais são fundamentais e o Estado deve adotar uma postura presente nas suas garantias. A garantia do mínimo desses direitos torna-se dever inafastável do Estado".

[209] MELLO, Celso Antônio Bandeira de. *O conteúdo jurídico do princípio da igualdade*. 3. ed. 24. tir. São Paulo: Malheiros, 2014. p. 9.

[210] ROCHA, Cármen Lúcia Antunes. Ação afirmativa: o conteúdo democrático do princípio da igualdade jurídica. *Revista de Informação Legislativa*, Brasília, ano 33, n. 131, p. 283-295, jul./set. 1996.

[211] BRASIL. Constituição da República Federativa do Brasil de 1988. Brasília: Senado Federal, 05 out. 1988. Disponível em: http://www.planalto.gov.br/ccivil_03/constituicao/constituicao.htm. Acesso em: 02 jan. 2022.

Não há dúvidas quanto à estrutura axiológica do texto elaborado pela Assembleia Constituinte, que deu origem a uma nova atmosfera constitucional.[212] Dessa nova atmosfera advém a construção de uma sociedade igualitária, livre, justa e solidária. É essa a ideologia da Constituição de 1988, são esses os vetores de todos os sistemas normativos, entre eles o sistema tributário nacional.[213] Nos termos da abordagem aprofundada e amplamente conhecida de Celso Antônio Bandeira de Mello acerca da igualdade, a lei não deve ser nascedouro de privilégios e tampouco de perseguições. As leis precisam ser instrumentos reguladores da vida social, necessitam alcançar todas as cidadãs e os cidadãos e das leis deve emanar o tratamento equitativo de todos.[214]

Nas palavras de Humberto Ávila, a igualdade é positivamente tratada como "finalidade fundamental", "garantia fundamental", "princípio geral" e "garantia específica".[215] E o modo como a realização dessa igualdade se dará está intimamente ligado à forma como ela permeia a Constituição. A prevalência da igualdade ou seu privilégio axiológico que resulta em uma presunção de igualdade. Materializar a igualdade não consiste em moldar o seu conceito, mas, sim, em transformar as suas acepções. É preciso que um critério de comparação lhe traga conteúdo, já que seu espectro é, por natureza, vazio.[216]

"Art. 3º Constituem objetivos fundamentais da República Federativa do Brasil: I – construir uma sociedade livre, justa e solidária; II – garantir o desenvolvimento nacional; III – erradicar a pobreza e a marginalização e reduzir as desigualdades sociais e regionais; IV – promover o bem de todos, sem preconceitos de origem, raça, sexo, cor, idade e quaisquer outras formas de discriminação".

[212] BARROSO, Luís Roberto. Neoconstitucionalismo e constitucionalização do direito (O triunfo tardio do direito constitucional no Brasil). *R. Dir. Adm.*, Rio de Janeiro, 240, p. 1-42, abr.-jun. 2005. Disponível em: http://www.luisrobertobarroso.com.br/wpcontent/uploads/2017/09/neoconstitucionalismo_e_constitucionalizacao_do_direito_pt.pdf. Acesso em: 10 mar. 2021.

[213] FEITAL, Thiago Álvares. A dependência entre os direitos humanos e o Direito Tributário. *RIL*, Brasília, a. 56, n. 224, p. 37-58, out./dez. 2019. Disponível em: https://www12.senado.leg.br/ril/edicoes/56/224/ril_v56_n224_p37.pdf. Acesso em: 18 set. 2022: "Constituem, portanto, a medula diretiva do ordenamento jurídico e, como o STN é um apêndice desse ordenamento, cuja autonomia é mero expediente didático, configuram as bases também do Direito Tributário".

[214] MELLO, Celso Antônio Bandeira de. *O conteúdo jurídico do princípio da igualdade*. 3. ed. 24. tir. São Paulo: Malheiros, 2014. p. 10.

[215] ÁVILA, Humberto. *Teoria da igualdade tributária*. São Paulo: Malheiros, 2008. p. 151-152.

[216] TORRES, Ricardo Lobo. *Tratado de direito constitucional financeiro e tributário*: valores e princípios constitucionais tributários. 2. ed. Rio de Janeiro: Renovar, 2014. p. 143: "As doutrinas formalistas, de um modo geral, entendem que a igualdade é um conceito vazio, sem conteúdo específico, aproximando-se mais, no contexto dos valores, da liberdade do que da justiça".

A igualdade de gênero, como amplamente reconhecido por diversos autores e autoras, é concretização de direitos humanos.[217] Thiago Feital, ao esmiuçar o dever de não discriminar como núcleo da relação de suporte fraca,[218] destaca que o direito de não ser discriminado está presente em todos os tratados de direitos humanos, citando dispositivos específicos, como o Pacto Internacional sobre os Direitos Civis e Políticos, de 1966, especialmente o art. 2º, no qual está expresso o direito à igualdade, proibindo qualquer discriminação no exercício de direitos, e o art. 3º, que estabelece e institui a obrigação de adoção de medidas adequadas para a realização da igualdade de gênero, a fim de que homens e mulheres exerçam equanimemente direitos civis e políticos.

O autor acentua ainda que, "para garantir a não discriminação, os Estados que, como o Brasil, ratificaram tais tratados devem adotar as medidas (legislativas, administrativas ou de outra natureza) que julgarem cabíveis" e, "em qualquer caso, como obrigação caracterizada pela incondicionalidade, o seu cumprimento deve ser imediato".[219] Especificamente sobre a vinculação entre o sistema tributário e a observância da eliminação das desigualdades entre homens e mulheres, indica o autor que, "Independentemente, portanto, de quaisquer fatores econômicos que possam dificultar a implementação dos direitos econômicos, sociais e culturais substantivos, a não discriminação deve ser imediatamente efetivada e garantida pelos Estados-partes".[220]

---

[217] CAPRARO, Chiara. Direito das mulheres e Justiça fiscal. Por que a política tributária deve ser tema da luta feminista. *Revista Internacional de Direitos Humanos*, Sur 24, v. 13, n. 24, p. 17-26, 2016. Disponível em: https://sur.conectas.org/wp-content/uploads/2017/02/1-sur-24-por-chiara-capraro.pdf. Acesso em: 16 mar. 2021.

[218] FEITAL, Thiago Álvares. A dependência entre os direitos humanos e o Direito Tributário. *RIL*, Brasília, a. 56, n. 224, p. 41-42, out./dez. 2019. Disponível em: https://www12.senado.leg.br/ril/edicoes/56/224/ril_v56_n224_p37.pdf. Acesso em: 18 set. 2022.

[219] FEITAL, Thiago Álvares. A dependência entre os direitos humanos e o Direito Tributário. *RIL*, Brasília, a. 56, n. 224, out./dez. 2019. p. 44. Disponível em: https://www12.senado.leg.br/ril/edicoes/56/224/ril_v56_n224_p37.pdf. Acesso em: 18 set. 2022.

[220] FEITAL, Thiago Álvares. A dependência entre os direitos humanos e o Direito Tributário. *RIL*, Brasília, a. 56, n. 224, p. 44-45, out./dez. 2019. Disponível em: https://www12.senado.leg.br/ril/edicoes/56/224/ril_v56_n224_p37.pdf. Acesso em: 18 set. 2022: "Independentemente, portanto, de quaisquer fatores econômicos que possam dificultar a implementação dos direitos econômicos, sociais e culturais substantivos, a não discriminação deve ser imediatamente efetivada e garantida pelos Estados-partes.
Isso exige que se verifique se o Estado não criou ou contribuiu para a manutenção de desigualdades formais ou substanciais (UNITED NATIONS, 2009a). Dessa maneira, é imprescindível a análise cuidadosa do sistema tributário, o qual pode funcionar como poderoso instrumento para a redistribuição de recursos ou acentuar as desigualdades estruturais presentes nas sociedades. Recentemente, diferentes órgãos das Nações Unidas têm convergido em seus posicionamentos para ressaltar a importância da *progressividade*

Os objetivos da República são normas programáticas. Eles carregam imperativos para os Poderes Públicos, para a sociedade.[221] São eles a referência para a atuação das três esferas de poderes. E a tributação, como política pública que é, deve obediência plena ao Princípio da Igualdade e aos objetivos da República. Luciana Grassano corrobora a conclusão, ao afirmar: "é papel do Estado distribuir renda e riqueza? E deve fazê-lo pela forma como arrecada, como pela forma como realiza a sua despesa? A meu ver, a Constituição Federal de 1988 responde afirmativamente a ambas as perguntas".[222] A busca pela igualdade socioeconômica abarca, sem dúvida, a busca por uma igualdade de gênero material, real.

2.3 Igualdade de gênero e a Constituição de 1988

Conforme explicitado no capítulo que a este antecede, os aspectos relacionados à definição do que se concebe como gênero são diferenças e distorções que dão corpo ao meio social, cultural e econômico atual, estudadas de modo aprofundado por Gerda Lerner, no livro *A criação do patriarcado: história da opressão das mulheres pelos homens*, resultado de anos de pesquisas.[223] A autora explicita que as bases do patriarcado estão em instituições sociais basilares, como a história, a religião, as leis (Estado) e as escolas. Instituições estas criadas por homens, que reconstroem a força do patriarcado e a inferioridade das mulheres

---

na estruturação de um sistema tributário compatível com a obrigação de não discriminar (UNITED NATIONS, 2010a, 2012, 2015b, 2016b, 2016c, 2016d)".

[221] TORRES, Ricardo Lobo. *Tratado de direito constitucional financeiro e tributário*: valores e princípios constitucionais tributários. 2. ed. Rio de Janeiro: Renovar, 2014. p. 48: "A Constituição brasileira, no art. 3º, diz que são objetivos da República Federativa do Brasil: 'I – construir uma sociedade livre, justa e solidária; II – garantir o desenvolvimento nacional; III – erradicar a pobreza e a marginalização e reduzir as desigualdades sociais e regionais; IV – promover o bem de todos, sem preconceitos de origem, raça, sexo, cor, idade e quaisquer outras formas de discriminação'. O dispositivo deve ser entendido como norma programática e exortativa para o trabalho do legislador e não como declaração de princípios jurídicos".

[222] MELO, Luciana Grassano de Gouvêa. A Justiça fiscal entre o "Dever-ser" constitucional e o "Ser" institucional. *In*: SCAFF, Fernando Facury *et al.* (Orgs.). *Reformas ou deformas tributárias e financeiras*: por que, para que, para quem e como? Belo Horizonte: Letramento, 2020. p. 684 e ss.

[223] LERNER, Gerda. *A criação do patriarcado*: história da opressão das mulheres pelos homens. Trad. Luiza Sellera. São Paulo: Cultrix, 2019.

cotidianamente. Gerda Lerner, assim, como Joan Scott,[224] afirma ter havido o apagamento da história de metade da humanidade, fenômeno sociocultural que concretiza a invisibilidade das mulheres.

Sempre houve uma história única[225] quanto à formação dos valores e dos sistemas de símbolo, do inventário de relevâncias. Uma história de exclusão. A trajetória da humanidade apagou as mulheres, tornou-as invisíveis de modo determinante. Segundo Joan Scott, "[a]s pesquisadoras feministas assinalaram muito cedo que o estudo das mulheres acrescentaria não só novos temas, como também iria impor uma reavaliação crítica das premissas e critérios do trabalho científico existente".[226]

Quem é o sujeito da humanidade? Quem é o ser? A quem a política, os direitos, a história referem-se? E o questionamento que se mantém é quanto a todos os outros e outras que não são seres, que não são pessoas. A quem interessaria manter a posição de privilégios, desconsiderando os "não seres"? Judith Butler escreve com muita ênfase sobre a necessidade de exclusão, nas ambiências política e jurídica, realçando que a construção política do sujeito procede vinculada a certos objetivos de legitimação e de exclusão.[227]

O "sujeito" é uma questão crucial para a política, e particularmente para a política feminista, pois os sujeitos jurídicos são invariavelmente produzidos por meio de práticas de exclusão que não "aparecem", uma vez estabelecida a estrutura jurídica da política.[228] A construção

---

[224] SCOTT, Joan Wallach. Gênero: uma categoria útil para análise histórica. *Gender and the Politics of History*. Trad. Christine Rufino Dabat e Maria Betânia Ávila. New York: Columbia University Press, 1989.

[225] ADICHE, Chimamanda Ngozi. *O perigo de uma história única*. Trad. Julia Romeu. São Paulo: Companhia das Letras, 2019.

[226] SCOTT, Joan Wallach. Gênero: uma categoria útil para análise histórica. *Gender and the Politics of History*. Trad. Christine Rufino Dabat e Maria Betânia Ávila. New York: Columbia University Press, 1989. p. 11.

[227] BUTLER, Judith P. *Problemas de gênero*: feminismo e subversão da identidade. Trad. Renato Aguiar. 21. ed. Rio de Janeiro: Civilização Brasileira, 2021. p. 19: "O 'sujeito' é uma questão crucial para a política, e particularmente para a política feminista, pois os sujeitos jurídicos são invariavelmente produzidos por via de práticas de exclusão que não 'aparecem', uma vez estabelecida a estrutura jurídica da política. Em outras palavras, a construção política do sujeito procede vinculada a certos objetivos de legitimação e de exclusão, e essas operações políticas são efetivamente ocultas e naturalizadas por uma análise política que toma as estruturas jurídicas como seu fundamento. O poder jurídico 'produz' inevitavelmente o que alega meramente representar; consequentemente, a política tem de se preocupar com essa função dual do poder: jurídica e produtiva".

[228] BUTLER, Judith P. *Problemas de gênero*: feminismo e subversão da identidade. Trad. Renato Aguiar. 21. ed. Rio de Janeiro: Civilização Brasileira, 2021. p. 19.

política de quem é o sujeito é capturada por objetivos de legitimação e de exclusão. Consoante demonstra Judith Butler, essas "operações políticas são efetivamente ocultas e naturalizadas por uma análise política que toma as estruturas jurídicas como seu fundamento".[229] O poder jurídico "produz" e alimenta o que alega meramente representar.

As distinções graves entre homens e mulheres foram objeto de estudo e se tornaram mais difundidas pelo trabalho da filósofa francesa Simone de Beauvoir. *O homem é o Sujeito, o Absoluto; ela é o Outro*.[230] Os sistemas sociais, culturais e normativos, dos quais as mulheres não participavam em sua concretização, mas a eles eram e são submetidas, têm por referência o homem e não a mulher. Como evidencia a autora, "Somente a mediação de outrem pode constituir um indivíduo como um Outro".[231] E ainda mais abismal é a situação da mulher negra que, segundo Grada Kilomba, é o *Outro do Outro*.[232] São estruturas indiscutivelmente androcentristas e brancas.

Distanciamento ainda maior e conjuntura social de profunda precariedade, que reúne não só um indicador de desigualdade, mas pelo menos dois: gênero e raça; ou, na maioria dos casos, três: gênero, raça e classe.[233] Por não serem nem brancas nem homens, as mulheres negras ocupam a posição mais oprimida na sociedade heteronormativa machista branca.[234] Como salientado por Gerda Lerner, "[o]bservar a História registrada como se fosse uma peça nos faz perceber que a

---

[229] BUTLER, Judith P. *Problemas de gênero*: feminismo e subversão da identidade. Trad. Renato Aguiar. 21. ed. Rio de Janeiro: Civilização Brasileira, 2021. p. 19.
[230] BEAUVOIR, Simone de. *O segundo sexo*: fatos e mitos. Trad. Sérgio Millet. 5. ed. Rio de Janeiro: Nova Fronteira, 2019. vol. 1, p. 12-13: "O homem é pensável sem a mulher. Ela não, sem o homem. Ela não é senão o que o homem decide que seja; daí dizer-se o 'sexo' para dizer que ela se apresenta diante do macho como um ser sexuado: para ele, a fêmea é sexo, logo ela o é absolutamente. A mulher determina-se e diferencia-se em relação ao homem, e não este em relação a ela; a fêmea é o inessencial perante o essencial. O homem é o Sujeito, o Absoluto; ela é o Outro. A categoria do Outro é tão original quanto a própria consciência. Nas mais primitivas sociedades, nas mais antigas mitologias encontra-se sempre uma dualidade que é a do Mesmo e do Outro".
[231] BEAUVOIR, Simone de. *O segundo sexo*: a experiência vivida. Trad. Sérgio Millet. 5. ed. Rio de Janeiro: Nova Fronteira, 2019. vol. 2, p. 11.
[232] KILOMBA, Grada. *Memórias da plantação*: episódios de racismo cotidiano. Trad. Jess Oliveira. Rio de Janeiro: Cobogó, 2019. p. 97.
[233] DAVIS, Angela. *Mulheres, raça e classe*. Trad. Heci Regina Candiani. São Paulo: Boitempo, 2016. p. 233: "Assim como seus companheiros, as mulheres negras trabalham até não poder mais".
[234] RIBEIRO, Djamila. *Lugar de fala (feminismos plurais)*. Pólen Livros. Edição do Kindle: "Kilomba sofistica a percepção sobre a categoria do Outro, quando afirma que mulheres negras, por serem nem brancas e nem homens, ocupam um lugar muito difícil na sociedade supremacista branca, uma espécie de carência dupla, a antítese de branquetude e masculinidade".

história das atuações ao longo dos milhares de anos foi registrada apenas por homens e contada com as palavras deles".[235] E nesse sistema de símbolos, entre eles os repositórios normativos, a inferioridade das mulheres era, e ainda é, repisada diuturnamente.

Tal como reiterado, o Estado Democrático de Direito vinculado ao exercício dos direitos sociais e individuais, a liberdade, a segurança, o bem-estar, o desenvolvimento, a igualdade e a justiça são os pilares de uma sociedade fraterna, pluralista e sem preconceitos. São esses os vetores valorativos que orientam a estrutura sobre a qual está assentado o ordenamento jurídico nacional, a totalidade das ações do Estado e da sociedade civil. A igualdade, como meta equitativa, exige consideração e respeito a todas as formas de pensar e de agir, de ser e de estar no mundo, para muito além dos binarismos do sexo biológico (homem e mulher), de gênero (masculino e feminino) ou da orientação sexual (heterossexual e homossexual), como ressaltado por Christine Peter.[236]

Estudos sobre como as relações numa sociedade são construídas, realizados pelos epidemiologistas ingleses Richard Wilkinson e Kate Pickett, resultados de 30 anos de pesquisa, condensados no livro *O nível: por que uma sociedade mais igualitária é melhor para todos*, oferecem evidências de que diversos aspectos da sociedade moderna – da expectativa de vida às doenças mentais, da violência ao analfabetismo – são determinados não pela riqueza desse grupo social, mas por quão igualitário, ou não, ele é.[237] Além disso, sociedades com um grande abismo entre ricos e pobres são ruins para todos, inclusive para os mais abastados.

Os autores acentuam, ainda, o quanto o *status* da mulher, suas condições de igualdade em cotejo com os homens, é prejudicado nas sociedades mais desiguais.[238] Partindo de critérios de comparação entre

---

[235] LERNER, Gerda. *A criação do patriarcado*: história da opressão das mulheres pelos homens. Trad. Luiza Sellera. São Paulo: Cultrix, 2019. p. 38-39: "Observar a História registrada como se fosse uma peça nos faz perceber que a história das atuações ao longo dos milhares de anos foi registrada apenas por homens e contada com as palavras deles. A atenção desses homens estava voltada principalmente para os homens. Não surpreende que não tenham observado todas as ações que as mulheres realizaram".

[236] SILVA, Christine Oliveira Peter da. Por uma dogmática constitucional feminista. *Suprema: Revista de Estudos Constitucionais*, Brasília, v. 1, n. 2, p. 157-158, jul./dez. 2021.

[237] WILKINSON, Richard; PICKETT Kate. *O nível*: por que uma sociedade mais igualitária é melhor para todos. Trad. Marilene Tombini. Rio de Janeiro: Civilização Brasileira, 2015.

[238] WILKINSON, Richard; PICKETT Kate. *O nível*: por que uma sociedade mais igualitária é melhor para todos. Trad. Marilene Tombini. Rio de Janeiro: Civilização Brasileira, 2015. p. 107: "As relações entre desigualdade e *status* feminino e entre desigualdade e ajuda externa também acrescentam coerência e plausibilidade à nossa crença de que a desigualdade aumenta a distância social entre os diferentes grupos de pessoas, nos tornando menos

unidades da confederação norte-americana, como participação política, empregos e salários, e autonomia social e econômica da mulher, os resultados evidenciam que, "quando combinamos essas medidas para cada estado dos EUA e as relacionamos à desigualdade dos níveis de renda estadual, descobrimos também que o *status* da mulher é significativamente pior em estados mais desiguais".[239]

A igualdade de gênero é assunto que se dilatou e se disseminou nos últimos anos no Brasil. As discussões sobre a temática, necessárias que são, avançaram na mídia, nas instituições públicas e privadas, nos círculos acadêmicos. Diversas são as áreas das ciências sociais que estudam a matéria, entre elas as ciências jurídicas, produzindo trabalhos muito relevantes.[240] Análises econômicas dão conta de que a desigualdade de gênero provoca perdas efetivas para os países, conforme mencionado.[241]

Consoante indicado pelo Fórum Econômico Mundial, a desigualdade de gênero quanto à participação econômica no mundo só seria dirimida, mantidas as condições atuais, em 257 anos, dadas as limitações vivenciadas pelas mulheres nos dias presentes.[242] Segundo os referidos dados, o Brasil é, do ponto de vista da igualdade de gênero, o 92º país no *The Global Gender Gap Index 2020 rankings*, com 153 países analisados, atrás da maioria dos países da América Latina.[243]

---

dispostos a vê-los como 'nós' em vez de 'eles'. Resumindo, podemos pensar na confiança como um importante indicador dos modos pelos quais uma maior igualdade material pode ajudar a criar uma comunidade coesa e cooperativa, para o benefício de todos".

[239] WILKINSON, Richard; PICKETT Kate. *O nível*: por que uma sociedade mais igualitária é melhor para todos. Trad. Marilene Tombini. Rio de Janeiro: Civilização Brasileira, 2015. p. 103.

[240] SILVA, Christine Oliveira Peter da. Por uma dogmática constitucional feminista. *Suprema: Revista de Estudos Constitucionais*, Brasília, v. 1, n. 2, p. 161, jul./dez. 2021: "Nesse ponto, há propostas concretas em andamento sobre releituras de obras clássicas do direito constitucional e de precedentes da jurisprudência constitucional de cada país por mulheres (STANCHI; BERGER; CRAWFORD; 2016). Trata-se de dar voz e chamar a atenção para a ausência da voz e da opinião das mulheres nos lugares de poder, na doutrina dominante, na interpretação das normas constitucionais de cada país".

[241] O relatório "Perspectivas sociais e de emprego no mundo" indica que reduzir as desigualdades de gênero no mercado de trabalho em 25%, até 2025, com maior presença das trabalhadoras, poderia injetar US$ 5,76 trilhões à economia global. ORGANIZAÇÃO INTERNACIONAL DO TRABALHO (OIT). *World Employment and Social Outlook* – Trends for women 2017. Disponível em https://www.ilo.org/wcmsp5/groups/public/---dgreports/---inst/documents/publication/wcms_557077.pdf. Acesso em: 21 de nov. 2021.

[242] WORLD ECONOMIC FORUM. *Global Gender Gap Report 2020*. Disponível em: https://www3.weforum.org/docs/WEF_GGGR_2020.pdf. Acesso em: 04 set. 2022.

[243] WORLD ECONOMIC FORUM. *Global Gender Gap Report 2020*. p. 103. Disponível em: https://www3.weforum.org/docs/WEF_GGGR_2020.pdf. Acesso em: 04 set. 2022. O *Global Gender*

Não se pode deixar de acentuar a efetiva participação das mulheres na Assembleia Constituinte de 1987/1988. Cabe destacar ainda, de modo não adequadamente aprofundado, a importante manifestação do Constitucionalismo Feminista. O movimento se configurou como efetiva participação das mulheres na Assembleia Constituinte de 1987/1988. É de máxima relevância o papel dessas 26 deputadas, que iniciaram suas atividades muito antes de 1987 em todo o Brasil. Em 1985, foi fundado o Conselho Nacional dos Direitos da Mulher – CNDM e lançada a campanha "Constituinte pra valer tem que ter palavra de mulher".[244] A materialização das propostas que elas defendiam dão conta da importância da atuação parlamentar feminina no processo de redemocratização do Brasil e de instituição do Estado Democrático de Direito.[245]

O Lobby do Batom, denominação dada ao movimento formado por essas deputadas, foi uma experiência singular de parceria entre um organismo de Estado e o movimento social, cujo saldo foi de 80% das reivindicações aprovadas. As mulheres conquistaram, na Constituinte de 1988, a igualdade jurídica entre homens e mulheres, a ampliação dos direitos civis, sociais e econômicos das mulheres, a igualdade de direitos e responsabilidades na família, a definição do princípio da não discriminação por sexo e raça-etnia, a proibição da discriminação da mulher no mercado de trabalho e o estabelecimento de direitos no campo da anticoncepção. Não foram, incluídas, entretanto, por enfrentarem resistências mais duras, as demandas referentes aos direitos sexuais e reprodutivos, em particular o aborto.[246]

O texto constitucional menciona expressamente o termo "mulher", e a variação "mulheres", em 22 passagens e assegura a elas igualdade, ainda que formal, para muito além do art. 5º, I, irradiando-se do

---

Gap Report agrupa os países em oito grandes agrupamentos geográficos: Ásia Oriental e Pacífico; Europa Oriental e Ásia Central; América Latina e o caribenho; Oriente Médio e Norte da África; América do Norte; Sul da Asia; África Subsaariana; e Europa Ocidental.

[244] LOPES, Monique Rodrigues; AGUIAR, Rafael dos Reis. Carta das mulheres à constituinte: uma análise sobre as leis de violência contra as mulheres a partir das críticas ao direito. *Revista de Ciências do Estado*, Belo Horizonte, v. 5, n. 1, e20681.

[245] MONTEIRO, Ester. Lobby do Batom: marco histórico no combate à discriminações. *Senado Notícias*, 06 mar. 2018. Disponível em: https://www12.senado.leg.br/noticias/materias/2018/03/06/lobby-do-batom-marco-historico-no-combate-a-discriminacoes. Acesso em: 21 nov. 2021.

[246] MONTEIRO, Ester. Lobby do Batom: marco histórico no combate à discriminações. *Senado Notícias*, 06 mar. 2018. Disponível em: https://www12.senado.leg.br/noticias/materias/2018/03/06/lobby-do-batom-marco-historico-no-combate-a-discriminacoes. Acesso em: 21 nov. 2021.

preâmbulo, passando pelo art. 2º – fundamentos da Constituição –, perpassando também os seus objetivos fundamentais, ao almejar a construção de uma sociedade livre, justa e necessária, e atingindo outros artigos, como o art. 7º (proteção do mercado de trabalho da mulher e proibição de diferenças salariais), o art. 150 (isonomia tributária) e o art. 226, §5º (sociedade conjugal), §7º (liberdade de planejamento familiar) e §8º (repressão da violência doméstica).

Ainda assim, o trabalho de integral essencialidade para a articulação política dos direitos das mulheres é pouquíssimo conhecido e menos ainda valorizado histórica e juridicamente. Os resultados sociais e jurídicos, distintos dos meramente tradicionais, colhidos dessas ações das mulheres no âmbito da Assembleia Constituinte, no processo de elaboração da constituição cidadã e dos direitos fundamentais, é raramente divulgado e pouco conhecido. O Lobby do Batom, ou a bancada do batom, não resume aquelas mulheres à sua aparência física, embora essa expressão seja pejorativa. A força do trabalho feminino é manifestada em cidadania e direitos, antes inexistentes no ordenamento jurídico brasileiro.[247]

Há, no Brasil, acompanhando vertente mundial, um novo movimento no Direito Constitucional, chamado de Constitucionalismo Feminista, que consubstancia uma nova narrativa, como mencionam Salete Maria da Silva e Sonia Jay Wright,[248] e também uma singular e indispensável compreensão do que é o Direito Constitucional brasileiro, a partir de uma perspectiva feminista. Isso porque a Constituição transforma-se e evolui a partir de quem a lê, de quem a interpreta. É preciso que o direito formal seja transformado em direito vivo.[249] É preciso que a busca pela igualdade se coadune com o combate às discriminações de gênero em todas as vertentes.

---

[247] MONTEIRO, Ester. Lobby do Batom: marco histórico no combate à discriminações. *Senado Notícias*, 6 mar. 2018. Disponível em: https://www12.senado.leg.br/noticias/materias/2018/03/06/lobby-do-batom-marco-historico-no-combate-a-discriminacoes. Acesso em: 21 nov. 2021.

[248] SILVA, Salete Maria da; WRIGHT, Sonia Jay. As mulheres e o novo constitucionalismo: uma narrativa feminista sobre a experiência brasileira. *Revista Brasileira de História do Direito*, Minas Gerais, v. 1, n. 2, p. 170-190, jul./dez. 2015. Disponível em: https://www.indexlaw.org/ index.php/historiadireito/article/view/666/pdf. Acesso em: 25 nov. 2021.

[249] CÂMARA, Andalessia Lana Borges. Mulheres e o acesso ao mercado de trabalho: a tributação como ferramenta de minimização das desigualdades de gênero no Brasil. *In*: SANTOS, Herta Rani Teles; GUIMARÃES, Juliana Pita (Orgs.). *O poder feminino*: entre percursos e desafios. Belo Horizonte: Arraes Editora, 2021.

Em relação à perspectiva da materialização da igualdade que se impõe no tratamento voltado a homens e mulheres, há uma obrigatoriedade, um direcionamento generalizado, de modo que a ninguém é dado desconsiderar a busca pela efetivação desses direitos. Nas palavras de Christine Peter, ao escrever sobre a atual necessidade de submissão dos agentes públicos à igualdade de gênero, essa imprescindibilidade consiste "em um compromisso inabalável, a considerar e respeitar a Constituição em todos os seus atos de poder. Nesse ponto, exigir dos agentes de poder o respeito à igualdade de gênero passa a ser mais natural".[250]

A igualdade entre mulheres e homens não está adstrita ao disposto no art. 5º, I, do texto constitucional, mas para muito além dele. A equidade material, aquela que concretiza a máxima de tratar desigualmente aqueles que precisam assim ser tratados, a ser perseguida por todos os sistemas normativos, entre eles o tributário, está intimamente ligada à dignidade da pessoa humana, aos valores e ao sentimento constitucional. A igualdade é norma voltada tanto ao aplicador da lei quanto ao legislador, nas palavras de Celso Antônio Bandeira de Mello, que ressalta que a própria edição da lei se sujeita ao dever de dispensar tratamento equânime às pessoas, todas elas.[251]

Há questionamentos quanto à existência, ou à persistência, da desigualdade entre homens e mulheres nos dias atuais. Sem a possibilidade de abordar todas as perspectivas em que essa disparidade se concretiza, como nos cenários familiar, político, cultural, racial e social, dada a necessária delimitação que a temática de desigualdade de gênero impõe, pretende-se, na apreciação contida neste trabalho, analisar as dessemelhanças entre homens e mulheres, mais especificamente no Brasil, no campo das circunstâncias fáticas socioeconômicas – as disparidades do mercado de trabalho.

De acordo com as conclusões de Alícia Miyares, filósofa e professora espanhola, há questões específicas a serem tratadas na abordagem quanto à igualdade de gênero. Igualdade que, em grande parte dos países, não se materializa ainda nos dias atuais. Há que se falar em uma agenda feminista, na qual especificamente devem ser tratadas diretrizes que atendam ao princípio da isonomia, de modo que as situações

---

[250] SILVA, Christine Oliveira Peter da. Por uma dogmática constitucional feminista. *Suprema: Revista de Estudos Constitucionais*, Brasília, v. 1, n. 2, p. 162, jul./dez. 2021.
[251] MELLO, Celso Antônio Bandeira de. *O conteúdo jurídico do princípio da igualdade*. 3. ed. 24. tir. São Paulo: Malheiros, 2014. p. 9.

econômicas, políticas e sociais de mulheres e de homens se aproximem. Uma legítima e necessária pauta política. "*Para la agenda feminista, estos derechos, constituyen el núcleo base de la vindicación de igualdad: acceso al empleo, derecho a la propiedad, igualdad de oportunidades, acceso a la salud, a la educación, representación equitativa en los cargos*"[252].

A necessidade de construção e implementação de políticas públicas, cujo fim seja minimizar a desigualdade de gênero no Brasil, considerando as políticas públicas como ações do Estado para a materialização de direitos fundamentais e sociais, é antecedente superado, tendo em conta os relatórios que apontam diferenças abissais entre as situações socioeconômicas entre homens e mulheres. Nas palavras de Maria Paula Dallari Bucci, as políticas públicas, em suas mais diversas acepções, têm um objetivo comum: a concretização de direitos humanos, dos direitos sociais. Segundo a autora, não há direitos sociais sem o Estado intervencionista. E ela prossegue:

> A necessidade de compreensão das políticas públicas como categoria jurídica se apresenta à medida que se buscam formas de concretização dos direitos humanos, em particular os direitos sociais.
> [...].
> A percepção dessa evolução evidencia que a fruição dos direitos humanos é uma questão complexa, que vem demandando um aparato de garantias e medidas concretas do Estado, que se alarga cada vez mais, de forma a disciplinar o processo social, criando modos de institucionalização das relações sociais que neutralizam a força desagregadora e excludente da economia capitalista e possam promover o desenvolvimento da pessoa humana.[253]

Na linha de criação de ferramentas que visam à proteção da mulher, em dimensões variadas, além do art. 5º, I, da Constituição,

---

[252] MIYARES, Alícia. Derechos sexuales y reproductivos en América Latina. *In*: LAGARDE, Marcela; VALCÁRCEL, Amélia (coord.). *Feminismo, género e igualdad*. Madrid: Agencia Española de Cooperación Internacional para el Desarrollo (AECID)/Fundación Carolina, 2011. p. 281-282: "Para la agenda feminista, estos derechos, constituyen el núcleo base de la vindicación de igualdad: acceso al empleo, derecho a la propiedad, igualdad de oportunidades, acceso a la salud, a la educación, representación equitativa en los cargos. Son contribuciones de la idea de igualdad, en sentido distributivo y representativo, que realmente han transformado el papel de las mujeres y de los grupos sociales más desfavorecidos. De ahí la importancia de consolidar, sin veleidades, la universalización de estos derechos".

[253] BUCCI, Maria Paula Dallari. O conceito de política pública em direito. *In*: BUCCI, Maria Paula Dallari. *Políticas públicas*: reflexões sobre o conceito jurídico. São Paulo: Saraiva, 2006. p. 1-49.

também o mercado de trabalho da mulher foi expressamente protegido por comando constitucional. Resultados da força das mulheres que pressionaram a Assembleia Constituinte de 1987, dada a articulação do Centro Nacional de Direitos das Mulheres, com a entrega da Carta das Mulheres à Assembleia Constituinte, normas constitucionais que reconhecem direitos fundamentais sociais, legítimas demandas feministas da época[254] – relacionadas ao mercado de trabalho e à proteção à maternidade e à infância – foram literalmente inseridas na ordem jurídica brasileira – incisos XVIII (licença à gestante, sem prejuízo do emprego e do salário, com a duração de 120 dias), XIX (licença-paternidade), XX (proteção do mercado de trabalho da mulher, mediante incentivos específicos, nos termos da lei) e XXXX (proibição de diferença de salários, de exercício de funções e de critério de admissão por motivo de sexo, idade, cor ou estado civil) do art. 7º da Constituição de 1988.[255]

Todavia, como visto no Capítulo 1, o mercado de trabalho da mulher não é carente apenas dos incentivos específicos, que deveriam ser resultado do texto constitucional. Os aludidos incisos XX e XXX do art. 7º da Constituição do Brasil são desconsiderados e constantemente violados. O mercado de trabalho da mulher acentua, agudiza, intensifica as discrepâncias entre os gêneros. São esses os relatórios obtidos por meio de pesquisas realizadas por órgãos oficiais, como reiteradamente demonstrado.

O direito constitucional contemporâneo abrange mais interpretações e mais repercussões do que só aquelas que interessam ou tenham por fonte as óticas dos grupos de poder que exercem hegemonia racial,

---

[254] LOPES, Monique Rodrigues; AGUIAR, Rafael dos Reis. Carta das mulheres à constituinte: uma análise sobre as leis de violência contra as mulheres a partir das críticas ao direito. *Revista de Ciências do Estado*, Belo Horizonte, v. 5, n. 1, e20681. p. 12: "Com o começo da abertura democrática no início da década de 1980, começa a acontecer a institucionalização do movimento que se aprimora nos anos 1990. Surgem então nesse primeiro momento os conselhos associados a partidos políticos. É nessa conjuntura de abertura para o novo e esperança de uma legislação que comtemplasse mais as mulheres que temos um dos documentos mais importantes do período, a Carta das Mulheres à Assembleia Constituinte, promovida pelo Centro Nacional de Direitos da Mulheres (CNDM)".

[255] BRASIL. Constituição da República Federativa do Brasil de 1988. Brasília: Senado Federal, 5 out. 1988. Disponível em: http://www.planalto.gov.br/ccivil_03/constituicao/constituicao.htm. Acesso em: 2 jan. 2022.
"Art. 7º São direitos dos trabalhadores urbanos e rurais, além de outros que visem à melhoria de sua condição social: (...) XVIII – licença à gestante, sem prejuízo do emprego e do salário, com a duração de cento e vinte dias; XIX – licença-paternidade, nos termos fixados em lei; XX – proteção do mercado de trabalho da mulher, mediante incentivos específicos, nos termos da lei; (...) XXX – proibição de diferença de salários, de exercício de funções e de critério de admissão por motivo de sexo, idade, cor ou estado civil; (...)."

de gênero e econômica. A igualdade precisa ser debatida também da perspectiva daqueles que não conseguem ser adequadamente representados nos Poderes Legislativo e Executivo, para dar lugar à verdadeira democracia.

A evolução das ações do Estado depende da aceitação da ampliação dos interesses políticos. "Os grandes temas constitucionais que interessam às maiorias e/ou minorias hegemônicas, devem ser discutidos ao lado dos temas que interessam às minorias e/ou às maiorias não hegemônicas, como é o caso das mulheres",[256] é o que sinaliza Christine Peter também no tocante às discussões sociais e políticas que interessam às mulheres. Os problemas que atingem as mulheres devem ter os mesmos espaços de debate e deliberação nas instituições públicas e privadas da nação.

A busca pela concretização da igualdade de gênero está intimamente vinculada às definições das políticas públicas, que oferecem uma grande oportunidade de elevar à prioridade absoluta o problema da efetivação e da consolidação do princípio da dignidade da pessoa humana, dos direitos humanos, entre eles, os direitos das mulheres, conforme destacado por Chiara Capraro[257] e outros autores. De acordo com Thiago Feital, "O direito de não ser discriminado está presente em todos os tratados de direitos humanos"[258] e deve, por questão de coerência lógica e jurídica, ser materializado no ordenamento jurídico dos países signatários desses tratados. Mais especificamente sobre o Sistema Tributário Nacional, o autor traz importante conclusão: "[a] ausência de medidas voltadas para a concretização da igualdade no

---

[256] SILVA, Christine Oliveira Peter da. Por uma dogmática constitucional feminista. *Suprema: Revista de Estudos Constitucionais*, Brasília, v. 1, n. 2, p. 160, jul./dez. 2021: "Os debates constitucionais de uma nação devem ter temas que interessem às mulheres, temas que digam com suas vidas, suas aspirações, suas histórias. Os estranhamentos em relação a tais temas devem ser considerados tentativas subversivas de capturas antidemocráticas dos lugares reais e simbólicos de poder. O constitucionalismo feminista e a dogmática constitucional respectiva exigem postura inclusiva quanto aos temas de interesses das mulheres nos espaços de poder".

[257] CAPRARO, Chiara. Direito das mulheres e Justiça fiscal. Por que a política tributária deve ser tema da luta feminista. *Revista Internacional de Direitos Humanos*, Sur 24, v. 13, n. 24, p. 18-19, 2016. Disponível em: https://sur.conectas.org/wp-content/uploads/2017/02/1-sur-24-por-chiara-capraro.pdf. Acesso em: 16 mar. 2021.

[258] FEITAL, Thiago Álvares. A dependência entre os direitos humanos e o Direito Tributário. *RIL*, Brasília, a. 56, n. 224, p. 37-58, out./dez. 2019. Disponível em: https://www12.senado.leg.br/ril/edicoes/56/224/ril_v56_n224_p37.pdf. Acesso em: 18 set. 2022.

STN equivale à omissão diante da obrigação de concretizar medidas (de qualquer natureza) para não discriminar".[259]

As discussões acerca das discrepâncias entre homens e mulheres guardam, como reiteradamente mencionado, relação com a dignidade da pessoa humana.[260] E é a acepção de dignidade da pessoa humana que deve servir de instrumento para a definição do quão desiguais são as mulheres em relação aos homens. O papel da dignidade da pessoa humana é interpretativo, é ela quem vai informar a interpretação da igualdade, como dito por Luís Roberto Barroso ao escrever sobre a construção de um conceito referente à dignidade da pessoa humana.[261]

Assim como em outros ordenamentos jurídicos, há a determinação categórica, no texto constitucional brasileiro, para que se prestigie e se fomente a igualdade – sem dúvida, também a igualdade de gênero.[262] Conclui-se, portanto, como evidenciado por Luís Roberto Barroso, que "qualquer lei que viole a dignidade, seja em abstrato ou em concreto, será nula", assim como qualquer omissão que prive as mulheres de alcançarem a igualdade deverá ser suplantada.

---

[259] FEITAL, Thiago Álvares. A dependência entre os direitos humanos e o Direito Tributário. *RIL*, Brasília, a. 56, n. 224, p. 37-58, out./dez. 2019. Disponível em: https://www12.senado. leg.br/ril/edicoes/56/224/ril_v56_n224_p37.pdf. Acesso em: 18 set. 2022.

[260] CARVALHO, Maria Eulina Pessoa de; RABAY, Glória; BRABO, Tania Suelly Antonelli Marcelino; FÉLIX, Jeane; DIAS, Alfrancio Ferreira. *Direitos humanos das mulheres e das pessoas LGBTQI*: inclusão da perspectiva da diversidade sexual e de gênero na educação e na formação docente. João Pessoa: Editora da UFPB, 2017. p. 16: "A agenda dos direitos humanos almeja a construção de uma cultura de paz, com justiça, participação social e política, e qualidade de vida para todos, homens e mulheres, de todas as idades, condições sociais e orientações sexuais. Nesse contexto, a perspectiva de gênero é indispensável para pensarmos não só a violência (ou as violências), entendida(s) como negação dos mais elementares direitos humanos, mas as relações sociais e humanas em geral".

[261] BARROSO, Luís Roberto. *A dignidade da pessoa humana no direito constitucional contemporâneo*: a construção de um conceito jurídico à luz da jurisprudência mundial. 3ª reimpressão. Belo Horizonte: Fórum, 2014. p. 66: "O outro papel principal da dignidade humana é interpretativo. A dignidade humana é parte do núcleo essencial dos direitos fundamentais, como a igualdade, a liberdade ou o direito ao voto (o qual, a propósito, não está expresso no texto da Constituição dos Estados Unidos). Sendo assim, ela vai necessariamente informar a interpretação de tais direitos constitucionais, ajudando a definir o seu sentido nos casos concretos. Além disso, nos casos envolvendo lacunas no ordenamento jurídico, ambiguidades no direito, colisões entre direitos fundamentais e tensões entre direitos e metas coletivas, a dignidade humana pode ser uma boa bússola na busca da melhor solução. Mais ainda, qualquer lei que viole a dignidade, seja em abstrato ou em concreto, será nula".

[262] Alguns dos trechos contidos neste livro foram trabalhados inicialmente em capítulo publicado em 2021: CÂMARA, Andalessia Lana Borges. Mulheres e o acesso ao mercado de trabalho: a tributação como ferramenta de minimização das desigualdades de gênero no Brasil. *In*: SANTOS, Herta Rani Teles; GUIMARÃES, Juliana Pita (Orgs.). *O poder feminino*: entre percursos e desafios. Belo Horizonte: Arraes Editora, 2021. p. 179-203.

2.4 A origem dos vínculos entre tributação e gênero: o movimento sufragista, a luta pela igualdade e a negativa do pagamento de tributos pelas mulheres

Muito se pergunta sobre a origem do vínculo entre tributação e gênero. A relação das duas temáticas é relativamente nova no cenário jurídico mundial e no brasileiro. Esse liame tem suas origens atreladas ao movimento sufragista inglês,[263] que buscava a igualdade civil e política entre homens e mulheres, ainda no século XVII. O objetivo de igualdade surge como uma evolução natural das ideias que emanavam na Europa. A ação das sufragistas ganha repercussões iniciais na Inglaterra e o grupo de mulheres que lutava por isonomia se subdividiu em diferentes frentes de resistência.

Dentro do movimento sufragista inglês, houve a criação de uma oposição específica ao pagamento de impostos, a Liga Feminina de Resistência Fiscal (1909 a 1918) – *Women's Tax Resistance League* (WTRL).[264] Foi o grupo denominado *Women's Freedom League* (WFL) – Liga da Liberdade Feminina – que usou a resistência fiscal para protestar contra a privação de direitos das mulheres durante o período do movimento das sufragistas britânicas. A oposição tinha por fundamento o fato de que as mulheres eram impossibilitadas de votar em seus representantes e, por consequência, não participavam das decisões políticas de recolhimento de tributos e de destinação das receitas.

Dorothy Frances Montefiore, inglesa-australiana, perdeu o marido em um acidente no mar, em 1889, ocasião em que soube que não teria direito à guarda de seus filhos. Por essa razão, passou a integrar o movimento das sufragistas. Dora Montefiore protagonizou a resistência ao pagamento de impostos na Inglaterra. Com o intuito de protestar contra a falta de representação política feminina, negou-se a realizar o pagamento das dívidas que ela tinha com a Coroa, advindas de origem tributária. Os oficiais de justiça passaram, então, a tentar desapropriar seus bens para a quitação dos valores.[265]

---

[263] ABREU, Zina. Luta das mulheres pelo direito de voto. *Revista Arquipélago – História*, Portugal, 2ª série, 2002.
[264] MAYHALL, Laura E. Nym. *The Militant Suffrage Movement*: Citizenship and Resistance in Britain, 1860-1930. Oxford: Oxford University Press, 2003. p. 10.
[265] MONTEFIORE, Dora. *De um vitoriano a um moderno*. 1925. Disponível em: https://www.marxists.org/archive/montefiore/1925/autobiography/index.htm. Acesso em: 30 jul. 2021.

Com o apoio de outras duas mulheres do movimento sufragista, principalmente Theresa Billington e Annie Kenney, e ainda diante da organização da *Women's Social and Political Union* (WSPU) – União Social e Política das Mulheres –, Dora Montefiore, além de não realizar o pagamento dos impostos, fechou e trancou as portas de sua casa, para manter os oficiais de justiça longe de sua propriedade. A manifestação ganhou mais repercussão e, nas palavras dela, teria ajudado a opinião pública a melhor compreender a luta pela emancipação política das mulheres que vinha acontecendo.

A Liga Feminina de Resistência Fiscal aproveitou a ocasião como uma oportunidade para deixar ainda mais claro o seu protesto. Nos muros da casa sitiada havia uma faixa exibida na parede dizendo: *As mulheres devem votar nas leis que obedecem e nos impostos que pagam*. Dorothy Frances Montefiore escreveu sua autobiografia no ano de 1925, na qual constam detalhes sobre o cerco por ela propositalmente realizado, para se opor ao pagamento de tributos.[266] De acordo com a sua biografia, ela havia se recusado voluntariamente a pagar o imposto de renda, porque o pagamento desse imposto servia para financiar uma guerra na qual ela não tinha voz.

Em maio de 1906, as autoridades mandaram pela terceira vez que os bens de Dora Montefiore fossem expropriados, para responder por seus débitos. Ela novamente se isolou em sua casa em Upper Mall, Hammersmith, e a situação ficou bastante conhecida – Cerco de Montefiore.[267] Os oficiais de justiça, que só poderiam entrar pelas portas principais das casas, não puderam subir pela janela e, em determinados horários, nem mesmo tentar entrar. Durante essas horas, os comerciantes da vizinhança, leais à sufragista, entregavam leite, pão e outros alimentos por cima do muro alto que separava os pequenos jardins frontais do Upper Mall da estrada que dava para o rio.[268] Somente após seis semanas a Coroa foi legalmente autorizada a arrombar a porta para apreensão de seus bens.

A conexão entre a oposição de Montefiore à guerra e sua falta de representação política desencadeou uma questão central para a

---

[266] MONTEFIORE, Dora. *De um vitoriano a um moderno*. 1925. Disponível em: https://www.marxists.org/archive/montefiore/1925/autobiography/index.htm. Acesso em: 30 jul. 2021.
[267] MONTEFIORE, Dora. *De um vitoriano a um moderno*. 1925. Disponível em: https://www.marxists.org/archive/montefiore/1925/autobiography/index.htm. Acesso em: 30 jul. 2021.
[268] MONTEFIORE, Dora. *De um vitoriano a um moderno*. 1925. Disponível em: https://www.marxists.org/archive/montefiore/1925/autobiography/index.htm. Acesso em: 30 jul. 2021.

formulação do ativismo sufragista como estratégia política: até que ponto as mulheres eram governadas por leis formuladas por representantes sem nenhuma legitimidade?[269] A resistência fiscal provou ser a forma de militância mais duradoura, e a mais difícil para a Coroa inglesa. Mais de 220 mulheres, a maioria de classe média, participaram da resistência fiscal entre 1906 e 1918, algumas continuando a resistir durante a Primeira Guerra Mundial.

As militantes acreditavam que, ao se recusarem a pagar impostos, as mulheres forçariam o Parlamento a lhes conceder o direito ao voto. Em 1907, a *Women's Freedom League* (WFL), já mencionada, criou o *slogan*: *No vote, no tax*.[270] As sufragistas resistiam principalmente ao pagamento de duas categorias gerais de tributos, quais sejam, aqueles relacionados ao imposto predial, ao imposto habitacional e ao imposto de renda; e os impostos e licenças para cães, carruagens, automóveis, servos, armaduras, armas e caça.[271]

Desse modo, a ligação entre tributação e as lutas por igualdade efetiva de tratamento entre homens e mulheres foi traçada. A resistência ao pagamento de impostos devidos por elas foi estratégia para demonstrar a desigualdade a que estavam submetidas: não detinham direito ao voto,[272] o que as excluía do processo normativo e decisório, ao tempo em que eram obrigadas a pagar tributos, tal como os homens. A trajetória histórica do movimento feminista correlacionou e correlaciona, até os dias atuais, tributação e gênero. A fusão das temáticas se dá considerando que o recolhimento dos tributos e o direcionamento das receitas públicas são manifestações do Estado aptas a dar materialidade aos direitos humanos das mulheres.

---

[269] MAYHALL, Laura E. Nym. *The Militant Suffrage Movement*: Citizenship and Resistance in Britain, 1860-1930. Oxford: Oxford University Press, 2003. p. 34-35.
[270] MAYHALL, Laura E. Nym. *The Militant Suffrage Movement*: Citizenship and Resistance in Britain, 1860-1930. Oxford: Oxford University Press, 2003. p. 60.
[271] MAYHALL, Laura E. Nym. *The Militant Suffrage Movement*: Citizenship and Resistance in Britain, 1860-1930. Oxford: Oxford University Press, 2003. p. 60.
[272] MARQUES, Teresa Cristina de Novaes. *O voto feminino no Brasil*. 2. ed. Brasília: Câmara dos Deputados, 2019. p. 127. E-book: "Os estudiosos são unânimes em afirmar que o voto não é sinônimo de democracia, embora seja um pré-requisito para a existência de um sistema político realmente democrático. Como visto, a ampliação do universo dos votantes foi uma bandeira levantada no século XIX, contrariando numerosas correntes que então defendiam a participação política restrita e elitista".

CAPÍTULO 3

TRIBUTAÇÃO, GÊNERO E POLÍTICAS PÚBLICAS DE EXTRAFISCALIDADE

"Como objetivo fundamental, a igualdade é um *telos* a ser erigido pragmaticamente através de uma política fiscal. Ao mesmo tempo, busca-se equanimizar as relações jurídico-tributárias de forma a tratar sujeitos de forma isonômica, promovendo a redistribuição de situações distantes". (DE OLIVEIRA, 2020)

No Capítulo 1, foram traçadas análises, ainda que, tendo em vista a limitação deste texto, não devidamente aprofundadas, concernentes à construção dos papéis de gênero e suas repercussões, bem como foram examinados os impactos advindos da oposição entre os gêneros. Evidenciou-se, além disso, que o mercado de trabalho projeta-se como reflexo dessa hegemonia masculina e branca, na medida em que remunera de modo inferior as mulheres brancas e, de maneira ainda mais precária, as trabalhadoras negras.

Indicou-se também, nas seções anteriores, como as discrepâncias socioeconômicas são agudizadas, tendo em conta que as mulheres ocupadas, aquelas que desenvolvem atividades assalariadas, permanecem desempenhando o trabalho invisível e não remunerado, sendo por ele sobrecarregadas. São apontados, igualmente, quais seriam os custos positivos dessa inserção das mulheres no mercado de trabalho, de forma adequada, para a economia mundial.

Já no Capítulo 2, o intento era pormenorizar a noção constitucional de igualdade e a ideologia de equidade introduzida no Brasil pela Constituição de 1988. Além disso, destacar que a igualdade no âmbito do texto constitucional inclui a igualdade de gênero, e que a discriminação negativa no ambiente profissional, à qual estão sujeitas as mulheres, principalmente as mulheres negras, não encontra razões jurídicas que lhe justifiquem, mas que, ao contrário, o suporte constitucional brasileiro impõe a isonomia material e, por isso, o *discrímen* positivo. O objetivo era ainda acentuar, enfaticamente, que a Constituição do Brasil de 1988 determina a necessária simetria de condições sociais, econômicas e jurídicas entre homens e mulheres.

No presente capítulo, a pretensão é demonstrar como todos os microssistemas jurídicos estão vinculados ao ideário de igualdade de gênero contido na Constituição. Dentre essas compilações normativas, indubitavelmente, resta incluído o sistema tributário. Evidentemente. Da perspectiva do papel da tributação, seus limites e possibilidades nos Estados contemporâneos, como minimizar as discrepâncias de gênero no mercado de trabalho? Essa é a pergunta que se levanta. É preciso buscar efetivamente a concretude da igualdade de gênero, o que sugere também, como já reportado, uma estreita vinculação entre tributação e direitos humanos.[273]

A extrafiscalidade, que deve estar assentada na promoção da igualdade e da justiça fiscal, consagra-se como ferramental para os referidos fins. E, com base em políticas públicas que dão tangibilidade aos direitos sociais e que envolvem todas as esferas dos três Poderes e todos os agentes públicos, deve ser materializada a proteção do mercado de trabalho da mulher, tal como prescrito pela diretriz de ideais constitucional e pelos preceitos, de compreensão clara, nela inseridos. É o que determina a conjugação do princípio da igualdade, dos objetivos fundamentais da República Federativa do Brasil e das diretrizes dos incisos XX e XXX do art. 7º da Constituição Federal.[274]

---

[273] CAPRARO, Chiara. Direito das mulheres e Justiça fiscal. Por que a política tributária deve ser tema da luta feminista. *Revista Internacional de Direitos Humanos*, Sur 24, v. 13, n. 24, p. 17-26, 2016. Disponível em: https://sur.conectas.org/wp-content/uploads/2017/02/1-sur-24-por-chiara-capraro.pdf. Acesso em: 16 mar. 2021.

[274] BRASIL. Constituição da República Federativa do Brasil de 1988. Brasília: Senado Federal, 05 out. 1988. Disponível em: http://www.planalto.gov.br/ccivil_03/constituicao/constituicao.htm. Acesso em: 02 jan. 2022.
"Art. 7º São direitos dos trabalhadores urbanos e rurais, além de outros que visem à melhoria de sua condição social: (...) XX – proteção do mercado de trabalho da mulher, mediante incentivos específicos, nos termos da lei;
(...) XXX – proibição de diferença de salários, de exercício de funções e de critério de admissão por motivo de sexo, idade, cor ou estado civil".

3.1 A tributação e a sistemática da regressividade – acentuação das assimetrias de gênero

De acordo com a estrutura atual do Sistema Tributário Nacional, a tributação no Brasil concentra, normativamente, a maior parte da incidência de tributos sobre os bens e os serviços, ou seja, sobre o consumo. A conformação tributária brasileira reforça as desigualdades socioeconômicas no país: (i) pelo seu caráter regressivo, (ii) pelo modo como se dá a incidência e a isenção de impostos sobre patrimônio, lucros e dividendos, (iii) pela dedução de despesas por dependente, geralmente realizada por homens no casal e (iv) pela sistemática, até bem pouco tempo vigente, quanto ao imposto de renda da pessoa física sobre os valores pagos a título de pensão alimentícia.[275] Esses são alguns exemplos. Assim, o Sistema Tributário Nacional agudiza, indubitavelmente, as desigualdades de gênero.

O agrupamento de tributos cujo objeto se imponha sobre bens e serviços no arcabouço nacional – a denominada regressividade da tributação brasileira – é indiscutivelmente criticado, de forma uníssona, e reconhecido como sistemática da qual se denota o pagamento de mais tributos por quem menos possui renda.[276] "O Brasil é um paraíso tributário para os super-ricos",[277] conforme apontam as conclusões de Luciana

---

[275] BRASIL. Supremo Tribunal Federal (Tribunal Pleno). *Ação Direta de Inconstitucionalidade nº 5.422*, Relator: Min. Dias Toffoli, julgada em 06 de junho de 2022. Disponível em: https://redir.stf.jus.br/paginadorpub/paginador.jsp?docTP=TP&docID=762441882. Acesso em: 23 set. 2022.

[276] PISCITELLI, Tathiane. *Curso de direito tributário*. São Paulo: Thompson Reuters Brasil, 2021. p. 127: "Em face disso, pode-se rapidamente concluir pela possibilidade de utilização de alíquotas progressivas nos impostos reais. Referidos impostos são representativos da tributação sobre o patrimônio, que, por excelência, revelam maior capacidade de uma distribuição equânime dos ônus tributários. A tributação progressiva da riqueza, seja expressa em renda, seja expressa em patrimônio, é uma das formas mais legítimas de realização da justiça tributária, pois implica a imposição de ônus mais pesados para aqueles que externalizam sua capacidade econômica pela detenção de bens, e não simplesmente pelo consumo, que é contingente, além de evitar ou minimizar os efeitos da acumulação de riqueza".

[277] MELO, Luciana Grassano de Gouvêa. Para entender o papel da tributação na desigualdade. *In*: MELO, Luciana Grassano de Gouvêa. *Justiça fiscal*: estudos críticos de problemas atuais. Belo Horizonte: Casa do Direito, 2020. p. 33: "(...) distributivas tanto na perspectiva de arrecadação de receita para o financiamento do Estado, como para a realização da despesa pública. Diante do quadro de grave desigualdade e concentração de riqueza existente no Brasil e no mundo, não basta a adoção de políticas redistributivas na perspectiva da despesa pública, mas é essencial corrigir a regressividade dos sistemas tributários de modo a fazer valer o princípio de que quem tem mais capacidade econômica deve contribuir progressivamente mais para o financiamento do Estado, que é o inverso do que ocorre hoje em dia, como assevera estudo do Centro Internacional de Políticas para o Crescimento

Grassano, no texto *Para entender o papel da tributação na desigualdade*. A necessidade de sistemas tributários progressivos, que tornem real a obrigação de não discriminar, tem sido amplamente destacada.[278,279]

E no âmbito da sociedade brasileira, quem são os mais impactados? Toda a população é impactada pela regressividade da tributação. Mas aquelas que recebem os menores salários são as mulheres, e, dentre elas, as mulheres negras são as mais afetadas, como ressaltado nas estatísticas e nos estudos realizados por entidades governamentais e por aquelas que integram a sociedade civil. Consoante divulgado pelos referidos estudos, mulheres brancas ganham 76% da remuneração dos homens brancos.[280] E as mulheres negras (pretas e pardas) apenas 44,4% do salário de um homem branco, em média.[281]

Se a sistemática tributária vigente é fator discriminatório para a parcela feminina da população, atinge ainda de modo mais devastador as mulheres negras, como detalhado por Luciana Grassano, em texto intitulado *A tributação da renda e a invisibilidade da mulher negra no Brasil*.[282] No mesmo sentido são as conclusões de Evilasio Silva Salvador e Silvia Cristina Yannoulas: "as pessoas com menor renda (por

---

Inclusivo (IPC-IG), vinculado ao Programa das Nações Unidas para o Desenvolvimento (PNUD), da ONU35, em que conclui que o Brasil é um paraíso tributário para super-ricos, que pagam 'menos imposto, na proporção de sua renda, que um cidadão de classe média alta. Isso porque cerca de dois terços da renda dos super-ricos está isenta de qualquer incidência tributária, proporção superior a qualquer outra faixa de rendimento'".

[278] FEITAL, Thiago Álvares. A dependência entre os direitos humanos e o Direito Tributário. *RIL*, Brasília, a. 56, n. 224, p. 37-58, out./dez. 2019. Disponível em: https://www12.senado.leg.br/ril/edicoes/56/224/ril_v56_n224_p37.pdf. Acesso em: 18 set. 2022: "Recentemente, diferentes órgãos das Nações Unidas têm convergido em seus posicionamentos para ressaltar a importância da *progressividade* na estruturação de um sistema tributário compatível com a obrigação de não discriminar".

[279] TAVARES, Nathalia de Andrade Medeiros. *Desigualdades sociais patrimoniais*: como a tributação pode reduzi-las? Rio de Janeiro: Lumen Juris, 2017. p. 161.

[280] INSTITUTO BRASILEIRO DE GEOGRAFIA E ESTATÍSTICA (IBGE). *Rendimento de todas as fontes 2019*. Disponível em: https://biblioteca.ibge.gov.br/visualizacao/livros/liv101709_informativo.pdf. Acesso em: 22 set. 2022.

[281] INSTITUTO DE ENSINO E PESQUISA (INSPER). Diferenciais salariais por raça e gênero para formados em escolas públicas ou privadas. *Policy Paper*, Centro de Gestão e Políticas Públicas, n. 45, jul. 2020. Disponível em: https://www.insper.edu.br/wp-content/uploads/2020/07/Policy-Paper-45.pdf. Acesso em: 13 mar. 2021.

[282] MELO, Luciana Grassano de Gouvêa. A tributação da renda e a invisibilidade da mulher negra no Brasil. *In*: MELO, Luciana Grassano; SARAIVA, Ana Pontes; GODOI, Marciano Seabra de (org.). *Política fiscal e gênero*. Belo Horizonte: Letramento, 2020. p. 25: "O sistema tributário brasileiro, por sua vez, agrava esse quadro, na medida que a progressividade da tributação da renda é baixa, a tabela que explicita as faixas de tributação não é corrigida desde 2015, e como consequência também não é corrigido o valor considerado como faixa de isenção de IRPF – o considerado mínimo existencial, além de que a tributação da renda decorrente do trabalho é mais severamente tributada que a renda do capital, de modo que

exemplo, as mulheres negras) pagam proporcionalmente mais tributos que aquelas com renda mais elevada".[283] E prosseguem os autores afirmando que, diante disso, pode-se concluir que a regressividade do sistema tributário recai sobre as mulheres e sobre as pessoas negras. As estatísticas indicam que as mulheres negras pagam, proporcionalmente, em relação aos seus rendimentos, muitos mais impostos que os homens brancos. Assim, a regressividade é fator de acentuação de desigualdade de gênero.

A estrutura normativa tributária brasileira agrava o cenário de assimetria econômica social, partindo da conclusão incontestável de que a progressividade da tributação não se concretiza, não progride de acordo com a capacidade contributiva.[284] Nas palavras de Luciana Grassano, "[a] regressividade representada pela altíssima tributação do consumo, que onera mais fortemente as mulheres, uma vez que recebem menor renda média e, por conseguinte, comprometem-na mais com o consumo de bens para a subsistência da família".[285]

Segundo acentuado pela professora Tathiane Piscitelli – sendo de primordial importância para este estudo, pois versa sobre a tributação

---

quanto maior a faixa de renda, menor a alíquota efetiva e também menor a participação de mulheres brancas e negras nesses grupos.
Some-se a isso a regressividade representada pela altíssima tributação do consumo, que onera mais fortemente as mulheres, vez que recebem menor renda média e, por conseguinte, comprometem-na mais com o consumo de bens para a subsistência da família.
Essa última situação descrita é muito injusta, tanto pela perspectiva de afronta à isonomia material que representa, já que a tributação do consumo não distingue a capacidade contributiva do contribuinte de fato ou consumidor, onerando todos igualmente, mas também porque, pela forma como a tributação indireta é efetivada no Brasil, o cidadão(a) brasileiro(a) não tem a compreensão de que, ao consumir, está contribuindo para o financiamento do Estado brasileiro, o que não faz despertar a consciência da cidadania, e seus correlatos direitos e deveres, na sociedade".

[283] SALVADOR, Evilasio Silva, YANNOULAS, Silvia Cristina. Orçamento e Financiamento de políticas públicas: questões de gênero e raça. *Revista Feminismos*. v. 1 n. 2, p. 1, maio/ago. 2013. Disponível em: http://www.feminismos.neim.ufba.br/index.php/revista/article/view/19/52. Acesso em: 05 jun. 2022.

[284] SALVADOR, Evilasio Silva, YANNOULAS, Silvia Cristina. Orçamento e Financiamento de políticas públicas: questões de gênero e raça. *Revista Feminismos*. v. 1 n. 2, p. 1, maio/ago. 2013. Disponível em: http://www.feminismos.neim.ufba.br/index.php/revista/article/view/19/52. Acesso em: 05 jun. 2022: "Por outro lado, a regressividade tributária no Brasil não foi ainda devidamente analisada, considerando as dimensões de gênero e raça desigualdades no país. Assim, as categorias gênero e raça têm estado ausentes no debate tributário brasileiro. Nos debates sobre a reforma tributária no Brasil, o gênero não é relevante, indicando que a luta por uma maior igualdade entre os sexos não tem sido associada à incidência tributária".

[285] MELO, Luciana Grassano de Gouvêa. A tributação da renda e a invisibilidade da mulher negra no Brasil. *In:* MELO, Luciana Grassano; SARAIVA, Ana Pontes; GODOI, Marciano Seabra de (Org.). *Política fiscal e gênero*. Belo Horizonte: Letramento, 2020. p. 25.

enquanto força de relativização das assimetrias de gênero –, o arcabouço tributário oferece mecanismos, sendo a maior parte deles refletidos em benefícios fiscais, capazes de minimizar as desigualdades socioeconômicas. Como bem explicitado pela autora, "deve-se reconhecer que as isenções ou alíquota favorecidas para bens e serviços essenciais são elementos centrais para atingir maior igualdade, inclusive da perspectiva de gênero".[286]

Consoante indicam os dados da Secretaria da Receita Federal do Brasil – *Carga Tributária no Brasil 2018 – Análise por Tributos e Bases de Incidência*[287] –, mais de 60% da receita tributária do País é alcançada mediante tributos incidentes, direta ou indiretamente, sobre o consumo. Em 2018, a arrecadação tributária foi constituída da seguinte forma: 44,74% da receita tributária eram oriundos da tributação sobre bens e serviços e apenas 21,62% provinham da receita tributária sobre a renda.[288] Não há dúvidas de que a sistemática arrecadatória que dá origem a apenas um quinto da receita incidente sobre a renda não é progressiva, como deveria ser.

A tributação no Brasil não progride, atingindo de forma mais severa aqueles que possuem maior disponibilidade de recursos para o pagamento das exações.[289] Ao contrário, como a tributação é concentrada

---

[286] PISCITELLI, Tathiane. *Curso de direito tributário*. São Paulo: Thompson Reuters Brasil, 2021. p. 121-122: "Ademais, a seletividade é importante instrumento de mitigação da regressividade inerente a tributação do consumo e de garantia do mínimo existencial. Nesse aspecto, cite-se recente publicação conjunta do Fundo Monetário Internacional da OCDE, da ONU e do Banco Mundial na qual se destaca que, a despeito das vantagens práticas e teóricas de um imposto sobre o consumo de base ampla, que não admita benefícios fiscais, deve-se reconhecer que as isenções ou alíquota favorecidas para bens e serviços essenciais são elementos centrais para atingir maior igualdade, inclusive da perspectiva de gênero".

[287] BRASIL. Secretaria da Receita Federal do Brasil. Centro de Estudos Tributários e Aduaneiros. *Carga Tributária no Brasil 2018* – Análise por Tributos e Bases de Incidência. Março de 2020. Disponível em: https://receita.economia.gov.br/dados/receitadata/estudos-e-tributarios-e-aduaneiros/estudos-e-estatisticas/carga-tributaria-no-brasil/ctb-2018-publicacao-v5.pdf. Acesso em: 06 nov. 2020.

[288] BRASIL. Secretaria da Receita Federal do Brasil. Centro de Estudos Tributários e Aduaneiros. *Carga Tributária no Brasil 2018* – Análise por Tributos e Bases de Incidência. Março de 2020. Disponível em: https://receita.economia.gov.br/dados/receitadata/estudos-e-tributarios-e-aduaneiros/estudos-e-estatisticas/carga-tributaria-no-brasil/ctb-2018-publicacao-v5.pdf. Acesso em: 06 nov. 2020.

[289] OXFAM BRASIL. *País estagnado* – retrato das desigualdades brasileiras. São Paulo: Oxfam Brasil, 2017. Disponível em: https://d335luupugsy2.cloudfront.net/cms%2Ffiles%2F115321%2F16003750051596809622relatorio_desigualdade_2018_pais_estagnado_digital_.pdf. Acesso em: 20 fev. 2021: "O principal empecilho ao aumento da progressividade tributária do IRPF é a existência de isenção de lucros e dividendos desde 1996, por conta da Lei 9.249/1995. Até então, o Brasil tinha 15% de alíquota para esse tipo de rendimento. Sua extinção foi baseada na revisão da bitributação do lucro, uma no âmbito da pessoa jurídica e outra no

nos bens e serviços, no consumo, ela atinge de modo mais agudo, proporcionalmente falando, as pessoas que possuem as mais baixas rendas. E por quê? Porque as pessoas que recebem os rendimentos mais baixos usam todas as suas receitas mensais em consumo,[290] em bens para a sua sobrevivência.

Não há observância do Princípio da Capacidade Contributiva, posto no §1º do art. 145 do texto constitucional, nos termos do qual os impostos deveriam ser graduados de acordo com a capacidade econômica de cada contribuinte,[291] uma vez identificados o patrimônio, os rendimentos e as atividades econômicas do contribuinte. Contudo, diante da sistemática arrecadatória, o princípio é letra morta. Tal como ressaltado nas seções anteriores, a abismal desigualdade socioeconômica é característica marcante da sociedade brasileira e, por isso, a tributação consubstanciada na regressividade, fincada no consumo, intensifica o fosso entre pessoas pobres e ricas.

Para Nathalia de Andrade Medeiros Tavares, "em um país cuja sociedade é composta predominantemente pela classe baixa e média, como o Brasil, a tributação sobre o consumo não poderia ser mais alta que a tributação sobre a renda".[292] Isso logicamente porque a regressividade tributária comprova que os grupos pertencentes às classes menos favorecidas "acabam por recolher os montantes tributários que as classes mais favorecidas deixaram de recolher, gerando o efeito mencionado por Bauman de que o rico fica mais rico e o pobre fica mais pobre".[293]

âmbito da pessoa física, não obstante alguma combinação de tributação de renda de pessoa física e jurídica existir na grande maioria das economias do mundo".

[290] MELO, Luciana Grassano de Gouvêa. A tributação da renda e a invisibilidade da mulher negra no Brasil. *In*: MELO, Luciana Grassano; SARAIVA, Ana Pontes; GODOI, Marciano Seabra de (Org.). *Política fiscal e gênero*. Belo Horizonte: Letramento, 2020. p. 19 e ss.

[291] PISCITELLI, Tathiane. *Curso de direito tributário*. São Paulo: Thompson Reuters Brasil, 2021. p. 123: "Portanto, diante do que foi exposto, é possível concluir que o princípio da capacidade contributiva se pauta pela identificação da capacidade econômica dos contribuintes e, assim, pela manifestação de riqueza. A proporcionalidade, progressividade, seletividade e diferenciação de alíquotas são técnicas para melhor identificação do poder de contribuir dos cidadãos e, assim, temas que complementam a análise do presente princípio".

[292] TAVARES, Nathalia de Andrade Medeiros. *Desigualdades sociais patrimoniais*: como a tributação pode reduzi-las? Rio de Janeiro: Lumen Juris, 2017. p. 161.

[293] TAVARES, Nathalia de Andrade Medeiros. *Desigualdades sociais patrimoniais*: como a tributação pode reduzi-las? Rio de Janeiro: Lumen Juris, 2017. p. 161.

Para Thiago Feital,[294] a regressividade tributária é exemplo patente de discriminação provocada pelo Estado. Conforme reiterado pelo autor, nas leis que compõem o sistema tributário nacional não são previstas alíquotas ou tributos específicos para mulheres e homens; negros, indígenas e brancos; ou ricos e pobres. O impacto da tributação é maior ou menor em grupos sociais distintos, e o resultado desse impacto é de extrema nocividade às minorias que já sofrem os efeitos de uma história de persistente desnível e discrepância estruturais.

Estudo também realizado pelo IBGE – *Pesquisa de Orçamento Familiar (POF) de 2017-18*[295] – corrobora que as mulheres são mais impactadas pela regressividade tributária. Isso porque, tal como apontado na nomeada pesquisa, as mulheres despendem maior percentual de sua renda mensal, se comparadas aos homens, em despesas voltadas para alimentação, habitação, vestuário, higiene e cuidados pessoais, assistência à saúde, inclusive com remédios. São esses os gastos característicos do trabalho de cuidado, que é primordialmente realizado por mulheres e meninas. Em paralelo, os homens têm suas despesas voltadas ao transporte, impostos e aumento do ativo, aquisição de imóveis e investimentos.

Cármen Lúcia vincula de modo inafastável o combate à pobreza e a determinação de que políticas públicas e comportamentos públicos e privados tenham por foco a igualdade.[296] Luciana Grassano é contundente ao afirmar que cabe ao Estado combater a pobreza também por intermédio de políticas públicas de tributação. E a autora continua: "[e]ntretanto, essas políticas públicas precisam ser financiadas, daí porque é importante voltar o olhar para a tributação, a qual oferece a resposta

---

[294] FEITAL, Thiago Álvares. A dependência entre os direitos humanos e o Direito Tributário. *RIL*, Brasília, a. 56, n. 224, p. 46, out./dez. 2019. Disponível em: https://www12.senado.leg.br/ril/edicoes/56/224/ril_v56_n224_p37.pdf. Acesso em: 18 set. 2022.

[295] INSTITUTO BRASILEIRO DE GEOGRAFIA E ESTATÍSTICA (IBGE). *Pesquisa de orçamentos familiares 2017-2018*. Disponível em: https://biblioteca.ibge.gov.br/visualizacao/livros/liv101670.pdf. Acesso em: 20 fev. 2021.

[296] ROCHA, Cármen Lúcia Antunes. Ação afirmativa: o conteúdo democrático do princípio da igualdade jurídica. *Revista de Informação Legislativa*, Brasília, ano 33, n. 131, p. 290, jul./set. 1996: "A pobreza – mais que isso, e bem pior, a miséria, que predomina em bolsões enormes – reduz à total impraticabilidade um dos princípios da República, qual seja, a dignidade da pessoa humana. Até porque a pobreza extrema, qualificada pela miséria, destitui da pessoa a sua própria humanidade. Daí a determinação de se projetarem políticas públicas e comportamentos administrativos públicos e privados (porque a ordem do dispositivo não é para a exclusiva ou única ação das entidades públicas) no sentido válido somente quando permitirem ou se voltarem à erradicação da pobreza e da marginalização".

para como é feita a distribuição do encargo do financiamento do Estado, entre as diversas camadas da população brasileira".[297]

É urgente e imprescindível realizar uma reflexão sobre a participação da tributação atual no agravamento da discrepância de gênero, ou seja, verificar se o repositório normativo tributário, de modo geral, cumpre com a materialização do princípio da igualdade, considerando como referencial as questões de gênero. A discussão jurídica que precisa ser feita, diante do acoplamento entre tributação e gênero, é: o Sistema Tributário brasileiro, ao não objetivar a consubstanciação do princípio constitucional da igualdade, agudiza as desigualdades de gênero?

O arcabouço legislativo tributário brasileiro está, inegavelmente, como dito, calcado na sistemática da regressividade, o que aprofunda e exacerba as diferenças socioeconômicas existentes entre mulheres e homens, brancos e negros.[298] As análises sobre a regressividade e a acentuação das disparidades de gênero são demonstradas em vários trabalhos acadêmicos.[299] Para os autores Cristina Vieceli, Róber Ávila e João Santos, em estudo específico, que faz a análise da *Estrutura tributária brasileira e seus reflexos nas desigualdades de gênero*, "a análise indica ainda a importância de uma reforma tributária não neutra ao

---

[297] MELO, Luciana Grassano de Gouvêa. Para entender o papel da tributação na desigualdade. *In*: MELO, Luciana Grassano de Gouvêa. *Justiça fiscal*: estudos críticos de problemas atuais. Belo Horizonte: Casa do Direito, 2020. p. 30: "Vê-se, portanto, a importância do papel do Estado em, por meio de políticas distributivas de cunho universal, combater a pobreza e a desigualdade de renda. Entretanto, essas políticas públicas precisam ser financiadas, daí porque é importante voltar o olhar para a tributação, a qual oferece a resposta para como é feita a distribuição do encargo do financiamento do Estado, entre as diversas camadas da população brasileira. Se a redução da desigualdade pressupõe políticas públicas, faz-se imprescindível conhecer como o Estado arrecada a receita que o financia e como distribui essa carga na sociedade, porque a partir daí pode-se identificar se a política tributária de dado Estado contribui ou não para a desigualdade e para a concentração de renda e riqueza, que é o que será analisado em seguida".

[298] SALVADOR, Evilasio Silva, YANNOULAS, Silvia Cristina. Orçamento e Financiamento de políticas públicas: questões de gênero e raça. *Revista Feminismos*. v. 1 n. 2, p. 1, maio/ago. 2013. Disponível em: http://www.feminismos.neim.ufba.br/index.php/revista/article/view/19/52. Acesso em: 5 jun. 2022: "Como a carga tributária brasileira é regressiva, pois mais da metade dela incide sobre o consumo, isto é, está embutida nos preços dos bens e serviços, a consequência é que pessoas com menor renda (por exemplo, as mulheres negras) pagam proporcionalmente mais tributos que aquelas com renda mais elevada. Com isto, pode-se concluir que a regressividade do sistema tributário, ou seja, o financiamento das políticas recai sobre as mulheres e os/as negros/as".

[299] MOSTAFA, Joana. *Gênero e tributos no Brasil*. Disponível em: https://www2.camara.leg.br/atividade-legislativa/comissoes/comissoes-permanentes/comissao-de-defesa-dos-direitos-da-mulher-cmulher/arquivos-de-audio-e-video/apresentacao-joana-05.12. Acesso em: 09 nov. 2020.

gênero, ou seja, considerando as desigualdades de inserção de homens e mulheres na sociedade".[300]

A temática abordada pelos autores é convergente com os objetivos desta pesquisa. Isso porque a pretensão é assentar, de modo fundamentado, que há conexão entre a legislação tributária brasileira, suas repercussões e suas possibilidades e as desigualdades de gênero. Como explicitado nesta pesquisa, e também pelos referidos autores, a estrutura tributária nacional reforça as desigualdades de gênero no País, pelo seu caráter regressivo. A manutenção da isenção de impostos sobre a cesta básica e outros bens e serviços garantidores da subsistência da família é de máxima efetividade, tendo em vista, como sublinhado neste texto, o aumento vertiginoso do número de famílias que têm como responsáveis financeiras as mulheres, dadas as diferenças no perfil de consumo por chefatura familiar. A menor incidência, ou quase não incidência, e a isenção de impostos sobre patrimônio, lucros e dividendos também oneram as mulheres que, em regra, não estão nos cargos que alcançam as distribuições de lucros e dividendos.[301]

Cada vez, em um maior número de países, são feitas análises da estruturação dos sistemas tributários e suas possíveis contribuições em relação ao enfrentamento das disparidades de gênero. Tais diagnósticos resultam de estudos, produções acadêmicas e discussões jurídicas acerca da funcionalidade desses conjuntos de normas tributárias. Tal como destacado em artigo recente de Tathiane Piscitelli e outras autoras tributaristas,[302] trabalho que inaugurou a discussão no Brasil, a investigação sobre vieses de gênero em leis tributárias passou a ser objetivo, principalmente, dos países em desenvolvimento. As referidas autoras dão ênfase aos estudos de Janet Gale Stotsky, pioneira na percepção e

---

[300] VIECELI, Cristina Pereira; ÁVILA, Róber Iturriet; CONCEIÇÃO, João Batista Santos. *Estrutura tributária brasileira e seus reflexos nas desigualdades de gênero*. Disponível em: https://ijf.org.br/wp-content/uploads/2020/07/Artigo-Tributa%C3%A7%C3%A3o-e-G%C3%AAnero.pdf. Acesso em: 07 jun. 2022.

[301] VIECELI, Cristina Pereira; ÁVILA, Róber Iturriet; CONCEIÇÃO, João Batista Santos. *Estrutura tributária brasileira e seus reflexos nas desigualdades de gênero*. Disponível em: https://ijf.org.br/wp-content/uploads/2020/07/Artigo-Tributa%C3%A7%C3%A3o-e-G%C3%AAnero.pdf. Acesso em: 07 jun. 2022.

[302] PISCITELLI, Tathiane et al. *Tributação e gênero*. Disponível em: https://www.jota.info/opiniao-e-analise/artigos/tributacao-e-genero-03052019. Acesso em: 5 jan. 2021.

na divulgação de que os vieses de discriminação de gênero podem ser implícitos ou explícitos nas legislações tributárias.[303,304]

E, de acordo com o primeiro dos textos de Janet Stotsky, se os sistemas tributários são reproduções de decisões político-sociais, eles apresentam preconceitos ou vieses de gênero.[305] Segundo a autora, esses vieses são mais claramente visíveis nas hipóteses em que a relação tributária se dá com base na renda ou na riqueza de um indivíduo ou ainda no consumo de bens e serviços. Ela elenca diversos exemplos de vieses de gênero. O primeiro deles, o imposto de renda, pago por pessoas físicas e as deduções, créditos e outras fatores que levam em conta características pessoas do contribuinte e podem conter vieses de gênero.[306] Outro exemplo seriam os sistemas tributários nos quais todos os rendimentos auferidos pelo casal eram considerados propriedade do marido, por uma questão de direito consuetudinário.

Janet Stotsky, precursora na temática, como citado, destaca ainda haver preconceito de gênero em sistemas de declaração conjunta de imposto de renda dos casais. E, na referida hipótese, ela sustenta haver não um viés implícito, mas sim viés explícito de gênero. Isso porque a regra é que a declaração conjunta privilegie os homens, como afirma a autora.[307] À época em que foi elaborado o artigo, a economista registrou

---

[303] STOTSKY, Janet G. *Gender Bias in Tax Systems*. International Monetary Fund. Washington. 1996. Disponível em: https://www.elibrary.imf.org/view/journals/001/1996/099/article-A001-en.xml. Acesso em: 25 nov. 2021.

[304] STOTSKY, Janet. *Sesgos de género en los sistemas tributarios*. Madrid: Instituto de Estudios Fiscales, 2005. p. 2. Disponível em: https://www.ief.es/docs/investigacion/genero/FG_Stotsky.pdf. Acesso em: 25 nov. 2021: "*Ya sea explícito o implícito, el sesgo de género puede considerarse bueno o malo en función de los juicios de valor sobre el comportamiento social o económico que se estima conveniente. Ambas formas de sesgo han sido objeto de reforma en países que procuran alcanzar un sistema de imposición con neutralidad de género. Muchos países en el mundo han reformado el impuesto sobre la renta personal precisamente para eliminar este tipo de sesgo. Varios países de Europa occidental se han esforzado especialmente por quitar todo sesgo de género de sus códigos tributarios. Actualmente, algunos países en desarrollo también están en vías de lograr el mismo objetivo. No obstante, los sesgos explícitos e implícitos siguen ocupando un lugar predominante*".

[305] STOTSKY, Janet G. *Gender Bias in Tax Systems*. International Monetary Fund. Washington. 1996. Disponível em: https://www.elibrary.imf.org/view/journals/001/1996/099/article-A001-en.xml. Acesso em: 25 nov. 2021.

[306] STOTSKY, Janet G. *Gender Bias in Tax Systems*. International Monetary Fund. Washington. 1996. p. 3. Disponível em: https://www.elibrary.imf.org/view/journals/001/1996/099/article-A001-en.xml. Acesso em: 25 nov. 2021: "*Many schedular income taxes do, however, contain elements that relate to personal characteristics of the taxpayer, such as deductions, credits, and so on. In this respect, these taxes might contain explicit gender bias in that the deductions could be linked to the gender of the taxpayer*".

[307] STOTSKY, Janet G. *Gender Bias in Tax Systems*. International Monetary Fund. Washington. 1996. p. 5. Disponível em: https://www.elibrary.imf.org/view/journals/001/1996/099/article-A001-en.xml. Acesso em: 25 nov. 2021: "3. Gender bias under a system of joint filing. In

que o imposto de renda britânico, até 1990, previa que apenas o marido fizesse a declaração conjunta, tal como o sistema tributário francês, até 1983. A Suíça continuava a manter a prática em 1996.[308] Acentuado ainda no texto que havia em alguns sistemas tributários viés de gênero nas declarações de renda conjunta dos casais e conjugada com a aplicação de alíquota maior para as rendas ditas "secundárias", que eram, em regra, das mulheres – *Gender bias against secondary workers*.[309]

As percepções de Corina Rodríguez Enríquez, economista argentina, professora na Faculdade de Ciências Econômicas da Universidade de Buenos Aires (UBA), que concordam com a existência dos vieses implícitos e explícitos na legislação tributária de diversos países, ressaltam as diferentes fórmulas de haver discriminação de gênero, seja ela positiva ou negativa, por meio da tributação.[310] No Brasil, Tathiane Piscitelli e as demais autoras do texto que inicia as reflexões do tema tributação e gênero apontam as conclusões do artigo no sentido de que no Brasil não há formas de discriminação de gênero explícitas, mas há

---

countries with a personal income tax in which married couples are required (or are most likely) to file as a unit, explicit gender discrimination may also be found. Since the taxpaying unit is the couple, explicit discrimination is less frequently found than under a system of individual filing".

[308] STOTSKY, Janet G. *Gender Bias in Tax Systems*. International Monetary Fund. Washington. 1996. p. 6. Disponível em: https://www.elibrary.imf.org/view/journals/001/1996/099/article-A001-en.xml. Acesso em: 25 nov. 2021.

[309] STOTSKY, Janet G. *Gender Bias in Tax Systems*. International Monetary Fund. Washington. 1996. p. 6. Disponível em: https://www.elibrary.imf.org/view/journals/001/1996/099/article-A001-en.xml. Acesso em: 25 nov. 2021. p. 6.

[310] ENRÍQUEZ, Corina Rodríguez. Gastos, tributos e equidade de gênero: uma introdução ao estudo da política fiscal a partir da perspectiva de gênero (2008). *In*: JÁCOME, Márcia Larangeira; VILLELA, Shirley (Orgs.). *Orçamentos sensíveis a gênero*: conceitos. Brasília: ONU Mulheres, 2012. p. 222. Disponível em: http://onumulheres.org.br/wp-content/themes/vibecom_onu/pdfs/orcamentos-conceitos.pdf. Acesso em: 5 jun. 2022: "O estudo da Política Tributária a partir da perspectiva da igualdade de gênero se propõe a uma série de objetivos combinados. Em primeiro lugar, observar se existem discriminações explícitas de gênero na conformação dos sistemas de tributação. Em segundo lugar, estimar se a carga tributária se distribui de tal forma que castiga relativamente mais setores da população relevantes do ponto de vista da igualdade de gênero (por exemplo, lares monoparentais, onde predominam aqueles liderados por mulheres; ou lares pobres, comandados majoritariamente por mulheres; ou lares com duplo provedor de rendimentos, onde tanto a mulher quanto o homem estão inseridos no mercado de trabalho). Em terceiro lugar, avaliar se a Política Tributária consolida, desafia ou deixa sem efeito a situação existente da desigualdade de gênero. Desta forma, existem, ao menos, três espaços onde pode ser refletida a análise de gênero da política e estrutura tributária: i) a discriminação presente na legislação tributária ou na relação entre a forma de implementação dos tributos e as relações de gênero imperantes; ii) a incidência relativa da carga tributária; iii) o impacto dos tributos sobre os comportamentos individuais".

vieses implícitos dessa discriminação.[311] Na mesma direção seguem as conclusões de Isabelle Rocha, afirmando que, "por mais neutra que procure ser a incidência, não há dúvidas de que o Direito Tributário possui influência direta sobre as desigualdades de gênero".[312]

É inegável que a legislação tributária brasileira vigente acentua violentas distinções socioeconômicas de gênero, na medida em que, partindo de premissas estatísticas muito básicas, não faz, por meio de instrumentos extrafiscais, discriminações positivas em relação às mulheres. Discriminações respaldadas no princípio da igualdade e necessárias para corrigir as distorções constatadas de que as mulheres trabalham mais, consideradas as atividades renumeradas ou não, e recebem menores salários, dentro do setor privado.[313]

De tudo o quanto pode ser angariado até este ponto, é adequado dizer que a tributação brasileira, tal como se encontra, não mitiga as diferenças socioeconômicas de gênero. Em sentido diametralmente oposto, aprofunda, agudiza essas distorções. O sistema tributário, em sua perspectiva extrafiscal, deve ser apetrecho jurídico hábil a contribuir em sua minimização, dada a sua função política e social de buscar, nos termos da Constituição, que impõe que o Estado e a sociedade diligenciem pela redução das desigualdades e promoção do bem de todos (art. 3º, III e IV),[314] pela proteção do mercado de trabalho da mulher (art. 7º, XX).[315]

---

[311] PISCITELLI, Tathiane *et al*. *Tributação e gênero*. Disponível em: https://www.jota.info/opiniao-e-analise/artigos/tributacao-e-genero-03052019. Acesso em: 05 jan. 2021.

[312] ROCHA, Isabelle. *Tributação e gênero*: como o imposto de renda da pessoa física afeta as desigualdades entre homens e mulheres. Belo Horizonte: Dialética, 2021. p. 183.

[313] INSTITUTO BRASILEIRO DE GEOGRAFIA E ESTATÍSTICA (IBGE). Tabela 7444 – Rendimento médio mensal real das pessoas de 14 anos ou mais de idade, de todos os trabalhos, a preços médios do último ano, por sexo. *Pesquisa Nacional por Amostra de Domicílios Contínua – PNAD, 2012-2019*. Anos 2019, 2020 e 2021. Disponível em: https://sidra.ibge.gov.br/tabela/7444#resultado. Acesso em: 23 set. 2022.

[314] BRASIL. Constituição da República Federativa do Brasil de 1988. Brasília: Senado Federal, 05 out. 1988. Disponível em: http://www.planalto.gov.br/ccivil_03/constituicao/constituicao.htm. Acesso em: 02 jan. 2022.
"Art. 3º Constituem objetivos fundamentais da República Federativa do Brasil: (...) III – erradicar a pobreza e a marginalização e reduzir as desigualdades sociais e regionais; IV – promover o bem de todos, sem preconceitos de origem, raça, sexo, cor, idade e quaisquer outras formas de discriminação".

[315] BRASIL. Constituição da República Federativa do Brasil de 1988. Brasília: Senado Federal, 05 out. 1988. Disponível em: http://www.planalto.gov.br/ccivil_03/constituicao/constituicao.htm. Acesso em: 02 jan. 2022.
"Art. 7º São direitos dos trabalhadores urbanos e rurais, além de outros que visem à melhoria de sua condição social: (...) XX – proteção do mercado de trabalho da mulher, mediante incentivos específicos, nos termos da lei".

3.2 A elaboração de políticas públicas tributárias – alcances e perspectivas

O conceito de políticas públicas é bastante amplo e não há, para tanto, uma acepção uníssona jurídica ou mesmo em outras áreas do conhecimento. O que se pode afirmar é que política pública é acepção que consubstancia temática transversal, multidisciplinar e que extrapola os fundamentos meramente jurídicos.[316] Tal como dito por Maria Paula Dallari Bucci, que dedicou grande parte de sua pesquisa à referida definição, as políticas públicas estariam vinculadas a uma complexa realização de direitos sociais. Nas palavras explicativas da autora, "[a]s políticas públicas não são, portanto, categoria definida e instituída pelo direito, mas arranjos complexos, típicos da atividade político-administrativa" que a ciência do direito deve se habilitar a descrever, compreender e analisar, de modo a integrar à atividade política os valores e os métodos específicos do universo jurídico.[317]

Ainda que outros autores e autoras sigam citados, é preciso destacar que os referenciais teóricos, que embasam esse trecho concernente à noção de políticas públicas, são Maria Paula Dallari Bucci,[318] cujo trabalho científico consiste em delimitar um conceito de política pública em Direito, e Soraya Vargas Cortes,[319] que, ao abordar o liame que une sociologia e políticas públicas, destaca que a análise da sociedade está

---

[316] BUCCI, Maria Paula Dallari. *Fundamentos para uma teoria jurídica das políticas públicas*. São Paulo: Saraiva, 2013. p. 193.

[317] BUCCI, Maria Paula Dallari. O conceito de política pública em direito. *In*: BUCCI, Maria Paula Dallari. *Políticas públicas*: reflexões sobre o conceito jurídico. São Paulo: Saraiva, 2006. p. 31: "Nesse debate, delineia-se como linha de trabalho mais fecunda a da admissão das políticas públicas como programas de ação destinados a realizar, sejam os direitos a prestações, diretamente, sejam a organização, normas e procedimentos necessários para tanto. As políticas públicas não são, portanto, categoria definida e instituída pelo direito, mas arranjos complexos, típicos da atividade político-administrativa, que a ciência do direito deve estar apta a descrever, compreender e analisar, de modo a integrar à atividade política os valores e métodos próprios do universo jurídico".

[318] BUCCI, Maria Paula Dallari. O conceito de política pública em direito. *In*: BUCCI, Maria Paula Dallari. *Políticas públicas*: reflexões sobre o conceito jurídico. São Paulo: Saraiva, 2006.

[319] CORTES, Soraya Vargas. Sociologia e políticas públicas. *In*: MARQUES, Eduardo; FARIA, Carlos Aurélio Pimenta de (Org.). *A política pública como campo multidisciplinar*. São Paulo: Editora Unesp; Rio de Janeiro: Editora Fiocruz, 2013. p. 50: "A colaboração da Sociologia para a análise dos grupos sociais pode ser dividida em dois tipos de vertentes analíticas: a das identidades sociais e a dos atores. As identidades sociais se referem aos estudos que examinam a constituição de grupos sociais que podem demandar ou ser objeto de políticas públicas".

nas relações entre reconhecimento da construção de identidades, alteridades sociais e as respostas do Estado.

Nos termos da pesquisa da Professora Maria Paula Dallari Bucci,[320] as bases fundamentais para as discussões e as conceituações sobre políticas públicas são os direitos sociais, que transformaram o universo jurídico do século XX, e o fato de que as Constituições romperam os limites da estruturação do poder e das liberdades públicas. Os textos constitucionais passaram a tratar dos direitos fundamentais, em sentido amplo, bem como passaram a dispor especificamente sobre os direitos sociais. Ainda segundo a autora, "[a] necessidade de compreensão das políticas públicas como categoria jurídica apresenta-se à medida que se buscam formas de concretização dos direitos humanos, em particular os direitos sociais".[321] Do estreito dever do Estado quanto à concretização dos direitos sociais decorre a concepção moderna de políticas públicas.

A noção de que o Estado deve se comprometer com a criação de sistemas e fórmulas de modernização, de redução de desigualdade e de inclusão social é diretriz marcante nos estudos de Maria Paula Dallari Bucci.[322] Em sua obra *Fundamentos para uma teoria jurídica das políticas públicas*, a autora explora como as políticas públicas constituem "tecnologia jurídica governamental" para modificação das estruturas que reproduzem o atraso e a desigualdade.[323] Aqui englobados todos os tipos de desigualdade, inclusive as assimetrias, cuja origem guarde pertinência com questões sociais e culturais, tal como se definem as questões de diferenças de gênero.

As políticas públicas são, sem dúvida, os mecanismos por meio dos quais o Estado transforma a realidade da sociedade, de modo a identificar os seus problemas prementes, inseri-los em uma agenda de

---

[320] BUCCI, Maria Paula Dallari. O conceito de política pública em direito. *In*: BUCCI, Maria Paula Dallari. *Políticas públicas*: reflexões sobre o conceito jurídico. São Paulo: Saraiva, 2006.
[321] BUCCI, Maria Paula Dallari. O conceito de política pública em direito. *In*: BUCCI, Maria Paula Dallari. *Políticas públicas*: reflexões sobre o conceito jurídico. São Paulo: Saraiva, 2006. p. 3.
[322] BUCCI, Maria Paula Dallari. *Fundamentos para uma teoria jurídica das políticas públicas*. São Paulo: Saraiva, 2013. p. 26: "A sistematização teórica da abordagem das políticas públicas deve contribuir para a criação de fórmulas de organização e estruturação do Poder Público capazes de melhorar a sua intervenção – tornando-a mais efetiva, racional e compreensível – e acelerar o processo de modernização, de redução da desigualdade e de inclusão social. Busca-se apontar pressupostos teóricos que subsidiem juridicamente tanto a análise como a formulação de políticas públicas, considerando a ação governamental em escala ampla".
[323] BUCCI, Maria Paula Dallari. *Fundamentos para uma teoria jurídica das políticas públicas*. São Paulo: Saraiva, 2013. p. 23.

discussão pública, elaborar a política pública de correção ou de inclusão e avaliar a eficácia da implementação desse procedimento. Como define Maria Paula Dallari Bucci, "[a]s políticas públicas consistem em quadros de ação governamental, arranjos institucionais que expressam o Estado em movimento".[324] E as políticas públicas são respostas do Estado, bem como dos agentes públicos que em seu nome atuam, aos conflitos surgidos no âmbito da coletividade e que possuem nascimentos em vertentes diversas, a exemplo da cultura, da economia, da história e da sociologia. As políticas públicas são, portanto, a institucionalização de formas de mediação de conflitos, de atritos e de tensões sociais.[325]

A ideia de que o Estado tem compromisso máximo e inarredável com a concretização de igualdade social é corroborada e esmiuçada por Nathalia Andrade Medeiros Tavares, em seu livro *Desigualdades sociais patrimoniais: como a tributação pode reduzi-las?*. A autora assinala, de modo contundente, que o Estado é o garantidor de direitos sociais, que, uma vez não implementados ou não garantidos, gerarão contextos de hipossuficiência, o que contrasta com a amplitude dos objetivos do Estado Democrático de Direito.[326] Como acentuado, "a conclusão é a de que os direitos sociais são fundamentais e o Estado deve adotar uma postura presente nas suas garantias. A garantia do mínimo desses direitos torna-se dever inafastável do Estado".[327]

O Brasil é uma realidade marcada pela subjugação feminina, pela divisão sexual do trabalho e pela ínfima representatividade legislativa das mulheres, como evidenciado nos capítulos antecedentes e registrado por números oficias. Políticas públicas que envolvem tributação são essenciais para a realização de direitos das mulheres, que são direitos humanos em essência e que dependem da existência de recursos ou

---

[324] BUCCI, Maria Paula Dallari. *Fundamentos para uma teoria jurídica das políticas públicas*. São Paulo: Saraiva, 2013. p. 27.
[325] BUCCI, Maria Paula Dallari. *Fundamentos para uma teoria jurídica das políticas públicas*. São Paulo: Saraiva, 2013. p. 80.
[326] TAVARES, Nathalia de Andrade Medeiros. *Desigualdades sociais patrimoniais*: como a tributação pode reduzi-las? Rio de Janeiro: Lumen Juris, 2017. p. 37.
[327] TAVARES, Nathalia de Andrade Medeiros. *Desigualdades sociais patrimoniais*: como a tributação pode reduzi-las? Rio de Janeiro: Lumen Juris, 2017. p. 40: "O indivíduo não pode ser obrigado a encontrar essas soluções por si só, cabendo sim a presença do Estado como garantidor de direitos sociais que, no Brasil, são considerados como direitos fundamentais, ou seja, que são indispensáveis de serem garantidos a todas as pessoas. (...) A proteção social e a atuação do Estado na promoção de direitos sociais contemplam um dever do Estado de realizar prestações positivas dos referidos direitos, por suas vezes de aplicabilidade imediata, além de, também, contemplar a parcela de direitos individuais relacionadas".

da indução e estímulo de comportamentos.[328] A intervenção do Estado, para garantir o mínimo de igualdade, é indiscutível e urgente.

Corina Rodríguez Enríquez, ao escrever sobre política tributária e igualdade de gênero, explica, com muita clareza, que não é possível entender o funcionamento do sistema econômico sem considerar as relações de gênero sobre as quais ele se sustenta.[329] É preciso conectar o panorama de gênero à análise econômica. Relações que impõem a hegemonia de um grupo sobre o outro, dos homens sobre as mulheres. "Por esta razão, o estudo da Política Fiscal é fundamental para aqueles com quem estamos preocupados por questões de igualdade distributiva",[330] assevera Corina Rodríguez Enríquez. E a autora ainda sustenta que esse deve ser um dos interesses centrais da "Economia Feminista, corrente de pensamento heterodoxa, que propõe integrar a dimensão de gênero à análise econômica".[331]

Há trabalhos acadêmicos nos quais se indaga se os orçamentos políticos e a tributação refletiriam o interesse em promover políticas públicas que impactam positivamente a igualdade de gênero.[332] Quanto o Estado investe na redução das distorções socioeconômicas entre homens

---

[328] FEITAL, Thiago Álvares. A dependência entre os direitos humanos e o Direito Tributário. *RIL*, Brasília, a. 56, n. 224, p. 37-58, out./dez. 2019. Disponível em: https://www12.senado.leg.br/ril/edicoes/56/224/ril_v56_n224_p37.pdf. Acesso em: 18 set. 2022.

[329] ENRÍQUEZ, Corina Rodríguez. Gastos, tributos e equidade de gênero: uma introdução ao estudo da política fiscal a partir da perspectiva de gênero (2008). *In*: JÁCOME, Márcia Larangeira; VILLELA, Shirley (Orgs.). *Orçamentos sensíveis a gênero*: conceitos. Brasília: ONU Mulheres, 2012. p. 199. Disponível em: http://onumulheres.org.br/wp-content/themes/vibecom_onu/pdfs/orcamentos-conceitos.pdf. Acesso em: 05 jun. 2022: "A política fiscal é uma das ferramentas principais com as quais contam os governos para afetar a distribuição de recursos em um sistema econômico. Por meio de seu gasto público, o Estado provê a população de bens, serviços e transferências. Mediante a Política Tributária, o Estado arrecada os recursos de que necessita para financiar o dito gasto".

[330] ENRÍQUEZ, Corina Rodríguez. Gastos, tributos e equidade de gênero: uma introdução ao estudo da política fiscal a partir da perspectiva de gênero (2008). *In*: JÁCOME, Márcia Larangeira; VILLELA, Shirley (Orgs.). *Orçamentos sensíveis a gênero*: conceitos. Brasília: ONU Mulheres, 2012. p. 199-232. Disponível em: http://onumulheres.org.br/wp-content/themes/vibecom_onu/pdfs/orcamentos-conceitos.pdf. Acesso em: 05 jun. 2022.

[331] ENRÍQUEZ, Corina Rodríguez. Gastos, tributos e equidade de gênero: uma introdução ao estudo da política fiscal a partir da perspectiva de gênero (2008). *In*: JÁCOME, Márcia Larangeira; VILLELA, Shirley (Orgs.). *Orçamentos sensíveis a gênero*: conceitos. Brasília: ONU Mulheres, 2012. p. 199-232. Disponível em: http://onumulheres.org.br/wp-content/themes/vibecom_onu/pdfs/orcamentos-conceitos.pdf. Acesso em: 05 jun. 2022.

[332] ENRÍQUEZ, Corina Rodríguez. Gastos, tributos e equidade de gênero: uma introdução ao estudo da política fiscal a partir da perspectiva de gênero (2008). *In*: JÁCOME, Márcia Larangeira; VILLELA, Shirley (Orgs.). *Orçamentos sensíveis a gênero*: conceitos. Brasília: ONU Mulheres, 2012. p. 199-232. Disponível em: http://onumulheres.org.br/wp-content/themes/vibecom_onu/pdfs/orcamentos-conceitos.pdf. Acesso em: 05 jun. 2022.

e mulheres? Quais respostas tributárias estão sendo desenvolvidas neste momento, a fim de aproximar as chances de ocupação e de evolução no mercado de trabalho pelas mulheres? De que modo a sociedade e o Estado estão unidos para dar corpo às determinações de igualdade e fomentar o adequado desenvolvimento do mercado de trabalho da mulher? Políticas públicas que foquem a mitigação das desigualdades de gênero devem ser institucionalizadas e concretizadas.

Uma vertente que aqui precisa ser destacada é aquela contida tanto em textos científicos quanto em trabalhos feministas, que indicam outras diretrizes de políticas públicas a serem adotadas para a redução da desigualdade de gênero, distintas da inserção das mulheres no mercado de trabalho. Diante dos estudos sobre o uso do tempo e as desigualdades de gênero, nos quais ficam nítidas as dificuldades de conciliação de tarefas e a sobrecarga das mulheres, há reivindicações que se projetam no sentido da remuneração do trabalho de cuidado, como mencionado no Capítulo 1, seção em que é abordado o trabalho invisível. Silvia Federici,[333,334] Angela Davis[335] e outras autoras[336] defendem a necessidade de remuneração do trabalho de cuidado.

---

[333] FEDERICI, Silvia. *O ponto zero da Revolução*: trabalho doméstico, reprodução e luta feminista. Trad. Coletivo Sycorax. São Paulo: Elefante, 2018.

[334] FEDERICI, Silvia. *Calibã e a Bruxa*: mulheres, corpo e acumulação primitiva. Trad. Coletivo Sycorax. São Paulo: Elefante, 2017.

[335] DAVIS, Angela. *Mulheres, raça e classe*. Trad. Heci Regina Candiani. São Paulo: Boitempo, 2016. p. 233: "A insuficiência, se não a ausência, de uma discussão pública sobre a viabilidade de transformar as tarefas domésticas em algo socialmente possível é um testemunho dos poderes ofuscantes da ideologia burguesa. O caso não é que o papel doméstico das mulheres não tem recebido nenhuma atenção. Pelo contrário, o movimento de mulheres contemporâneo tem representado as tarefas domésticas como elementos essenciais da opressão feminina. Há, inclusive, um movimento em vários países capitalistas cuja principal preocupação é a situação de opressão das donas de casa. Após chegar à conclusão de que as tarefas domésticas são degradantes e opressivas principalmente porque constituem trabalho não remunerado, esse movimento lançou a reivindicação por salários. Um pagamento semanal do governo, argumentam as ativistas, é a chave para melhorar a condição da dona de casa e a posição social das mulheres em geral".

[336] BARAJAS, Maria de la Paz López. Avanços na América Latina na medição e valoração do trabalho não remunerado realizado pelas mulheres. *In*: FONTOURA, Natália; ARAÚJO, Clara (Orgs.). *Uso do tempo e gênero*. Rio de Janeiro: UERJ, 2016. p. 21-42: "Nesse sentido, é necessária uma virada em direção a um novo modelo de compreensão e abordagem do trabalho não remunerado, que o conceba numa perspectiva de responsabilidade social, o que envolve a participação central do Estado, das empresas e da sociedade, em geral. Este modelo supõe a responsabilidade estatal de, por um lado, conceber e lançar políticas públicas que permitam liberar as mulheres de sua sobrecarga de trabalho e tempo e, por outro lado, de realizar ações destinadas a valorar o trabalho não remunerado, numa perspectiva cultural, social, econômica e política".

A temática é densa e merece, como tem sido feito, ser objeto de estudos e pesquisas para a sua adequada implementação. No entanto, o pagamento pela realização do trabalho de cuidado não inviabiliza as conclusões construídas e defendidas neste texto – as imprescindíveis inserção e progressão profissionais das mulheres e a inarredável responsabilidade do Estado quanto à elaboração de políticas públicas, que deem concretude a essa demanda.

Sobre a adequação da remuneração do trabalho de cuidado, Angela Davis diz que, "após chegar à conclusão de que as tarefas domésticas são degradantes e opressivas principalmente porque constituem trabalho não remunerado, esse movimento lançou a reivindicação por salários".[337] É preciso ressaltar que muitas tarefas relacionadas ao trabalho de cuidado devem ser assumidas pelo Estado e são de responsabilidade coletiva. Desse modo, faz-se necessário politizar essa discussão. Mecanismos viáveis e urgentes para a desoneração das mulheres do trabalho de cuidado seriam creches, locais de acolhimento de idosos, restaurantes comunitários, entre outros.[338]

Do mesmo modo, cabe não só à sociedade civil, mas precipuamente ao Estado a mudança política e cultural da mentalidade que ainda projeta majoritariamente sobre as mulheres o cumprimento de tais tarefas invisíveis e não remuneradas – o trabalho reprodutivo das mulheres.[339] A concepção da remuneração do trabalho de cuidado não interdita o desenvolvimento de ferramental a incentivar a contratação de mulheres. São, ao que tudo indica, medidas que podem se complementar.

Os dados oficiais indicam que há um fosso entre a situação social e econômica da mulher em relação ao homem, de modo que a hegemonia de forças seja uma constante masculina e branca. A conceituação de política pública é mais ampla do que apenas a ótica jurídica, de modo que arranjos culturais e históricos devem ser remediados por escolha

---

[337] DAVIS, Angela. *Mulheres, raça e classe*. Trad. Heci Regina Candiani. São Paulo: Boitempo, 2016. p. 23.

[338] BANDEIRA, Lourdes Maria; PRETURLAN, Renata Barreto. As pesquisas sobre uso do tempo e a promoção da igualdade de gênero no Brasil. *In*: FONTOURA, Natália; ARAÚJO, Clara (Orgs.). *Uso do tempo e gênero*. Rio de Janeiro: UERJ, 2016. p. 43-59.

[339] FEDERICI, Silvia. *O ponto zero da Revolução*: trabalho doméstico, reprodução e luta feminista. Trad. Coletivo Sycorax. São Paulo: Elefante, 2018. p. 20: "A confrontação com o 'trabalho reprodutivo' – entendido, primeiramente, como trabalho doméstico".

do Estado, como referido.[340] Políticas públicas de correção da distorção de gênero possuem raízes constitucionais para sua implementação. Há que se buscar a alteração da realidade social preexistente. Clara Menezes destaca que, esvaziadas de uma natureza transformadora, as políticas públicas ficarão condicionadas a opções políticas e institucionais anteriores e reforçarão a hegemonia masculina.[341]

Este trabalho não tem por finalidade, tendo em conta a limitação da análise, abordar, para além das questões de gênero, as questões de raça, muito embora seja nítida e comprovada estatisticamente a interseccionalidade das temáticas. Desde as primeiras páginas deste texto foram realçadas as vulnerabilidades socioeconômicas das mulheres negras que são maiores em um comparativo com as mulheres brancas.[342] É incontestável que a parcela feminina negra no Brasil é a mais atingida pela regressividade tributária, que impacta de modo mais gravoso quem tem menor disponibilidade financeira.[343] E são as mulheres negras as trabalhadoras com as remunerações mais baixas[344] (44,4% do salário de um homem branco, em média).

---

[340] BUCCI, Maria Paula Dallari. O conceito de política pública em direito. *In*: BUCCI, Maria Paula Dallari. *Políticas públicas*: reflexões sobre o conceito jurídico. São Paulo: Saraiva, 2006. p. 3-4.

[341] MENEZES, Clara. Ruth Ginsburg e o papel das instituições na igualdade de gênero. *In*: RANI, Herta; PITA, Juliana (Orgs.). *O poder feminino*: entre percursos e desafios. Análises sobre políticas públicas, liderança feminina e tributação. Belo Horizonte: Arraes Editores, 2021. p. 7-20: "Por seu turno, o institucionalismo histórico ensina que os resultados de políticas públicas não são apenas o resultado direto de forças sociais e grupos de interesse, mas também estão delimitadas por arranjos e situações preexistentes, e essa noção é bastante útil à corrente feminista, pois consegue estudar os resultados sociais atuais tendo em vista a influência das limitações históricas que as mulheres suportaram. A ideia de dependência do caminho (*path-dependence*) transmite a compreensão de que o caminho percorrido são os concebidos como plausíveis de como as coisas acontecem, e a trajetória é definida como uma sequência de escolhas condicionadas por opções anteriores, com tendência a reforçá-las sem que esta consequência seja considerada pelos agentes que tomam a decisão".

[342] DAVIS, Angela. *Mulheres, raça e classe*. Trad. Heci Regina Candiani. São Paulo: Boitempo, 2016.

[343] MELO, Luciana Grassano de Gouvêa. A tributação da renda e a invisibilidade da mulher negra no Brasil. *In*: MELO, Luciana Grassano; SARAIVA, Ana Pontes; GODOI, Marciano Seabra de (Org.). *Política fiscal e gênero*. Belo Horizonte: Letramento, 2020. p. 25.

[344] INSTITUTO DE ENSINO E PESQUISA (INSPER). Diferenciais salariais por raça e gênero para formados em escolas públicas ou privadas. *Policy Paper*, Centro de Gestão e Políticas Públicas, n. 45, jul. 2020. Disponível em: https://www.insper.edu.br/wp-content/uploads/2020/07/Policy-Paper-45.pdf. Acesso em: 13 mar. 2021.

Partindo dessas premissas e diante das conclusões alcançadas também por outros pesquisadores e pesquisadoras,[345,346] é possível afirmar que as desigualdades de gênero atingem as mulheres negras de modo distinto, como revelado por estudos oficiais já mencionados. A interseccionalidade que duplamente atravessa esse grupo de pessoas, são mulheres e são negras, é suporte fático suficiente para que políticas públicas tributárias específicas sejam direcionadas a elas.[347] São demandas distintas, que merecem respostas direcionadas e não genéricas.

Se as políticas públicas são formas de manifestações do Estado intimamente relacionadas a materializações de direitos sociais e se há o reconhecimento amplo de que as desigualdades de gênero dependem de respostas estatais para a sua mitigação, não há dúvidas de que devem ser elaboradas ações públicas com esse fim específico. Podem elas ser, inclusive, reivindicadas, como afirmado por Corina Rodríguez Enríquez.[348] Para a autora, é inarredável que a avaliação das políticas direcionadas à igualdade identifique os elementos de gênero explícitos e implícitos em seus objetivos, seu desenho, suas características.[349] Esse

---

[345] MELO, Luciana Grassano de Gouvêa. A tributação da renda e a invisibilidade da mulher negra no Brasil. *In*: MELO, Luciana Grassano; SARAIVA, Ana Pontes; GODOI, Marciano Seabra de (Org.). *Política fiscal e gênero*. Belo Horizonte: Letramento, 2020. p. 15-29.

[346] SALVADOR, Evilasio Silva, YANNOULAS, Silvia Cristina. Orçamento e Financiamento de políticas públicas: questões de gênero e raça. *Revista Feminismos*, v. 1 n. 2, p. 1, maio/ago. 2013. Disponível em: http://www.feminismos.neim.ufba.br/index.php/revista/article/view/19/52. Acesso em: 05 jun. 2022.

[347] COLLINS, Patricia Hill, BILGE, Sirma. *Interseccionalidade*. Trad. Rane Souza. São Paulo: Boitempo, 2021. p. 46: "O movimento de mulheres afro-brasileiras mostra que os movimentos sociais constituem importantes respostas políticas aos padrões nacionais de desigualdade social, no caso em questão, as interseções de racismo, sexismo, exploração de classe e identidade nacional. A intersecciona-lidade, ao reconhecer que a desigualdade social raramente é causada por um único fator, adiciona camadas de complexidade aos entendimentos a respeito da desigualdade social. Usar a interseccionalidade como ferramenta analítica vai muito além de ver a desigualdade social através de lentes exclusivas de raça ou classe; em vez disso, entende-se a desigualdade social através das interações entre as várias categorias de poder".

[348] ENRÍQUEZ, Corina Rodríguez. Gastos, tributos e equidade de gênero: uma introdução ao estudo da política fiscal a partir da perspectiva de gênero (2008). *In*: JÁCOME, Márcia Larangeira; VILLELA, Shirley (Orgs.). *Orçamentos sensíveis a gênero*: conceitos. Brasília: ONU Mulheres, 2012. p. 208. Disponível em: http://onumulheres.org.br/wp-content/themes/vibecom_onu/pdfs/orcamentos-conceitos.pdf. Acesso em: 05 jun. 2022: "Para poder compreender o impacto de gênero, real ou potencial, das políticas públicas, o que se requer é analisar suas características e seus conteúdos à luz da maneira segundo a qual desafia, consolida ou deixa sem modificação a igualdade de gênero. Quer dizer, o que se reivindica é a avaliação das políticas públicas com enfoque de igualdade de gênero".

[349] ENRÍQUEZ, Corina Rodríguez. Gastos, tributos e equidade de gênero: uma introdução ao estudo da política fiscal a partir da perspectiva de gênero (2008). *In*: JÁCOME, Márcia Larangeira; VILLELA, Shirley (Orgs.). *Orçamentos sensíveis a gênero*: conceitos. Brasília:

mapeamento é essencial para que sejam indicadas as ações públicas mais eficientes para a transformação socioeconômica das mulheres e meninas.

São diversas e diferentes as frentes de enfrentamento das assimetrias de gênero. Mantêm-se, entretanto, como foco deste texto as desigualdades pertinentes ao mercado de trabalho, suas repercussões socioeconômicas e a vulnerabilidade da parcela feminina da população brasileira. O mercado de trabalho da mulher precisa ser incentivado e políticas públicas relacionadas à tributação são, igualmente, mecanismos de extrema eficiência para essa finalidade, qual seja, fomentar a participação das mulheres em ambientes de atividades remuneradas.

3.3 Igualdade de gênero, discriminação positiva e tributação

Examinados os impactos advindos da oposição entre os gêneros, comprovado está que o mercado de trabalho é o reflexo da supremacia masculina e branca, considerando os salários, a ascensão nas carreiras, o gênero das pessoas que ocupam cargos de chefia e de gestão, as horas de trabalho remuneradas e não remuneradas e a raça das mulheres que integram o grupo de trabalhadoras com condições menos depreciativas.[350]

Em pesquisa recente divulgada pelo IBGE, por meio da Pesquisa Nacional por Amostra de Domicílios Contínua – PNAD, a conclusão é de que na distribuição percentual de pessoas desocupadas por sexo, no 2º trimestre de 2022, 54,6% delas são mulheres. Os homens são atingidos em uma taxa de 45,4%.[351] O mercado de trabalho brasileiro, segundo o relatório *The Global Gender Gap Index 2020 rankings*, do Fórum

---

ONU Mulheres, 2012. p. 203. Disponível em: http://onumulheres.org.br/wp-content/themes/vibecom_onu/pdfs/orcamentos-conceitos.pdf. Acesso em: 05 jun. 2022: "Incorporar à análise das políticas econômicas a dimensão da igualdade de gênero permite potencializar seu entendimento, assim como avaliar mais acertadamente seus impactos reais. Adotar este olhar para o estudo das políticas fiscais, em particular, implica indagar sobre a seguinte pergunta central: determinada medida de Política Fiscal reduz, incrementa ou deixa sem mudanças a desigualdade de gênero?".

[350] INSTITUTO DE ENSINO E PESQUISA (INSPER). Diferenciais salariais por raça e gênero para formados em escolas públicas ou privadas. *Policy Paper*, Centro de Gestão e Políticas Públicas, n. 45, jul. 2020. Disponível em: https://www.insper.edu.br/wp-content/uploads/2020/07/Policy-Paper-45.pdf. Acesso em: 13 mar. 2021.

[351] INSTITUTO BRASILEIRO DE GEOGRAFIA E ESTATÍSTICA (IBGE). Taxa de desocupação. *Pesquisa Nacional por Amostra de Domicílios Contínua – PNAD*. Disponível em: https://www.ibge.gov.br/estatisticas/sociais/trabalho/9173-pesquisa-nacional-por-amostra-de-domicilios-continua-trimestral.html?edicao=34635&t=destaques. Acesso em: 04 set. 2022.

Econômico Mundial,[352] ocupa a 130ª posição em relação à igualdade salarial entre homens e mulheres que exercem funções semelhantes, em um ranking com 153 países.

Enfaticamente, a Constituição Federal de 1988 determina a necessária simetria de condições sociais, econômicas e jurídicas entre homens e mulheres, por isso, como já suscitado, todos os microssistemas jurídicos estão vinculados ao ideário de igualdade de gênero contido na Constituição. É preciso buscar efetivamente a concretude da igualdade de gênero, o que sugere também, como já reportado, uma estreita vinculação entre políticas públicas, discriminação positiva e direitos humanos.[353]

E, por intermédio de políticas públicas que dão tangibilidade aos direitos sociais e que envolvem todas as esferas dos três Poderes e todos os agentes públicos, deve ser materializada a proteção do mercado de trabalho da mulher, tal como prescrito pela diretriz de ideais constitucional e pelos preceitos, de compreensão clara, nela inseridos. É o que determina a conjugação do princípio da igualdade, dos objetivos fundamentais da República Federativa do Brasil e das diretrizes dos já citados incisos XX e XXX do art. 7º da Constituição. "O que se reivindica é a avaliação das políticas públicas com enfoque de igualdade de gênero",[354] afirma Corina Rodríguez Enríquez.

O sistema tributário, que deve guardar conformidade absoluta com os valores constitucionais, é também um sistema aberto, dinâmico, em construção, como todo e qualquer sistema normativo precisa ser – um sistema de valores abertos. Não há mais espaço ou conveniência para um sistema tributário desvinculado da Constituição. Deve ele ter aderência com a realidade social e econômica. De acordo com Ricardo Lobo Torres, "[a] abertura do sistema de valores consiste, afinal de contas, na pluralidade de opções que se oferecem a obra do legislador ordinário, com a intermediação dos princípios constitucionais

---

[352] WORLD ECONOMIC FORUM. *Global Gender Gap Report 2020*. Disponível em: https://www3.weforum.org/docs/WEF_GGGR_2020.pdf. Acesso em: 04 set. 2022.

[353] CAPRARO, Chiara. Direito das mulheres e Justiça fiscal. Por que a política tributária deve ser tema da luta feminista. *Revista Internacional de Direitos Humanos*, Sur 24, v. 13, n. 24, p. 17-26, 2016. Disponível em: https://sur.conectas.org/wp-content/uploads/2017/02/1-sur-24-por-chiara-capraro.pdf. Acesso em: 16 mar. 2021.

[354] ENRÍQUEZ, Corina Rodríguez. Gastos, tributos e equidade de gênero: uma introdução ao estudo da política fiscal a partir da perspectiva de gênero (2008). *In*: JÁCOME, Márcia Larangeira; VILLELA, Shirley (Orgs.). *Orçamentos sensíveis a gênero*: conceitos. Brasília: ONU Mulheres, 2012. p. 208. Disponível em: http://onumulheres.org.br/wp-content/themes/vibecom_onu/pdfs/orcamentos-conceitos.pdf. Acesso em: 05 jun. 2022.

tributários".[355] O Estado Fiscal moderno já carrega valores básicos de liberdade, de justiça, de igualdade e de segurança.

3.3.1 A extrafiscalidade e o papel indutor da tributação na promoção da igualdade

A tributação desdobra-se em duas dimensões que se complementam. Há uma dimensão relativa à obtenção de recursos, que se destinam ao custeio das atividades do Estado, uma vez que a vida social organizada depende necessariamente da tributação e das receitas tributárias.[356] A complexidade das funções estatais demanda fórmulas de arrecadação. É importante indicar com nitidez o modelo de Estado que se avalia. Isso é, Estados de bem-estar, que pretendem justiça social, necessitam de mais receitas do que Estados construídos sob as premissas do liberalismo clássico. E, nas palavras de Eros Grau, a Constituição do Brasil de 1988 é um modelo de bem-estar.[357]

O Brasil é um Estado Democrático de Direito regido por uma nova ordem constitucional instaurada e delineada em 1988, um novo paradigma e uma nova realidade.[358] Esse aspecto que correlaciona a nova *performance* das ações estatais, desde 1988, a elas vinculando a cidadania ativa e o mínimo para exercê-la, é o objeto de estudo de Ricardo Lobo Torres. O professor, ao dar ênfase às mudanças de perspectiva advindas desse novo cenário constitucional, conclui que "[n]o Estado Democrático de Direito, assume também especial relevância o *status positivus socialis*, que fixa o relacionamento a partir da cidadania ativa e das prestações públicas garantidas pelo orçamento, que transcendem

---

[355] TORRES, Ricardo Lobo. *Tratado de direito constitucional financeiro e tributário*: valores e princípios constitucionais tributários. 2. ed. Rio de Janeiro: Renovar, 2014. p. 42.

[356] HOLMES, Stephen; SUNSTEIN, Cass R. *O custo dos direitos*: por que a liberdade depende dos impostos. Trad. Marcelo Brandão Cipolla. São Paulo: Martins Fontes, 2019.

[357] GRAU, Eros Roberto. *A Ordem Econômica na Constituição de 1988*: interpretação e crítica. 8. ed. São Paulo: Malheiros, 2003. p. 37.

[358] PRADO, Anna Priscylla Lima. *Controle de constitucionalidade estruturante: um desafio à superação das crises do Sistema Democrático Brasileiro*. São Paulo: Dialética, 2022. p. 25: "O Estado Brasileiro de 1988 arquitetado através de uma Constituição que inaugura na nossa história constitucional uma nova era, um novo tempo de transformações sociais com o olhar visionário para construção de uma sociedade solidária, garantista de direitos fundamentais, comprometida com a erradicação da pobreza e com a redução das desigualdades sociais e regionais diante do estabelecimento de uma política de desenvolvimento econômico nacional e que concretize a liberdade de se viver de forma plural sem qualquer forma de preconceito de raça, gênero, orientação sexual, cor, etnia repudiando assim quaisquer atos discriminatórios por parte das instituições estatais ou da sociedade civil organizada".

o mínimo existencial".[359] E, como acentuado por Anna Priscylla Prado, "do ponto de vista fiscal, a Constituição de 1988 desenhou um sistema tributário nacional comprometido com a concretização dos valores constitucionais e com a efetivação dos direitos fundamentais".[360] Tendo como ponto de partida o compromisso do Estado na alteração positiva da sociedade, para a materialização de maior garantia de direitos sociais, é relevante fixar que a concepção de políticas públicas é delineada a partir da atualidade das demandas sociais. Essa é uma premissa essencial à discussão da temática, como já mencionado. As instituições políticas são acionadas por uma diversidade de atores, que cobram respostas, em regra, aos seus problemas socioeconômicos. Tal como esclarecido por Soraya Vargas Cortes, "[o]s modelos analíticos neoinstitucionalistas são provavelmente hoje a referência teórica mais importante para o estudo de políticas públicas. Eles visam entender o papel da arquitetura institucional".[361] As regras institucionais são capazes de estimular ou de limitar as opções de condutas, que podem ser comportamentos de indivíduos e organizações. Para tanto, servem os mecanismos de incentivo ou de sanção.

A tributação exerce um fortíssimo papel regulador no Brasil. Isso é inegável. E podem ser citados como tributos regulatórios impostos que incidem sobre a importação, sobre a exportação, sobre as operações financeiras e sobre produtos industrializados. Mediante a tributação, o Estado incentiva e estimula comportamentos, inibe os indesejáveis, intervém de modo mais direto na organização econômica, ou seja, corrige disfunções. E, por uma questão de lógica jurídica, é cabível a relação que se tem entre a tributação e fórmulas de correção das disfunções de gênero.

---

[359] TORRES, Ricardo Lobo. *O direito ao mínimo existencial*. Rio de Janeiro: Renovar, 2009. p. 183-184.

[360] PRADO, Anna Priscylla Lima. *Controle de constitucionalidade estruturante: um desafio à superação das crises do Sistema Democrático Brasileiro*. São Paulo: Dialética, 2022. p. 48.

[361] CORTES, Soraya Vargas. Sociologia e políticas públicas. *In*: MARQUES, Eduardo; FARIA, Carlos Aurélio Pimenta de (Org.). *A política pública como campo multidisciplinar*. São Paulo: Editora Unesp; Rio de Janeiro: Editora Fiocruz, 2013. p. 55: "Os modelos analíticos neoinstitucionalistas são provavelmente hoje a referência teórica mais importante para o estudo de políticas públicas. Eles visam entender o papel da arquitetura institucional – que estrutura as interações e as transações que acontecem na arena política – na determinação de resultados sociais e políticos. O pressuposto central é o de que as regras institucionais, os procedimentos e as convenções moldam as preferências individuais e estimulam ou limitam as opções de comportamento de indivíduos e organizações por meio de certos mecanismos de incentivo ou de sanção".

Afirmam Cristina Pereira Vieceli, Róber Iturriet Ávila e João Batista Conceição que a mitigação das desigualdades sociais e a redistribuição de renda devem ser realizadas por meio da política tributária, questões que correlacionam a forma como a sociedade tributa com a manutenção ou diminuição das desigualdades sociais.[362] E concluem os autores, tratando especificamente sobre a temática tributação e gênero, que "a estrutura tributária brasileira, pelo seu caráter regressivo, reforça as desigualdades de gênero no país".[363]

Na perspectiva da função da indução de comportamentos, mediante a concessão de incentivos, Eros Grau leciona de modo esclarecedor sobre a questão, indicando que cabe ao Estado promover políticas públicas que estimulem a sociedade civil, que tenham carga premial – direito premial –, que demonstrem as vantagens da adesão ao programa, tanto para o agente econômico quanto para a coletividade. Conforme as suas lições, "[a]o destinatário da norma resta aberta a alternativa de não se deixar por ela seduzir, deixando de aderir à prescrição nela veiculada".[364] Todavia, manifestada a vontade de aderir ao incentivo, restará juridicamente vinculado às condições da adesão.

---

[362] VIECELI, Cristina Pereira; ÁVILA, Róber Iturriet; CONCEIÇÃO, João Batista Santos. *Estrutura tributária brasileira e seus reflexos nas desigualdades de gênero*. p. 27. Disponível em: https://ijf.org.br/wp-content/uploads/2020/07/Artigo-Tributa%C3%A7%C3%A3o-e-G%C3%AAnero.pdf. Acesso em: 07 jun. 2022.

[363] VIECELI, Cristina Pereira; ÁVILA, Róber Iturriet; CONCEIÇÃO, João Batista Santos. *Estrutura tributária brasileira e seus reflexos nas desigualdades de gênero*. p. 59. Disponível em: https://ijf.org.br/wp-content/uploads/2020/07/Artigo-Tributa%C3%A7%C3%A3o-e-G%C3%AAnero.pdf. Acesso em: 07 jun. 2022.

[364] GRAU, Eros Roberto. *A Ordem Econômica na Constituição de 1988*: interpretação e crítica. 8. ed. São Paulo: Malheiros, 2003. p. 127-128: "No caso das normas de intervenção por indução defrontamo-nos com preceitos que, embora prescritivos (deônticos), não são dotados da mesma carga de cogência que afeta as normas de intervenção por direção. Trata-se de normas dispositivas. Não, contudo, no sentido de suprir a vontade dos seus destinatários, porém, na dicção de Modesto Carvalhosa, no de 'levá-lo a uma opção econômica de interesse coletivo e social que transcende os limites do querer individual'. Nelas, a sanção, tradicionalmente manifestada como comando, é substituída pelo expediente do convite – ou, como averba Washington Peluso Albino de Souza – de 'incitações, dos estímulos, dos incentivos, de toda ordem, oferecidos, pela lei, a quem participe de determinada atividade de interesse geral e patrocinada, ou não, pelo Estado'. Ao destinatário da norma resta aberta a alternativa de não se deixar por ela seduzir, deixando de aderir à prescrição nela veiculada. Se adesão a ela manifestar, no entanto, resultará juridicamente vinculado por prescrições que correspondem aos benefícios usufruídos em decorrência dessa adesão. Penetramos, aí, o universo do direito premial.
A sedução à adesão ao comportamento sugerido é, todavia, extremamente vigorosa, dado que os agentes econômicos por ela não tangidos passam a ocupar posição desprivilegiada nos mercados. Seus concorrentes gozam, porque aderiram a esse comportamento, de uma situação de donatário de determinado bem (redução ou isenção de tributo, preferência à

É essencial que a tributação funcione como instrumental do Estado de propagação de redistribuição de justiça social. Por isso, como fixado por Tathiane Piscitelli, "nos termos em que já mencionado anteriormente, entende-se que o papel fundamental da tributação está na promoção de justiça distributiva".[365] Para além da função arrecadatória que alcança diretamente o patrimônio do contribuinte, há que se ressaltar e acentuar a relevância da função extrafiscal da tributação. No mesmo sentido, como ponderado por Isabelle Rocha, "a extrafiscalidade é função do tributo, que não se resume à contraposição à função meramente arrecadatória, mas se complementa como elemento de política tributária de promoção da justiça".[366]

E se a tributação, enquanto manifestação concreta do Estado, pode e deve corrigir distorções sociais, é preciso que políticas públicas sejam desenvolvidas nesse exato sentido, como múltiplas vezes neste texto mencionado. É papel da tributação ser arranjo normativo de distribuição de justiça fiscal, que, irremediavelmente, se traduzirá em justiça social. A vinculação da tributação com a diretriz constitucional da igualdade é condicionante para a existência de um Estado Democrático de Direito.

E, ao escrever sobre os modos de ingerência do Estado e sobre ingerência na realidade econômica da sociedade e ampliação de direitos, Maria Paula Dallari Bucci afirma não haver outro modelo jurídico de materialização de políticas públicas que não seja a atuação intervencionista do Estado.[367] Para a materialização de direitos sociais, há a necessidade de atuações estatais positivas. As bases fundamentais para as discussões e as conceituações sobre políticas públicas são os direitos sociais, que transformaram o universo jurídico do século XX, e o fato de que as Constituições romperam os limites da estruturação do poder e das liberdades públicas.

As disposições constitucionais passaram a tratar dos direitos fundamentais em sentido amplo, bem como passaram a assentar especificamente os direitos sociais. Consoante já mencionado, segundo Maria Paula Dallari Bucci, "[a] necessidade de compreensão das políticas

---

obtenção de crédito, subsídio, *v.g.*), o que lhes confere melhores condições de participação naqueles mesmos mercados".

[365] PISCITELLI, Tathiane. *Curso de direito tributário*. São Paulo: Thompson Reuters Brasil, 2021. p. 130.

[366] ROCHA, Isabelle. *Tributação e gênero*: como o imposto de renda da pessoa física afeta as desigualdades entre homens e mulheres. Belo Horizonte: Dialética, 2021. p. 119.

[367] BUCCI, Maria Paula Dallari. O conceito de política pública em direito. *In*: BUCCI, Maria Paula Dallari. *Políticas públicas*: reflexões sobre o conceito jurídico. São Paulo: Saraiva, 2006.

públicas como categoria jurídica se apresenta à medida que se buscam formas de concretização dos direitos humanos, em particular os direitos sociais".[368] Do estreito dever do Estado quanto à concretização dos direitos sociais[369] decorre a concepção moderna de políticas públicas.

É real a necessidade de direcionamento das políticas públicas para a redução das distorções socioeconômicas de gênero. A mulher precisa ser inserida no mercado de trabalho e, uma vez tendo conquistado esse objetivo, é exigida uma diretiva efetiva da empresa ou instituição de progressão dentro da carreira, para que não sejam apenas os postos remunerados com menores salários aqueles ocupados por mulheres. E, se as empresas precisam de estímulos para efetuar essas contratações direcionadas, necessitam de fomento que venha do Estado.[370]

O Estado, diante da identificação das demandas sociais, deve planejar as políticas públicas que poderão solucioná-las. É esperado que sejam ações estatais adequadamente planejadas, estudadas e discutidas. Entre os poucos autores que trataram do tema do planejamento das políticas públicas pelo ângulo do direito no Brasil, Eros Grau expõe como noções distintas o planejamento do desenvolvimento nacional e o planejamento da ação estatal.[371] O planejamento da ação estatal, de

---

[368] BUCCI, Maria Paula Dallari. O conceito de política pública em direito. *In*: BUCCI, Maria Paula Dallari. *Políticas públicas*: reflexões sobre o conceito jurídico. São Paulo: Saraiva, 2006. p. 3.

[369] BUCCI, Maria Paula Dallari. O conceito de política pública em direito. *In*: BUCCI, Maria Paula Dallari. *Políticas públicas*: reflexões sobre o conceito jurídico. São Paulo: Saraiva, 2006. p. 5: "Esse processo de ampliação de direitos, por demanda da cidadania, enseja um incremento da intervenção do Estado no domínio econômico. A intervenção do Estado na vida econômica e social é uma realidade, a partir do século XX. E apesar das alterações qualitativas dessa presença estatal, que foram realizadas em diversas ocasiões, a pretextos variados, ao longo desse período, o fato essencial é a indispensabilidade da presença do Estado, seja como partícipe, indutor ou regulador do processo econômico. (...) O paradigma dos direitos sociais, que reclama prestações positivas do Estado, corresponde, em termos da ordem jurídica, ao paradigma do Estado intervencionista, de modo que o modelo teórico que se propõe para os direitos sociais é o mesmo que se aplica às formas de intervenção do Estado na economia. Assim, não há um modelo jurídico de políticas sociais distinto do modelo de políticas públicas econômicas".

[370] BUCCI, Maria Paula Dallari. *Fundamentos para uma teoria jurídica das políticas públicas*. São Paulo: Saraiva, 2013. p. 113: "O uso das várias formas de alocação de meios como mecanismos de cooptação e indução é, talvez, o recurso clássico e imediato de exercício de influência política em processos institucionalizados. E não é por outra razão que a racionalização do poder passa pelo esforço de disciplinar a alocação de meios, apresentando de maneira transparente não apenas as decisões alocativas, mas também os processos e as condições subjacentes a essas escolhas, o que demonstra a pertinência da noção de relação jurídica nesse contexto".

[371] GRAU, Eros Roberto. *A Ordem Econômica na Constituição de 1988*: interpretação e crítica. 8. ed. São Paulo: Malheiros, 2003. p. 301-302: "Isso importa que o Direito já não seja mais

alcance mais amplo, seria o modo de instrumentalizar a Constituição, voltada que está à concretização dos direitos sociais.

As políticas públicas sugeridas, atenuadoras da disparidade de gênero, podem ser desdobradas em diversas vertentes: diminuição de alíquotas, isenção, não incidência, oferecimento de benefícios fiscais, todas as medidas em relação à tributação de bens, serviços e contratos que envolvam a inserção de mulheres no mercado de trabalho. Essa é a função extrafiscal e social do tributo que atrai as reflexões deste texto: a utilização da tributação como mecanismo de indução de resultados – a maior contratação de mulheres.

Os tributos devem ser veículos de estímulo à inserção de um maior número de mulheres no mercado de trabalho e de uma progressão também das mulheres dentro das instituições e empresas. A tributação cumprindo sua finalidade indutiva de promoção de resultados econômicos. Nesse caso, a tributação indutiva empreendendo a progressão de resultados sociais. A política fiscal é mecanismo de corporificação de direitos sociais e, via de consequência, alicerce da democracia.

Seguindo a referida linha de raciocínio, a criação de benefícios fiscais que visem incentivar a contratação de mulheres e, com isso, minimizar a desigualdade socioeconômica hoje existente é razão, mais que suficiente, para fundamentar a discriminação positiva de empresas que adiram às políticas de contratação de mulheres e de incentivo de progressão nos cargos. O princípio da igualdade deve ser entendido como mecanismo hábil a discriminar, inclusive em matéria tributária, nas hipóteses em que o fim último seja o alcance de maior igualdade.[372] A intervenção do Estado na economia por indução exige a criatividade

---

apenas a representação da ordem estabelecida, a defesa do presente, mas também a formulação de uma ordem futura, a antecipação do porvir. É o planejamento que confere consistência racional à atuação do Estado (previsão de comportamentos, formulação de objetivos, disposição de meios), instrumentando o desenvolvimento de políticas públicas, no horizonte do longo prazo, voltadas à condução da sociedade a um determinado destino".

[372] PISCITELLI, Tathiane. *Curso de direito tributário*. São Paulo: Thompson Reuters Brasil, 2021. p. 106 e 113: "De outro lado, do ponto de vista dos contribuintes, é importante se ter em conta não apenas o princípio geral da não discriminação em matéria tributária, prescrito no artigo 150, inciso II, da Constituição, mas, também, os casos de tratamento tributário desigual, visando à obtenção de maior igualdade entre os contribuintes, nos termos em que previsto nos artigos 146, inciso III, alíneas *c* e *d*, e no artigo 179, ambos do texto constitucional. (...) se infere que a discriminação em matéria tributária somente é permitida nos casos em que os contribuintes não se encontram em situação equivalente; ou seja, nas situações em que há uma justificativa para o tratamento desigual (...)".

jurídico-institucional para a diversificação das abordagens estatais, como salientado por Maria Paula Dallari Bucci.[373]

E a tributação, manifestação expressa de atuação do Estado, pode e deve ser vista como instrumento apto a auxiliar no oferecimento dessas respostas estatais às solicitações sociais.[374] Deve incentivar ou inibir comportamentos dos agentes econômicos e, com isso, mais do que arrecadar receitas, deve também ser eixo de realização de políticas públicas diretas,[375] com redistribuição de valores, ou indiretas, por meio de estímulo ou dissuasão de atividades e condutas. Nisso consiste a fase extrafiscal dos tributos. São eles fórmulas de ingerência na realidade social e econômica. A tributação que, em seu viés extrafiscal, será aparato normativo de estímulo e de indução de comportamentos dos agentes econômicos que contribuam com a materialização de direitos sociais, mais especificamente a correção das desigualdades de gênero.

3.3.2 Medidas tributárias na implementação da igualdade de gênero – discriminação positiva e possibilidades

A relação entre tributação, gênero[376] e igualdade não é, em regra, automaticamente reconhecida. De imediato, questiona-se em que ponto

---

[373] BUCCI, Maria Paula Dallari. *Fundamentos para uma teoria jurídica das políticas públicas*. São Paulo: Saraiva, 2013. p. 57: "A constitucionalização da economia e do planejamento tem um significado específico para as 'democracias tardias'. O estabelecimento da democracia em um Estado emergente é um fator a mais a exigir e inspirar a criatividade jurídico-institucional para a diversificação das abordagens estatais. *Os direitos sociais constitucionalizados são uma faceta própria da demanda pelo desenvolvimento. Não se trata apenas de realizar as prestações sociais, mas também de estimular e organizar a atividade econômica, em escala nacional, de onde provêm os recursos para o provimento das prestações*. Por essa razão, definindo-se o desenvolvimento, do ponto de vista das pessoas, como questão de liberdade, resta enfrentar as estruturas econômicas, sociais e políticas que historicamente se associam à produção e reprodução da desigualdade, da pobreza e do subdesenvolvimento. Ainda que no sentido capitalista (alternativa que restou, no final do século XX), as organizações estatais buscarão também limitar o poder destrutivo do capital". (grifos nossos)

[374] ROCHA, Isabelle. *Tributação e gênero*: como o imposto de renda da pessoa física afeta as desigualdades entre homens e mulheres. Belo Horizonte: Dialética, 2021. p. 98: "É dizer: a tributação representa uma das principais formas de realização das políticas públicas relacionadas aos princípios fundamentais de uma nação, ultrapassando, portanto, a ideia de mera arrecadação de recursos para sustentar a máquina estatal. É o que se chama da face fiscal do Estado Democrático de Direito".

[375] FEITAL, Thiago Álvares. A dependência entre os direitos humanos e o Direito Tributário. *RIL*, Brasília, a. 56, n. 224, p. 37-58, out./dez. 2019. Disponível em: https://www12.senado.leg.br/ril/edicoes/56/224/ril_v56_n224_p37.pdf. Acesso em: 18 set. 2022.

[376] LERNER, Gerda. *A criação do patriarcado*: história da opressão das mulheres pelos homens. Trad. Luiza Sellera. São Paulo: Cultrix, 2019. p. 289: "Gênero é um conjunto de papéis culturais".

as concepções se encontram ou se contrapõem.[377] Contudo, esse liame é concreto e deve ser analisado da perspectiva do papel da tributação, como medida de política pública, sua finalidade constitucional, para buscar a materialização da igualdade entre homens e mulheres. A acomodação da igualdade material de gênero reclama imprescindivelmente, como mencionado neste estudo, a atuação ativa do Estado.[378] O reconhecimento das disparidades entre os grupos é premissa essencial para dar novo significado à atuação do Estado. "Porém, esse significado não será nem descoberto nem esclarecido, caso nos recusemos a reconhecer as poderosas desigualdades de influência que existem em todas as sociedades, até nas liberais", como compreendido por Stephen Holmes e Cass Sunstein.[379]

O debate que vincula tributação e gênero é recorrente na experiência de outros países. Podemos citar Chiara Capraro no Reino Unido;[380] Corina Rodríguez Enríquez na Argentina;[381] Helena Hofbauer no

---

[377] PISCITELLI, Tathiane et al. *Tributação e gênero*. Disponível em: https://www.jota.info/opiniao-e-analise/artigos/tributacao-e-genero-03052019. Acesso em: 05 jan. 2021.

[378] HOLMES, Stephen; SUNSTEIN, Cass R. *O custo dos direitos*: por que a liberdade depende dos impostos. Trad. Marcelo Brandão Cipolla. São Paulo: Martins Fontes, 2019. p. 170-171: "Porém, o poder aquisitivo pessoal não é a única fonte de desigualdade na distribuição dos direitos constitucionais e demais direitos nos Estados Unidos. Serviços públicos essenciais são distribuídos de maneira desigual porque os fracos e os pobres, relativamente desorganizados, não têm peso político suficiente para obter a parte que lhes cabe dos recursos públicos. De modo infeliz mas inevitável, o poder sempre terá alguma influência para determinar quem perde e quem ganha com uma certa distribuição de dinheiro. Os gastos que os políticos se recusam a cortar são, em geral, aqueles que proporcionam benefícios especiais a grupos sociais bem organizados. Os direitos, sendo também serviços administrados pelo governo, têm tão pouca probabilidade de serem igualmente distribuídos entre os cidadãos quanto as obras públicas têm pouca probabilidade de serem equitativamente distribuídas por todos os locais do país, inclusive aqueles cujo poder de pressão política é pequeno. (...) Os ativistas dos direitos civis trabalharam duro para conseguir apoio para suas ideias porque reconheciam, sem se queixar, que os direitos dependem da organização social e do poder político. Além disso, a contribuição inquestionável que que o movimento pelos direitos civis deu à causa da proteção dos direitos dos afro-americanos corrobora a tese de que os direitos refletem não somente os ditames da consciência moral, mas também a prática política. Sob um regime liberal, a 'igual proteção' – ou pelo menos a obrigação moral de proteger os direitos dos fracos – pode ter um significado sério e concreto. Porém, esse significado não será nem descoberto nem esclarecido, caso nos recusemos a reconhecer as poderosas desigualdades de influência que existem em todas as sociedades, até nas liberais".

[379] HOLMES, Stephen; SUNSTEIN, Cass R. *O custo dos direitos*: por que a liberdade depende dos impostos. Trad. Marcelo Brandão Cipolla. São Paulo: Martins Fontes, 2019. p. 171.

[380] CAPRARO, Chiara. Direito das mulheres e Justiça fiscal. Por que a política tributária deve ser tema da luta feminista. *Revista Internacional de Direitos Humanos*, Sur 24, v. 13, n. 24, p. 17-26, 2016. Disponível em: https://sur.conectas.org/wp-content/uploads/2017/02/1-sur-24-por-chiara-capraro.pdf. Acesso em: 16 mar. 2021.

[381] ENRÍQUEZ, Corina Rodríguez. Gastos, tributos e equidade de gênero: uma introdução ao estudo da política fiscal a partir da perspectiva de gênero (2008). *In*: JÁCOME, Márcia

México;[382] Alma Espino no Uruguai.[383] Entre nós, no entanto, ele é ainda incipiente, nada obstante os estudos que se multiplicam, de interesse de juristas, economistas e sociólogos.[384] Há, inclusive, estudos específicos que apontam que a carga tributária acentuaria a desigualdade econômica de gênero.[385,386]

As pesquisas que conectam, no âmbito nacional, a redução de desigualdades à compreensão da tributação como medida para a redução das disparidades sociais patrimoniais, crescem e muitas já se encontram divulgadas. Algumas delas, referenciadas nesta pesquisa, podem ser citadas, apenas para exemplificar: Nathalia de Andrade Medeiros,[387] Thiago Feital,[388] Isabelle Rocha,[389] Daniela Olímpio de Oliveira,[390] Luciana Grassano,[391,392] Cristina Pereira Vieceli, Róber Iturriet

---

Larangeira; VILLELA, Shirley (Orgs.). *Orçamentos sensíveis a gênero*: conceitos. Brasília: ONU Mulheres, 2012. p. 199-232. Disponível em: http://onumulheres.org.br/wp-content/themes/vibecom_onu/pdfs/orcamentos-conceitos.pdf. Acesso em: 05 jun. 2022.

[382] HOFBAUER, Helena. México: colaboração com uma ampla gama de atores. *In*: JÁCOME, Márcia Larangeira; VILLELA, Shirley (Orgs.). *Orçamentos sensíveis a gênero*: experiências. Brasília: ONU Mulheres, 2012. p. 69-85. Disponível em: http://onumulheres.org.br/wp-content/themes/vibecom_onu/pdfs/orcamentos-conceitos.pdf. Acesso em: 09 nov. 2020.

[383] ESPINO, Alma. Política fiscal y género: el caso de Uruguay. *Análisis*, 1/2019. Disponível em: http://library.fes.de/pdf-files/bueros/kolumbien/15306.pdf. Acesso em: 10 nov. 2020.

[384] PISCITELLI, Tathiane *et al*. *Tributação e gênero*. Disponível em: https://www.jota.info/opiniao-e-analise/artigos/tributacao-e-genero-03052019. Acesso em: 04 nov. 2020.

[385] FEITAL, Thiago Álvares. A dependência entre os direitos humanos e o Direito Tributário. *RIL*, Brasília, a. 56, n. 224, p. 37-58, out./dez. 2019. Disponível em: https://www12.senado.leg.br/ril/edicoes/56/224/ril_v56_n224_p37.pdf. Acesso em: 18 set. 2022.

[386] MOSTAFA, Joana. *Gênero e tributos no Brasil*. Disponível em: https://www2.camara.leg.br/atividade-legislativa/comissoes/comissoes-permanentes/comissao-de-defesa-dos-direitos-da-mulher-cmulher/arquivos-de-audio-e-video/apresentacao-joana-05.12. Acesso em: 09 nov. 2020.

[387] TAVARES, Nathalia de Andrade Medeiros. *Desigualdades sociais patrimoniais*: como a tributação pode reduzi-las? Rio de Janeiro: Lumen Juris, 2017. p. 175 e ss.

[388] FEITAL, Thiago Álvares. A dependência entre os direitos humanos e o Direito Tributário. *RIL*, Brasília, a. 56, n. 224, p. 47, out./dez. 2019. Disponível em: https://www12.senado.leg.br/ril/edicoes/56/224/ril_v56_n224_p37.pdf. Acesso em: 18 set. 2022.

[389] ROCHA, Isabelle. *Tributação e gênero*: como o imposto de renda da pessoa física afeta as desigualdades entre homens e mulheres. Belo Horizonte: Dialética, 2021.

[390] OLIVEIRA, Daniela Olímpio de. *Uma sociologia da questão tributária no Brasil*: ocultamento e desocultamento da moral tributária. Rio de Janeiro: Lumen Juris, 2020.

[391] MELO, Luciana Grassano de Gouvêa. A tributação da renda e a invisibilidade da mulher negra no Brasil. *In*: MELO, Luciana Grassano; SARAIVA, Ana Pontes; GODOI, Marciano Seabra de (Org.). *Política fiscal e gênero*. Belo Horizonte: Letramento, 2020.

[392] MELO, Luciana Grassano de Gouvêa. Para entender o papel da tributação na desigualdade. *In*: MELO, Luciana Grassano. *Justiça fiscal*: estudos críticos de problemas atuais. Belo Horizonte: Casa do Direito, 2020. p. 21-35.

Ávila, João Batista Conceição,[393] entre outras e outros. Mencionados autoras e autores sugerem um recorte da tributação como recurso hábil a reduzir desigualdades de gênero no Brasil. E a construção de políticas públicas de intervenção estatal na economia e a tributação indutiva são claramente vistas como ferramental necessário, um deles, obviamente, para a minimização das distâncias de gênero.

Sobre a construção de políticas públicas de intervenção estatal na economia e a tributação indutiva, cabe dar ênfase aos trabalhos de Orlando Dias Neto e Juliana Feriato,[394] que publicaram o estudo *A tributação como instrumento para a promoção da igualdade de gênero no mercado de trabalho*. Seguem na mesma linha de pesquisa Corina Rodríguez Enríquez,[395] com *Gastos, tributos e equidade de gênero: uma introdução ao estudo da política fiscal a partir da perspectiva de gênero*, e Cristina Viecelli, Róber Ávila e João Conceição,[396] com *Estrutura tributária brasileira e seus reflexos nas desigualdades de gênero*.

Diante da diferenciação econômica entre homens e mulheres no Brasil e no mundo, nas mais diversas vertentes, e da necessidade de minimização desses atrozes distanciamentos socioeconômicos, vê-se a tributação como ferramenta estatal que pode consolidar direitos humanos,[397,398] como reiteradamente mencionado. O estreitamento

---

[393] VIECELI, Cristina Pereira; ÁVILA, Róber Iturriet; CONCEIÇÃO, João Batista Santos. *Estrutura tributária brasileira e seus reflexos nas desigualdades de gênero*. Disponível em: https://ijf.org.br/wp-content/uploads/2020/07/Artigo-Tributa%C3%A7%C3%A3o-e-G%C3%AAnero.pdf. Acesso em: 07 jun. 2022.

[394] DIAS NETO, Orlando Fernandes; FERIATO, Juliana Marteli Fais. A tributação como instrumento para a promoção da igualdade de gênero no mercado de trabalho. *Revista Direitos Sociais e Políticas Públicas*, v. 6, n. 2, 2018. Disponível em: www.unifafibe.com.br/revista/index.php/direitos-sociais-politicas-pub/index. Acesso em: 21 dez. 2021.

[395] ENRÍQUEZ, Corina Rodríguez. Gastos, tributos e equidade de gênero: uma introdução ao estudo da política fiscal a partir da perspectiva de gênero (2008). In: JÁCOME, Márcia Larangeira; VILLELA, Shirley (Orgs.). *Orçamentos sensíveis a gênero*: conceitos. Brasília: ONU Mulheres, 2012. p. 199-232. Disponível em: http://onumulheres.org.br/wp-content/themes/vibecom_onu/pdfs/orcamentos-conceitos.pdf. Acesso em: 05 jun. 2022.

[396] VIECELI, Cristina Pereira; ÁVILA, Róber Iturriet; CONCEIÇÃO, João Batista Santos. *Estrutura tributária brasileira e seus reflexos nas desigualdades de gênero*. Disponível em: https://ijf.org.br/wp-content/uploads/2020/07/Artigo-Tributa%C3%A7%C3%A3o-e-G%C3%AAnero.pdf. Acesso em: 04 nov. 2020.

[397] CAPRARO, Chiara. Direito das mulheres e Justiça fiscal. Por que a política tributária deve ser tema da luta feminista. *Revista Internacional de Direitos Humanos*, Sur 24, v. 13, n. 24, p. 17-26, 2016. Disponível em: https://sur.conectas.org/wp-content/uploads/2017/02/1-sur-24-por-chiara-capraro.pdf. Acesso em: 16 mar. 2021.

[398] FEITAL, Thiago Álvares. A dependência entre os direitos humanos e o Direito Tributário. *RIL*, Brasília, a. 56, n. 224, p. 37-58, out./dez. 2019. Disponível em: https://www12.senado.leg.br/ril/edicoes/56/224/ril_v56_n224_p37.pdf. Acesso em: 18 set. 2022.

entre as temáticas torna-se límpido, claro e incontestável, o que foi abordado anteriormente. Como muito bem pontuado por Thiago Feital, a concretização de direitos tem relação direta e imediata com o direito tributário. Para o autor, é dever do Estado adotar medidas redistributivas de caráter solidário, sendo do mesmo modo obrigatória a interferência no esquema de distribuição de recursos que as teorias libertárias consideram natural e que aprofundam a distinção econômica entre os grupos sociais.[399]

No Brasil, a parcela feminina da população enfrenta desafios e obstáculos no mercado de trabalho, como reiteradamente citado nas seções anteriores. Existe um ambiente profissional próprio para as mulheres, repleto de diferenças, sejam salariais, sejam de acesso ao mercado de trabalho, sejam de volume de horas de trabalho. E, também como já indicado, as mulheres têm seus produtos laborais – remuneração, bens e direitos – atingidos pela tributação de modo mais agudo.[400] Essa diversidade de vivências, em seus aspectos sociais e econômicos, é fato facilmente constatado nos Estados contemporâneos, caracterizados pelo distanciamento entre a norma idealizada e a norma realizada.

O que se observa em relação à tributação brasileira e às questões de gênero fica mais tangível diante da exposição de repercussões relativas ao imposto de renda pessoa física,[401] por exemplo. Até o julgamento da ADI nº 5.422, havia incidência de imposto de renda sobre os valores recebidos a título de pensão alimentícia de alimentandos.[402]

---

[399] FEITAL, Thiago Álvares. A dependência entre os direitos humanos e o Direito Tributário. *RIL*, Brasília, a. 56, n. 224, p. 37-58, out./dez. 2019. Disponível em: https://www12.senado.leg.br/ril/edicoes/56/224/ril_v56_n224_p37.pdf. Acesso em: 18 set. 2022.

[400] ROCHA, Isabelle. *Tributação e gênero*: como o imposto de renda da pessoa física afeta as desigualdades entre homens e mulheres. Belo Horizonte: Dialética, 2021. p. 257: "De todo modo, não podemos descartar a reflexão. Vejam: isso pode ser considerado um viés implícito de gênero no IRPF do Brasil, a partir da constatação de que mais homens enviam as declarações conjuntas (70%) do que as mulheres, sendo que há dados que comprovam que a mulher ainda possui a renda secundária na maioria dos lares. Isso significa que ela pode acabar pagando mais imposto do que pagaria se a declaração fosse enviada separadamente, como vimos no quadro que ilustrei da subseção 18.2.1".

[401] MOSTAFA, Joana. *Gênero e tributos no Brasil*. p. 2. Disponível em: https://www2.camara.leg.br/atividade-legislativa/comissoes/comissoes-permanentes/comissao-de-defesa-dos-direitos-da-mulher-cmulher/arquivos-de-audio-e-video/apresentacao-joana-05.12. Acesso em: 09 nov. 2020: "A tributação altera a renda disponível dos indivíduos: a depender das rendas e/ou gastos isentos, dedutíveis ou tributáveis a distribuição de renda entre as mulheres e homens se altera".

[402] BRASIL. Supremo Tribunal Federal (Tribunal Pleno). *Ação Direta de Inconstitucionalidade nº 5.422*, Relator: Min. Dias Toffoli, julgado em 06 de junho de 2022. Disponível em: https://redir.stf.jus.br/paginadorpub/paginador.jsp?docTP=TP&docID=762441882. Acesso em: 23 set. 2022.

Em regra, são as mulheres as intermediárias entre o alimentante e o alimentado. Embora as mulheres também tenham despesas com os filhos, normalmente a dedução é feita na declaração de imposto de renda do pai, tendo em vista que o dependente só pode constar em uma das declarações.[403] Isabelle Rocha conclui, no mesmo sentido, que as normas pertinentes ao Imposto de Renda Pessoa Física (IRPF) são prejudiciais às mulheres, tendo por baliza, além de outros aspectos, também a questão da dedução por dependente.[404]

Janet Stotsky ressalta que a discriminação explícita de gênero relativa ao imposto de renda não é muito comum.[405] Além disso, em pesquisa realizada por Joana Mostafa, ela conclui quanto à alíquota do IRPF: "[a]líquota efetiva dos homens contribuintes é menor que a das mulheres, mesmo estas tendo renda bruta 25% menor!".[406] E a causa principal seria o fato de que, entre os declarantes, mulheres têm menos isenção de rendimentos per capita. Isso porque a isenção de lucros e dividendos não as atinge. Na maioria das empresas, de acordo com as pesquisas realizadas, mulheres não alcançam os cargos que são

---

[403] MOSTAFA, Joana. *Gênero e tributos no Brasil*. p. 15. Disponível em: https://www2.camara.leg.br/atividade-legislativa/comissoes/comissoes-permanentes/comissao-de-defesa-dos-direitos-da-mulher-cmulher/arquivos-de-audio-e-video/apresentacao-joana-05.12. Acesso em: 09 nov. 2020.

[404] ROCHA, Isabelle. *Tributação e gênero*: como o imposto de renda da pessoa física afeta as desigualdades entre homens e mulheres. Belo Horizonte: Dialética, 2021. p. 259-260: "Outro elemento de desigualdade de gênero que se extrai da tabela anterior (não necessariamente da legislação do IRPF, lembremos) é relativo às deduções por dependentes, especialmente levando em conta aquelas decorrentes de pensões judiciais. Nas declarações individuais, 71% dos dependentes estão nas declarações dos homens. Isso pode se dar porque, nos casais que tributam em separado, é mais benéfico declarar os dependentes comuns na declaração daquele que auferiu mais renda. De todo modo, este dado pode ser considerado como reforço do sistema tributário sobre as desigualdades ora analisadas, especialmente quando se recorda que a maior responsabilidade pelos cuidados familiares ainda se concentra nas mulheres".

[405] STOTSKY, Janet. *Sesgos de género en los sistemas tributarios*. Madrid: Instituto de Estudios Fiscales, 2005. p. 4. Disponível em: https://www.ief.es/docs/investigacion/genero/FG_Stotsky.pdf. Acesso em: 25 nov. 2021: "*No es muy común que haya discriminación de género explícita en un impuesto cedular puro sobre la renta personal porque el importe a pagar se establece en función de la renta de una fuente determinada, en lugar de establecerse en función de un contribuyente en particular*".

[406] MOSTAFA, Joana. *Gênero e tributos no Brasil*. p. 2. Disponível em: https://www2.camara.leg.br/atividade-legislativa/comissoes/comissoes-permanentes/comissao-de-defesa-dos-direitos-da-mulher-cmulher/arquivos-de-audio-e-video/apresentacao-joana-05.12. Acesso em: 09 nov. 2020.

remunerados por essas distribuições.[407,408] Destaca-se ainda, como já mencionado no item 3.1, indo para além do imposto de renda pessoa física, que a sistemática da regressividade, como estatisticamente comprovado, é fator de acentuação de desigualdade de gênero no Brasil.

Deve a tributação ser utilizada para buscar a minimização das disparidades socioeconômicas de gênero no Brasil? Aliás, ela deve ser empregada para essa finalidade, tendo em vista a estrutura e a ideologia da Constituição de 1988? A pergunta que se faz é: pode o sistema tribunal nacional conter fatores de discriminação positiva que tenham por escopo diminuir as discrepâncias econômicas de gênero? A resposta parece ser peremptoriamente afirmativa. Diante de todas as considerações que antecederam este capítulo, a estreita vinculação entre políticas públicas tributárias e equidade de gênero é, na verdade, conclusiva.

A dimensão corretiva da tributação é que estimula os questionamentos que ora se colocam e que servem de norteadores no que se refere, objetivamente, à corporificação do princípio da igualdade, e de seus incentivos, em face do problema das assimetrias de gênero. Admite-se que esse liame entre os temas seja concreto e que deva ser analisado da perspectiva do papel da tributação na concretude da igualdade de gênero, o que sugere também, como já indicado, estreita vinculação entre a tributação e os direitos humanos.[409] Nessa linha de raciocínio, "pode-se afirmar que entre os direitos humanos e o Direito Tributário se estabelece uma relação de dependência mista".[410]

Dessa forma, faz-se necessário compreender o sistema tributário nacional a partir do ideal constitucional da igualdade, valor eleito pela sociedade como estrutural ao Estado Democrático de Direito no Brasil.

---

[407] OXFAM BRASIL. *País estagnado* – retrato das desigualdades brasileiras. São Paulo: Oxfam Brasil, 2017. Disponível em: https://d335luupugsy2.cloudfront.net/cms%2Ffiles%2F115321%2F16003750051596890622relatorio_desigualdade_2018_pais_estagnado_digital_.pdf. Acesso em: 20 fev. 2021: "O principal empecilho ao aumento da progressividade tributária do IRPF é a existência de isenção de lucros e dividendos desde 1996, por conta da Lei 9.249/1995".

[408] MOSTAFA, Joana. *Gênero e tributos no Brasil*. p. 4. Disponível em: https://www2.camara.leg.br/atividade-legislativa/comissoes/comissoes-permanentes/comissao-de-defesa-dos-direitos-da-mulher-cmulher/arquivos-de-audio-e-video/apresentacao-joana-05.12. Acesso em: 09 nov. 2020.

[409] CAPRARO, Chiara. Direito das mulheres e Justiça fiscal. Por que a política tributária deve ser tema da luta feminista. *Revista Internacional de Direitos Humanos*, Sur 24, v. 13, n. 24, p. 17-26, 2016. Disponível em: https://sur.conectas.org/wp-content/uploads/2017/02/1-sur-24-por-chiara-capraro.pdf. Acesso em: 16 mar. 2021.

[410] FEITAL, Thiago Álvares. A dependência entre os direitos humanos e o Direito Tributário. *RIL*, Brasília, a. 56, n. 224, p. 37-58, out./dez. 2019. Disponível em: https://www12.senado.leg.br/ril/edicoes/56/224/ril_v56_n224_p37.pdf. Acesso em: 18 set. 2022.

É imprescindível formular essa compreensão, sob a qual é o sistema tributário via de concretude da igualdade, inclusive de gênero, cumprindo, assim, mandamentos constitucionais. "A aplicação do direito – e este ato supõe interpretação não é mera dedução dele, mas, sim, processo de contínua adaptação de suas normas à realidade e seus conflitos", dispõe Eros Grau. E ele prossegue, de maneira contundente, dizendo que "a Constituição é um dinamismo. É do presente, na vida real, que se tomam as forças que conferem vida ao direito e à Constituição"[411].

A atividade estatal de tributar repercute na sociedade moderna para muito além da simples função arrecadatória, como reiteradamente mencionado. No Brasil, o sistema tributário nacional, como microssistema que é, deve se aperfeiçoar e se moldar de acordo com o texto constitucional, a ele posterior e em relação a ele constantemente persuasório. Não há outro modo de conceber a estrutura normativa tributária brasileira que não seja atendendo aos comandos da Constituição de modo integral. O sistema tributário nacional é interpretado a partir da Constituição, e não o contrário. Frise-se.

A positivação da isonomia e a perspectiva de justiça fiscal permitem entender a tributação como instrumental para corrigir distorções entre os(as) cidadãos(ãs) – seja por meio da reforma social e da redução das desigualdades, seja por meio da realização dos objetivos regulatórios do Estado, nas palavras de Daniela Olímpio de Oliveira. A autora acentua que a isonomia tributária terá o condão de ação prática, emancipando sujeitos, na medida em que a ação comunicativa estimula um tratamento de redução das desigualdades verticais.[412]

A tributação, como via normativa de transformação social que é, precisa, além de não agudizar as diferenças socioeconômicas de gênero, ser técnica capaz de contribuir, de maneira eficiente, em sua minimização. Deve ser fundamento e repositório de políticas públicas de igualdade de gênero, na vertente das diretrizes da Constituição, redução das desigualdades e promoção do bem de todos (art. 3º, III e IV), proteção do mercado de trabalho da mulher (art. 7º, XX), justiça

---

[411] GRAU, Eros Roberto. *A Ordem Econômica na Constituição de 1988*: interpretação e crítica. 8. ed. São Paulo: Malheiros, 2003. p. 147.
[412] OLIVEIRA, Daniela Olímpio de. *Uma sociologia da questão tributária no Brasil*: ocultamento e desocultamento da moral tributária. Rio de Janeiro: Lumen Juris, 2020. p. 82-83.

fiscal (art. 1º) e igualdade material entre cidadãs e cidadãos (arts. 5º, I, e 150).[413]

O repositório de normas tributárias não pode ser base a reforçar as diferenças socioeconômicas de gênero, sob pena de não cumprir sua missão constitucional. Em oposição a isso, deve ser técnica normativa apropriada à mitigação das distâncias entre homens e mulheres, dada a sua função política e social de buscar, nos termos da Constituição, pela redução das desigualdades e promoção do bem de todos. Maria Raquel Firmino Ramos, ao escrever trabalho denominado *"No taxation without women representation": por um sistema tributário progressivo em relação ao gênero*, adverte sobre a temática: "por arrastamento, deduz-se que também consubstancia dever do Estado brasileiro o de demonstrar esforços para promoção da igualdade de gênero na economia também via política fiscal". Avança e critica a possibilidade de que a tributação sirva de mecanismo de desigualdade de gênero. Diz ela que "a tributação não pode consistir em mais um fator de acentuação das dessemelhanças econômicas de gênero. Mas que, ao contrário, deve apresentar soluções a condutas discriminatórias contra as mulheres no mercado".[414]

É certo que as instituições jurídicas tendem a manter a situação de poder atual e que os processos de transformações sociais são complexos e demandam tempo, interesse e vontade política. Como visto,

---

[413] CÂMARA, Andalessia Lana Borges. Mulheres e o acesso ao mercado de trabalho: a tributação como ferramenta de minimização das desigualdades de gênero no Brasil. *In*: SANTOS, Herta Rani Teles; GUIMARÃES, Juliana Pita (Orgs.). *O poder feminino*: entre percursos e desafios. Belo Horizonte: Arraes Editora, 2021.

[414] RAMOS, Maria Raquel Firmino. "No taxation without women representation": por um sistema tributário progressivo em relação ao gênero. *In*: MELO, Luciana Grassano; SARAIVA, Ana Pontes; GODOI, Marciano Seabra de (Org.). *Política fiscal e gênero*. Belo Horizonte: Letramento, 2020. p. 93-104: "Como já citado, a função distributiva do Estado deve utilizar-se de mecanismos interventivos na economia, para diminuir e erradicar as desigualdades. E, por arrastamento, deduz-se que também consubstancia dever do Estado brasileiro o de demonstrar esforços para promoção da igualdade de gênero na economia também via política fiscal. (...).

A tributação, portanto, não pode consistir em mais um fator de agravamento da desigualdade econômica entre homens e mulheres, mas ao contrário, construir entraves para inibir o surgimento e combater condutas discriminatórias contra as mulheres no mercado. E, ainda, criar incentivos para desonerar os produtos e serviços voltados para o público feminino, sobretudo em relação aos que lhes são essenciais.

Com isso, percebe-se que a regressividade do sistema atua de forma bastante penosa para as mulheres devido ao maior encargo sobre os produtos que elas estão mais propensas a consumir, seja porque faz parte da divisão de trabalho tradicionalmente que lhes foi atribuída, seja porque são de uso obrigatório, por questões fisiológicas (como já citado, os produtos para amamentação, absorvente higiênico, etc.), seja porque estão mais vulneráveis à pobreza e à miséria (sobretudo as mulheres negras)".

o sistema normativo pode e deve fazer uso de dispositivos tributários para o alcance da aproximação entre os gêneros. A mudança do "estado das coisas" pode ser provocada por uma multiplicidade de atores políticos. No mesmo sentido, afirma Clara Menezes, "Os processos sociais que redundam em um 'estado de coisas' prejudicial às mulheres não ocorrem no vácuo. Essa situação apenas parece natural e imutável".[415] A exclusão das mulheres da órbita decisória[416] e da elaboração das políticas públicas não tem como ser perpetuada.

Para além de esperar que as referidas alterações políticas venham de ações do Poder Legislativo, no qual a hegemonia é masculina, a sociedade civil e o Poder Judiciário podem, e devem, ser agentes de alterações da realidade social. Nitidamente, suas condutas estarão atreladas aos valores e à ideologia constitucionais relativos à igualdade material. O significado válido dos princípios é variável no tempo e no espaço, histórica e culturalmente.[417] O direito precisa ser veículo de atendimento das demandas sociais, que se alteram com a evolução das relações entre as pessoas, entre as pessoas e o Estado, entre os agentes econômicos, a sociedade civil e o Estado.[418]

---

[415] MENEZES, Clara. Ruth Ginsburg e o papel das instituições na igualdade de gênero. *In*: RANI, Herta; PITA, Juliana (Orgs.). *O poder feminino*: entre percursos e desafios. Análises sobre políticas públicas, liderança feminina e tributação. Belo Horizonte: Arraes Editores, 2021. p. 7-20.

[416] ADICHE, Chimamanda Ngozi. *O perigo de uma história única*. Trad. Julia Romeu. São Paulo: Companhia das Letras, 2019. p. 32: "As histórias importam. Muitas histórias importam. As histórias foram usadas para espoliar e caluniar, mas também podem ser usadas para empoderar e humanizar".

[417] GRAU, Eros Roberto. *A Ordem Econômica na Constituição de 1988*: interpretação e crítica. 8. ed. São Paulo: Malheiros, 2003. p. 147.

[418] BARROSO, Luís Roberto. Neoconstitucionalismo e constitucionalização do direito (O triunfo tardio do direito constitucional no Brasil). *R. Dir. Adm.*, Rio de Janeiro, 240, p. 1-42, abr./jun. 2005. Disponível em: http://www.luisrobertobarroso.com.br/wp-content/uploads/2017/09/neoconstitucionalismo_e_constitucionalizacao_do_direito_pt.pdf. Acesso em: 10 mar. 2021. p. 16-17: "A ideia de constitucionalização do Direito aqui explorada está associada a um efeito expansivo das normas constitucionais, cujo conteúdo material e axiológico se irradia, com força normativa, por todo o sistema jurídico. Os valores, os fins públicos e os comportamentos contemplados nos princípios e regras da Constituição passam a condicionar a validade e o sentido de todas as normas do direito infraconstitucional. Como intuitivo, a constitucionalização repercute sobre a atuação dos três Poderes, inclusive e notadamente nas suas relações com os particulares. Porém, mais original ainda: repercute, também, nas relações entre particulares".

CAPÍTULO 4

A TRIBUTAÇÃO COMO FERRAMENTA DE SUPERAÇÃO DAS DESIGUALDADES DE GÊNERO

"O princípio constitucional da igualdade deixou de ser um dever social negativo para tornar-se uma obrigação política positiva". (ROCHA, 1996)

Neste último capítulo, sem a pretensão de um arrolamento exaustivo de medidas extrafiscais hábeis à correção das distorções de gênero, o objetivo reside em destacar duas vertentes da implementação de políticas públicas relativas à redução de tais desigualdades de gênero dentro do mercado de trabalho brasileiro. A primeira atuação a ser examinada consiste no encaminhamento ao Congresso Nacional do resultado de meses de reuniões, análises e conclusões de um grupo de estudos e pesquisas, formado por advogadas privadas, procuradoras da Fazenda Nacional e professoras universitárias.

Serão igualmente detalhados dois projetos de lei à Câmara dos Deputados, cujo autor e emissário foi o mencionado Grupo de Estudos e Pesquisas sobre Tributação e Gênero, Escola de Direito de São Paulo da Fundação Getulio Vargas, Tributos a Elas e *Women in Tax* Brasil. Ambos os projetos estão vinculados à viabilidade de inserção, no arcabouço normativo, de atos legais que ofereçam benefícios fiscais a empresas que adiram a programa de contratação de mulheres, chefes de família e vítimas de violência doméstica, e a sua progressão dentro das instituições privadas.

Na segunda seção deste capítulo final será apresentada decisão recente e de grande relevância do Supremo Tribunal Federal – Recurso Extraordinário nº 576.967 (Tema 72 de repercussão geral). No referido julgamento, foi realizada, pelos Ministros e Ministras do STF, de modo muito estreito, a indissociabilidade das acepções tributação e desigualdade de gênero. Para o STF, cresce dia após dia a percepção da necessidade de entrega de políticas públicas que decantem na realidade a mitigação das diferenças socioeconômicas entre homens e mulheres e a proteção do mercado de trabalho feminino.

4.1 A Reforma Tributária e desigualdade de gênero – contextualização, propostas e a plausibilidade da concessão de benefícios fiscais a empresas que contratem mulheres

O exame dos dados divulgados por órgãos oficiais nacionais de pesquisa e estatística demonstra haver um tratamento diferenciado e dirigido, econômica e socialmente, às mulheres, como muitas e repetidas vezes exposto nesta pesquisa, seja no tocante ao acesso ao mercado de trabalho, seja quanto à remuneração e à ascensão dentro das empresas. Os déficits suportados pela parcela feminina da população no mercado de trabalho, pelo simples fato de serem mulheres, são circunstâncias que estão, nos dias atuais, tangíveis e mensuradas no Brasil, como apontam os dados do IBGE,[419] da OXFAM Brasil[420] e do INSPER,[421] reportados no Capítulo 1 deste trabalho.

Assim, partindo da linha de raciocínio segundo a qual políticas públicas são forjadas para dar corpo aos direitos sociais, como parte desse antídoto, deve-se cogitar de uma função social das ferramentas jurídicas e, por consequência lógica, dos tributos, como explicitado ao longo dos capítulos anteriores. Deve-se pensar num possível mecanismo normativo tributário de redução das discrepâncias atuais e contundentes, em meio às quais convivem, hoje, homens e mulheres no Brasil. É

---

[419] INSTITUTO BRASILEIRO DE GEOGRAFIA E ESTATÍSTICA (IBGE). *Rendimento de todas as fontes 2019*. Disponível em: https://biblioteca.ibge.gov.br/visualizacao/livros/liv101709_informativo.pdf. Acesso em: 04 nov. 2021.

[420] OXFAM BRASIL. *A distância que nos une* – um retrato das desigualdades brasileiras. São Paulo: Oxfam Brasil, 2017.

[421] INSTITUTO DE ENSINO E PESQUISA (INSPER). Diferenciais salariais por raça e gênero para formados em escolas públicas ou privadas. *Policy Paper*, Centro de Gestão e Políticas Públicas, n. 45, jul. 2020. Disponível em: https://www.insper.edu.br/wp-content/uploads/2020/07/Policy-Paper-45.pdf. Acesso em: 13 mar. 2021.

um assunto de interesse central no contexto das políticas públicas, tal como esquadrinhado anteriormente.

Há necessidade de respostas normativas. Pode-se constatar que há disposição constitucional concebida para ser de eficácia máxima e que foi transformada – pela realidade dos fatos – como de eficácia mínima. Propõe-se, então, que o sistema tributário nacional, que não realiza o princípio constitucional da igualdade, na medida em que não implementa medidas de efetivação da isonomia entre homens e mulheres, passe a fazê-lo. As referidas respostas normativas são urgentes. Obstáculos tributários podem ser fatores que desmotivam a inserção trabalhista das mulheres. A estreita relação entre a diminuição das desigualdades de gênero e o uso da tributação é reconhecida por Corina Rodríguez Enríquez. Seguindo essa linha de raciocínio, conclui "caso se pretenda combater a discriminação econômica de gênero, que encontra uma de suas raízes principais nas dificuldades das mulheres de acessar o mercado de trabalho, devem ser removidos todos os elementos que desencorajam a oferta de sua força de trabalho".[422]

Medidas fundamentadas em um *discrímen* positivo seriam a fórmula para a mitigação das diferenças sociais patrimoniais de gênero. Entre essas ferramentas normativas – determinações de discriminação positiva – estão as ações estatais tributárias. Como ressaltado por estudos que aproximam equidade, ações afirmativas e discriminação positiva, ou seja, o princípio da focalização em contraposição ao princípio da universalidade, os fatores que fundamentam esse desequilíbrio positivo são as desigualdades de renda e, especialmente, a situação de pobreza.[423]

Sobre a construção de políticas públicas de intervenção estatal na economia e a tributação indutiva, cabe dar ênfase aos trabalhos de

---

[422] ENRÍQUEZ, Corina Rodríguez. Gastos, tributos e equidade de gênero: uma introdução ao estudo da política fiscal a partir da perspectiva de gênero (2008). *In*: JÁCOME, Márcia Larangeira; VILLELA, Shirley (Orgs.). *Orçamentos sensíveis a gênero*: conceitos. Brasília: ONU Mulheres, 2012. p. 225. Disponível em: http://onumulheres.org.br/wp-content/themes/vibecom_onu/pdfs/orcamentos-conceitos.pdf. Acesso em: 05 jun. 2022: "Resumidamente, caso se pretenda combater a discriminação econômica de gênero, que encontra uma de suas raízes principais nas dificuldades das mulheres de acessar o mercado de trabalho, devem ser removidos todos os elementos que desencorajam a oferta de sua força de trabalho, que costuma ser, além disso, mais elástica que a dos homens adultos do lar. Aquele que opera pela via tributária pode ser um destes mecanismos que desmotivam a inserção trabalhista das mulheres".

[423] SALVADOR, Evilasio Silva, YANNOULAS, Silvia Cristina. Orçamento e Financiamento de políticas públicas: questões de gênero e raça. *Revista Feminismos*. v. 1 n. 2, p. 1, maio/ago. 2013. Disponível em: http://www.feminismos.neim.ufba.br/index.php/revista/article/view/19/52. Acesso em: 05 jun. 2022.

Orlando Dias Neto e Juliana Feriato,[424] que publicaram o estudo *A tributação como instrumento para a promoção da Igualdade de gênero no mercado de trabalho*; Corina Rodríguez Enríquez,[425] com a pesquisa *Gastos, tributos e equidade de gênero: uma introdução ao estudo da política fiscal a partir da perspectiva de gênero*; Cristina Vieceli, Róber Ávila e João Conceição,[426] com a publicação de *Estrutura tributária brasileira e seus reflexos nas desigualdades de gênero*; e Nathalia de Andrade Medeiros Tavares, com a obra *Desigualdades sociais patrimoniais: como a tributação pode reduzi-las?*.[427]

Ressaltam as autoras e os autores ser imprescindível transformar a realidade jurídica em realidade social por intermédio da tributação e do direcionamento das receitas tributárias. Enfatizam também que o orçamento e a tributação são apetrechos para o alcance da concretização da efetiva igualdade entre homens e mulheres. "No entanto, poucas são as pesquisas que incorporam a questão de gênero como importante marcador para a definição das posições relativas entre homens e mulheres e como a estrutura tributária pode afetar nestas relações",[428] apontam Cristina Vieceli, Róber Ávila e João Conceição.

Tais pesquisadoras e pesquisadores, que têm por objeto o contexto nacional, insistem no sentido de que, no Brasil, os orçamentos sensíveis ao gênero e a competência tributária do Estado devem ser utilizados para a promoção da igualdade também no mercado de trabalho. Evidenciam ainda que a tributação indutora, como mencionado nos tópicos anteriores, consubstancia-se como mecanismo plausível e

---

[424] DIAS NETO, Orlando Fernandes; FERIATO, Juliana Marteli Fais. A tributação como instrumento para a promoção da igualdade de gênero no mercado de trabalho. *Revista Direitos Sociais e Políticas Públicas*, v. 6, n. 2, 2018. Disponível em: http://www.unifafibe.com.br/revista/index.php/direitos-sociais-politicas-pub/issue/view/26/showToc. Acesso em: 04 nov. 2020.

[425] ENRÍQUEZ, Corina Rodríguez. Gastos, tributos e equidade de gênero: uma introdução ao estudo da política fiscal a partir da perspectiva de gênero (2008). *In*: JÁCOME, Márcia Larangeira; VILLELA, Shirley (Orgs.). *Orçamentos sensíveis a gênero*: conceitos. Brasília: ONU Mulheres, 2012. p. 199-232. Disponível em: http://onumulheres.org.br/wp-content/themes/vibecom_onu/pdfs/orcamentos-conceitos.pdf. Acesso em: 05 jun. 2022.

[426] VIECELI, Cristina Pereira; ÁVILA, Róber Iturriet; CONCEIÇÃO, João Batista Santos. *Estrutura tributária brasileira e seus reflexos nas desigualdades de gênero*. Disponível em: https://ijf.org.br/wp-content/uploads/2020/07/Artigo-Tributa%C3%A7%C3%A3o-e-G%C3%AAnero.pdf. Acesso em: 04 nov. 2020.

[427] TAVARES, Nathalia de Andrade Medeiros. *Desigualdades sociais patrimoniais*: como a tributação pode reduzi-las? Rio de Janeiro: Lumen Juris, 2017.

[428] VIECELI, Cristina Pereira; ÁVILA, Róber Iturriet; CONCEIÇÃO, João Batista Santos. *Estrutura tributária brasileira e seus reflexos nas desigualdades de gênero*. Disponível em: https://ijf.org.br/wp-content/uploads/2020/07/Artigo-Tributa%C3%A7%C3%A3o-e-G%C3%AAnero.pdf. Acesso em: 04 nov. 2020.

adequado de promoção da mulher no mercado de trabalho, já que as mulheres ainda possuem abrupta defasagem econômica se comparadas às condições de trabalho masculinas.

No Brasil, a tônica "reforma tributária" é suscitada e estudada, pelo menos, desde 2003. A Proposta de Emenda à Constituição 41, de 30 de abril de 2003, cuja emenda enunciava "Altera o Sistema Tributário Nacional e dá outras providências",[429] seria o primeiro marco do que se propõe ser a reforma tributária no Brasil. A cronologia é de, no mínimo, 16 anos, até que sejam levados à discussão as Propostas de Emenda Constitucional (PEC) nº 45/2019[430] e nº 110/2019[431] e o Projeto de Lei (PL) nº 3.887/2020.[432]

Muito embora seja notório, ou ao menos deveria ser, a reforma tributária deveria voltar-se à simplificação, ao aperfeiçoamento e à modernização da coletânea legislativa tributária brasileira. Da leitura do esboço de alterações legislativas, no entanto, o que se pode inferir de pronto é que, por mais marcantes e profundos que sejam os contrastes de gênero no Brasil, não há, em todos esses anos e nas propostas de alteração do Sistema Tributário Nacional, uma só menção a essa anomalia social e econômica que segrega e diferencia a realidade socioeconômica de mulheres e homens.

Em maio de 2020, em meio à pandemia provocada pela Covid-19 e diante da iminência de uma reforma tributária que não ostentava qualquer inclinação ao reparo a desigualdades de gênero, um grupo de pesquisadoras tributaristas, formado por procuradoras da Fazenda Nacional, enquanto pesquisadoras, advogadas privadas e professoras – Grupo de Estudos e Pesquisas sobre Tributação e Gênero, Escola de Direito de São Paulo da Fundação Getulio Vargas, Tributos a Elas e *Women in Tax* Brasil –, suscitou proposições que agregaram aos projetos

---

[429] BRASIL. Câmara dos Deputados. *Proposta de Emenda à Constituição nº 41/2003*. Disponível em:https://www.camara.leg.br/proposicoesWeb/fichadetramitacao?idProposicao=113717. Acesso em: 02 fev. 2021.

[430] BRASIL. Câmara dos Deputados. *Proposta de Emenda à Constituição nº 45/2019*. Disponível em: https://www.camara.leg.br/proposicoesWeb/fichadetramitacao?idProposicao=2196833. Acesso em: 02 fev. 2021.

[431] BRASIL. Câmara dos Deputados. *Proposta de Emenda à Constituição nº 110/2019*. Disponível em: https://www.camara.leg.br/proposicoesWeb/fichadetramitacao?idProposicao=527130. Acesso em: 02 fev. 2021.

[432] BRASIL. Câmara dos Deputados. *Projeto de Lei nº 3.887/2020*. Disponível em: https://www.camara.leg.br/proposicoesWeb/fichadetramitacao?idProposicao=2258196. Acesso em: 02 fev. 2021.

de normativos (as PECs nº 45/2019 e nº 110/2019 e o PL nº 3.887/2020) da reforma tributária a função de minimizar assimetrias de gênero no Brasil.

Vinte e duas mulheres com atuação no direito tributário assinaram o documento, capitaneadas por Tathiane Piscitelli, professora e advogada, e Núbia de Castilhos, procuradora da Fazenda Nacional. O trabalho nominado *Reforma tributária e desigualdade de gênero: contextualização e propostas* conta com 42 páginas e foi acompanhado de um sumário executivo. São proposições, estudos nacionais e internacionais, referenciais teóricos, dados oficiais que retratam o abismo socioeconômico que segrega homens e mulheres e refletem a realidade da sociedade brasileira. O texto foi publicizado, divulgado e discutido, posteriormente, em reuniões virtuais. Encontra-se disponível no *site* da Escola de Direito de São Paulo da Fundação Getulio Vargas.[433]

Os encontros das integrantes do grupo foram iniciados em maio de 2020, por dispositivos que possibilitavam o contato virtual, e os documentos relativos às proposições, quanto à reforma tributária, após dezenas de reuniões e meses de leituras relacionadas a gênero e tributação, finalizados em novembro daquele mesmo ano. Para a elaboração das propostas, o texto foi dividido em duas partes, a fim de trabalhar os projetos de emenda constitucional e de lei, que estavam à época a desenhar a alteração do sistema tributário nacional. Tal como consta no texto:

> *Conforme demonstrar-se-á, inobstante a Constituição garanta igualdade entre homens e mulheres, a discussão ainda se revela importante nos dias atuais, mormente quando estudos mais recentes apontam diferença significativa de renda e patrimônio* entre homens e mulheres no Brasil. Diferença esta que aumenta substancialmente quando interseccionamos a questão de gênero à questão racial.
> O documento será dividido em duas seções, além da conclusão. Na primeira, trataremos do contexto geral da tributação no Brasil, com foco no impacto que a estrutura atual gera na desigualdade entre homens e mulheres. Ainda nessa seção, avaliaremos como as propostas atualmente em debate no Congresso Nacional, mais notadamente as Propostas de Emenda Constitucional (PEC) nº 45/2019 e 110/2019 e o Projeto de Lei (PL) nº 3887/2020, podem agravar ou não o quadro já tão desfavorável às mulheres. Na segunda seção, apresentaremos propostas concretas de

---

[433] FGV DIREITO SP. *Reforma tributária e desigualdade de gênero*: contextualização e propostas. São Paulo, nov. 2020. Disponível em: https://direitosp.fgv.br/sites/default/files/2021-09/reforma_e_genero_-_final_1.pdf. Acesso em: 20 fev. 2021.

alterações legislativas, seguidas de justificativas objetivas, sempre visando à mitigação do quadro de desigualdade e desequilíbrio atualmente existente. A conclusão trará considerações finais ao documento. (grifos nossos)

No tocante às propostas, duas frentes de pesquisa orientaram os textos encaminhados ao Congresso Nacional. A primeira delas, referente à tributação sobre o consumo, e a segunda, pertinente à tributação sobre a renda. No primeiro grupo de alterações, pode-se, de maneira resumida, dizer que a maioria das propostas visa à desoneração de bens essenciais para mulheres e de consumo majoritariamente feminino, como absorventes íntimos e assemelhados, fraldas, infantis e geriátricas, e anticoncepcionais, além de itens relacionados à cesta básica e medicação hormonal utilizada no tratamento de menopausa.

As demais propostas, voltadas à tributação sobre a renda, vincularam-se a modelos normativos de estimular o trabalho, a contratação e a permanência das mulheres no mercado de trabalho, com enfoque naquelas que se encontram em situação de maior vulnerabilidade econômica e social. Entre as propostas, constaram sugestões como: o retorno da dedução do IRPF dos valores referentes à contribuição previdenciária paga aos trabalhadores e trabalhadoras domésticas; a dedução do IRPF dos valores referentes a gastos com educação dos trabalhadores e trabalhadoras domésticas e seus descendentes diretos pagos pelos empregadores; a dedução da pensão alimentícia na declaração de ajuste anual do responsável não alimentante; a dedução do imposto de renda das pessoas jurídicas para empresas que contratem mulheres chefes de família e/ou mulheres negras que tenham políticas de inclusão de mulheres em cargos de gestão e que contratem mulheres vítimas de violência doméstica.[434]

Por fim, foram indicadas ainda propostas de criação de programas nacionais específicos, com o objetivo de apoiar o desenvolvimento de projetos de afroempreendedorismo feminino, incluindo linha de crédito diferenciada, com subsídios governamentais, desoneração de carga tributária e oferecimento de cursos de planejamento e gestão

---

[434] FGV DIREITO SP. *Reforma tributária e desigualdade de gênero*: contextualização e propostas. São Paulo, nov. 2020. Disponível em: https://direitosp.fgv.br/sites/default/files/2021-09/reforma_e_genero_-_final_1.pdf. Acesso em: 06 jun. 2022.

direcionados para o afroempreendedorismo.[435] Todos os enunciados de alteração contaram com textos em que são indicados o objetivo geral e a justificativa.

Novas reuniões foram realizadas, incluindo uma no dia 18 de dezembro de 2020, que contou com a participação da deputada federal Lídice da Mata. O conjunto de sugestões de mudanças quanto às propostas de emendas constitucionais e ao projeto de lei foi, então, encaminhado à Câmara dos Deputados Federais, por meio do gabinete da Deputada. O texto, contendo o resultado final do trabalho do grupo de estudos e pesquisas, até o momento resultou em dois projetos de lei, atualmente em trâmite.

Uma das propostas referentes à tributação da renda apresenta como objetivo geral o estímulo à contratação de mulheres de baixa renda, que sejam chefes de família, e/ou de mulheres negras, além do necessário incentivo à inserção de mulheres em cargos de gestão. Para tanto, o texto estabelece a criação de dedução específica no Imposto de Renda das Pessoas Jurídicas – IRPJ das empresas que contratem mulheres que correspondam aos grupos mencionados. Quanto às mulheres chefes de família, a justificativa apresenta números colhidos de pesquisas realizadas pelo IBGE e detalha o crescente número de mulheres provedoras da família e o fato de que o desemprego atinge mais as mulheres, e, dentre estas, as mulheres negras.[436]

O projeto de lei, fruto das considerações mencionadas e resultante do trabalho do grupo de estudos e pesquisas mencionado, é o PL nº 1.741/2021, apresentado em 07 de maio de 2021 pelas deputadas Lídice da Mata (PSB/BA), Alice Portugal (PCdoB/BA), Tereza Nelma (PSDB/AL), Erika Kokay (PT/DF) e outros. O objetivo da proposta de normativo é a contratação de mulheres de baixa renda, incluídas nesse grupo as provedoras, responsáveis pelo sustento da família, sendo monoparentais ou não. O benefício fiscal a ser usufruído pela empresa aderente ao programa seria a concessão de incentivo referente ao cálculo do IRPJ às empresas tributadas com base no lucro real. Esse projeto de

---

[435] FGV DIREITO SP. *Reforma tributária e desigualdade de gênero*: contextualização e propostas. São Paulo, nov. 2020. Disponível em: https://direitosp.fgv.br/sites/default/files/2021-09/reforma_e_genero_-_final_1.pdf. Acesso em: 06 jun. 2022.

[436] INSTITUTO BRASILEIRO DE GEOGRAFIA E ESTATÍSTICA (IBGE). *Estatísticas de gênero*: indicadores sociais das mulheres no Brasil. 2. ed. Rio de Janeiro, 2021. Disponível em: https://biblioteca.ibge.gov.br/index.php/biblioteca-catalogo?view=detalhes&id=2101784. Acesso em: 06 jul. 2022.

lei fora apensado ao PL nº 5.548/2019 e igualmente ostenta prioridade em seu andamento. Tem por finalidade a contratação de mulheres de baixa renda.[437]

Outra das proposições que também foi acolhida e transmutada em projeto de lei diz respeito à contratação de mulheres vítimas de violência doméstica, tendo em conta ser esse tipo de agressão um problema estrutural em nosso país, que assume proporções gigantescas. A finalidade geral da proposta legislativa é estimular as empresas a contratar mulheres que ainda sejam economicamente dependentes de seus agressores, a fim de colaborar com o rompimento do ciclo de violência e tornar a mulher financeiramente autônoma. Assim como no caso das mulheres chefes de família, a proposta autoriza benefício fiscal concernente à dedução específica no IRPJ das empresas que contratem mulheres na condição de vítimas de violência no ambiente doméstico.

O segundo projeto de lei, que também é oriundo do trabalho do grupo de estudos e pesquisas mencionado, é o PL nº 1.740/2021,[438] de mesmas data e autoria. O benefício fiscal a ser alcançado pela empresa aderente ao programa seria a concessão de incentivo fiscal no âmbito do IRPJ às empresas tributadas com base no lucro real. A proposta foi apensada, de acordo com o andamento contido no *site* da Câmara dos Deputados, ao Projeto de Lei nº 3.414/2019 e tramita com prioridade. A ementa tem a seguinte redação:

> [i]nstitui o Programa de contratação de mulheres vítimas de violência doméstica e financeiramente dependentes (PCMVF) que estabelece a concessão de incentivo fiscal no âmbito do Imposto sobre a Renda das Pessoas Jurídicas às empresas tributadas com base no lucro real que contratarem mulheres nessas condições.

Desse modo, tanto o produto do trabalho do Grupo de Estudos e Pesquisas Tributação e Gênero – *Reforma tributária e desigualdade de gênero: contextualização e propostas* – quanto os projetos de lei que dele se originaram são movimentações da sociedade civil, notadamente de um grupo de pesquisadoras, que resultaram em materialização de políticas públicas. Indubitavelmente, cabe ao Estado induzir e impulsionar o

---

[437] BRASIL. Câmara dos Deputados. *Apensado ao PL nº 5.548/2019*. Disponível em: https://www.camara.leg.br/propostas-legislativas/2281267. Acesso em: 06 jun. 2022.
[438] BRASIL. Câmara dos Deputados. *Apensado ao PL nº 3.414/2019*. Disponível em: https://www.camara.leg.br/propostas-legislativas/2281266. Acesso em: 06 jun. 2022.

agente privado na consecução de finalidades sociais e estimular a sua participação em programas que visem à maior equidade entre homens e mulheres.[439]

A tributação indutora, como analisado no item 3.3.1, deve ser instrumento inclusivo em relação ao gênero feminino, para que as desigualdades socioeconômicas existentes entre homens e mulheres sejam aplacadas. A inclusão socioeconômica de mulheres perpassa, ainda nos dias atuais, por sua inserção e sua progressão no mercado de trabalho. A tributação e seus desdobramentos práticos são possíveis juridicamente e úteis no combate à desigualdade de gênero e na imprescindível proteção do mercado de trabalho da mulher.[440]

De todas as sugestões, as medidas de combate à desigualdade por meio de contratação de mulheres em situações de vulnerabilidade econômica guardam mais pertinência com este texto. Ações do Estado que consubstanciem incentivos à contratação de mulheres fazendo uso de concessão de benefícios fiscais são, indubitavelmente, mecanismos hábeis a fomentar as transformações na realidade da parcela feminina da população que é depreciada no mercado de trabalho nos mais diversos aspectos. O engajamento das empresas privadas propicia triplo resultado positivo. Ganham a empresa, o Estado e a sociedade.

E ainda que se pergunte: por que incluir o sistema tributário no cumprimento dessa redução de desigualdades? Porque essa é a ideologia da Constituição no tocante à igualdade material entre homens e mulheres, aquelas e aqueles que se encontram em situações distintas, com tratamentos diversos, para que possam ter condições de usufruir de seus direitos sociais. O cenário não poderia ser mais distinto entre

---

[439] DIAS NETO, Orlando Fernandes; FERIATO, Juliana Marteli Fais. A tributação como instrumento para a promoção da igualdade de gênero no mercado de trabalho. *Revista Direitos Sociais e Políticas Públicas*, v. 6, n. 2, 2018. Disponível em: http://www.unifafibe.com.br/revista/index.php/direitos-sociais-politicas-pub/issue/view/26/showToc. Acesso em: 14 jan. 2021.

[440] DIAS NETO, Orlando Fernandes; FERIATO, Juliana Marteli Fais. A tributação como instrumento para a promoção da igualdade de gênero no mercado de trabalho. *Revista Direitos Sociais e Políticas Públicas*, v. 6, n. 2, 2018. Disponível em: http://www.unifafibe.com.br/revista/index.php/direitos-sociais-politicas-pub/issue/view/26/showToc. Acesso em: 20 fev. 2021: "Uma isenção tributária condicionada à oferta das mesmas oportunidades de emprego, independentemente do gênero, viabiliza a inclusão dos efeitos positivos de tal contratação ao processo decisório empresarial (internalização das externalidades), de forma que o mercado de trabalho, utilizando seu próprio mecanismo e dinâmica de funcionamento, passe a ser mais inclusivo em relação ao gênero feminino. Desta forma, a tributação indutora, manifestada por uma isenção tributária condicionada, se mostra como um instrumento à disposição do Estado para privilegiar os empregadores que optem por dar condições mais igualitárias de trabalho às mulheres".

homens e mulheres em um mercado de trabalho que desqualifica o trabalho realizado por mulheres. Se as estruturas tributárias não maximizam a autonomia econômica das mulheres, precisam ser revistas, como muito bem acentuado por Corina Rodríguez Enríquez.[441] A tributação pode e deve ser meio de intervenção no domínio econômico, deve ser uma fórmula, uma via, na indução de comportamentos desejáveis. Como muito bem ponderado por Eros Grau, o Estado "[i]ntervirá, no caso, por direção ou por indução. [...] Quando o faz, por indução, o Estado manipula os instrumentos de intervenção em consonância e na conformidade das leis que regem o funcionamento dos mercados". E nessa passagem o professor fala claramente sobre a tributação utilizada como um conformador de comportamentos dos agentes econômicos.[442]

4.2 Intervenção do Poder Judiciário na conformação ou na concretização de políticas públicas

Como já mencionado no capítulo anterior, o conceito de políticas públicas ganha amplitude nos últimos anos e tem origem em discussões que superaram o ordenamento jurídico. A professora Maria Paula Dallari Bucci aponta a conceituação de política pública como aspecto jurídico pertinente à indução e ao estímulo de comportamentos. Como detalhado pela professora: "[p]olítica pública é o programa de ação governamental que resulta de um processo ou conjunto de processos juridicamente regulados", e a ação elaborada e direcionada do Estado visa "ordenar os meios à disposição do Estado e as atividades privadas, para a realização de objetivos socialmente relevantes e politicamente determinados".[443]

---
[441] ENRÍQUEZ, Corina Rodríguez. Gastos, tributos e equidade de gênero: uma introdução ao estudo da política fiscal a partir da perspectiva de gênero (2008). *In*: JÁCOME, Márcia Larangeira; VILLELA, Shirley (Orgs.). *Orçamentos sensíveis a gênero*: conceitos. Brasília: ONU Mulheres, 2012. p. 230. Disponível em: http://onumulheres.org.br/wp-content/themes/vibecom_onu/pdfs/orcamentos-conceitos.pdf. Acesso em: 05 jun. 2022: "Igualmente, trata-se de avaliar em que medida as estruturas tributárias, com suas distorções implícitas e seu impacto sobre os estímulos ou desestímulos à participação econômica, estão consolidando ou evitando desafiar a estrutura de gênero na qual se sustenta o funcionamento da economia, e que restam possibilidades de igualdade de oportunidades entre homens e mulheres".
[442] GRAU, Eros Roberto. *A Ordem Econômica na Constituição de 1988*: interpretação e crítica. 8. ed. São Paulo: Malheiros, 2003. p. 126-127.
[443] BUCCI, Maria Paula Dallari. O conceito de política pública em direito. *In*: BUCCI, Maria Paula Dallari. *Políticas públicas*: reflexões sobre o conceito jurídico. São Paulo: Saraiva,

Ao escrever sobre a intervenção do Poder Judiciário na conformação ou aplicação de políticas públicas, a autora afirma ser indesejado que o Poder Judiciário tenha de atuar de modo "ativo" na determinação de concretização de políticas públicas.[444] O que pode decorrer desse fato é o deslocamento (e desorganização) do processo de seleção de prioridades e reserva de fundos, pontos estratégicos da construção de qualquer política pública, dos Poderes Executivo e Legislativo. Pode haver, igualmente, o comprometimento da elaboração do planejamento e do direcionamento do orçamento público.

A dificuldade de vislumbrar o panorama macropolítico é evidente, visto que não há como cogitar uma ótica global diante do contexto isolado de cada uma das demandas judiciais. Essa limitação se mantém, ainda da perspectiva das ações coletivas. Isso porque a entrega do direito será direcionada ao indivíduo ou ao grupo de indivíduos, e não haverá como mapear e contabilizar as repercussões econômicas das medidas judiciais, como poderia ser feito na confecção de leis orçamentárias, de âmbito municipal, estadual ou federal.

Prossegue Maria Paula Dallari, acentuando que este é o tema que mais tem despertado atenção dos estudiosos do direito, no que toca às políticas públicas – o controle judicial sobre elas, da perspectiva da possibilidade, dos limites desse controle e de suas repercussões econômicas. E problematiza os limites dessa intervenção, questionando como o Poder Judiciário pode apreciar e julgar determinada demanda, que envolva a realização de políticas públicas, sem ferir o princípio da harmonia entre os poderes, atuando apenas na esfera que lhe compete.

A autora ressalta que política pública é expressão das ações governamentais. São as políticas públicas, sua definição e os programas para a sua implementação que determinam a atuação do Poder Público. Há, segundo ela, um grande espaço para a discricionariedade administrativa, amparada pela legitimidade da investidura do governante

---

2006. p. 39: "*Política pública é o programa de ação governamental que resulta de um processo ou conjunto de processos juridicamente regulados* – processo eleitoral, processo de planejamento, processo de governo, processo orçamentário, processo legislativo, processo administrativo, processo judicial – *visando ordenar os meios à disposição do Estado e as atividades privadas, para a realização de objetivos socialmente relevantes e politicamente determinados*. Como tipo ideal, a política pública deve visar a realização de objetivos definidos, expressando a seleção de prioridades, a reserva de meios necessários à sua consecução e o intervalo de tempo em que se espera o atingimento dos resultados" (grifos nossos).

[444] BUCCI, Maria Paula Dallari. O conceito de política pública em direito. *In*: BUCCI, Maria Paula Dallari. *Políticas públicas*: reflexões sobre o conceito jurídico. São Paulo: Saraiva, 2006. p. 31-32.

no poder. E ela avança suscitando até que ponto o Poder Judiciário poderia apreciar determinada política pública sem, todavia, invadir esfera própria da atividade política de governo (mais especificamente do Poder Executivo).[445]

Detalhando o próprio questionamento, a autora chama a atenção para ponto de relevância maior, ao afirmar que a atuação judicial na conformação das políticas públicas seria, de certo modo, imprópria, uma vez que a formulação das políticas públicas cabe, em regra, ao Poder Executivo, dentro de marcos definidos pelo Poder Legislativo. Entretanto, o debate judicial sobre a aplicação de políticas públicas é o que se revela mais intrinsecamente jurídico, por ser a hipótese na qual se leva ao limite a questão da "vinculatividade" e da obrigatoriedade de modificação da realidade social – seria o poder de coerção da norma jurídica em relação ao direito, em especial aos direitos sociais.[446]

Maria Paula Dallari Bucci, em sua obra *Fundamentos para uma teoria jurídica das políticas públicas*, acrescenta que a "judicialização da política" é um fato que isoladamente revela a "processualidade das políticas públicas", tendo em conta que, dia após dia, um maior número de conflitos sociais passa a ser submetido ao Poder Judiciário, uma vez que o modelo jurídico da Constituição brasileira favorece a admissão do conflito, e não sua rejeição.[447] Para a autora, o controle judicial configura mais uma forma de maximização das políticas públicas.

Inegavelmente, a ampliação das formas de acesso à justiça e o aumento da importância social dessas vias de solução de controvérsias, em busca de maior amplitude e eficácia, ultrapassaram o questionamento relativo à possibilidade de haver ou não controle judicial quanto à implementação de políticas públicas. A pergunta a ser feita é: quais os limites da decisão judicial? A autora fala sobre um controle, cada vez mais frequente, das políticas públicas pelo Poder Judiciário. E que, ainda que essa implementação de ações públicas, primordialmente relacionadas à concretização de direitos sociais, seja determinada pelo

---

[445] BUCCI, Maria Paula Dallari. O conceito de política pública em direito. *In*: BUCCI, Maria Paula Dallari. *Políticas públicas*: reflexões sobre o conceito jurídico. São Paulo: Saraiva, 2006. p. 23.
[446] BUCCI, Maria Paula Dallari. O conceito de política pública em direito. *In*: BUCCI, Maria Paula Dallari. *Políticas públicas*: reflexões sobre o conceito jurídico. São Paulo: Saraiva, 2006. p. 22.
[447] BUCCI, Maria Paula Dallari. *Fundamentos para uma teoria jurídica das políticas públicas*. São Paulo: Saraiva, 2013. p. 121-122.

Poder Judiciário e traga transtornos para os gestores públicos, essa é uma propensão mundial.[448]

É importante ressaltar quais as razões da atuação do Poder Judiciário diante de ações, principalmente as coletivas ou de controle de constitucionalidade, que objetivam o alcance de direitos sociais. Em regra, as decisões judiciais que reconhecem direitos sociais o fazem diante da inexistência de legislação ou política pública que promova tal direito ou o fazem de modo a aperfeiçoá-las. Maria Paula Dallari Bucci pondera com grande precisão que "não se trata de conceber o Poder Judiciário como mera arena de conflitos, mas respeitar que a exigência judicial de direitos seja uma alternativa possível".[449]

Como dito linhas atrás, por diversas autoras e autores, para a concretização da democracia, os direitos sociais devem ser garantidos pelas atuações do Estado em relação a quaisquer dos três Poderes. "Esse é o sentido político-institucional do controle judicial de políticas públicas num cenário democrático. Não se trata de conceber o Poder Judiciário como mera arena de conflitos, mas respeitar que a exigência judicial de direitos seja uma alternativa possível",[450] como enfatiza Maria Paula Dallari Bucci.

---

[448] BUCCI, Maria Paula Dallari. *Fundamentos para uma teoria jurídica das políticas públicas*. São Paulo: Saraiva, 2013. p. 123: "Se existe um controle judicial mais presente (e incômodo, em certa medida, para os gestores públicos) sobre a atuação governamental, não se trata de exercício de voluntarismo por integrantes da magistratura, mas de um movimento consistente, formalizado pelo Poder Legislativo, cujo sentido claro é evitar a procrastinação das decisões sobre os conflitos, sustentando a decidibilidade judicial mais célere e eficaz. Esse sentido acompanha movimento análogo em diversos países, que fizeram do Judiciário o foro natural onde deságua boa parte dos conflitos da sociedade, o que requer, evidentemente, que o Judiciário tenha condições de prover respostas em prazo considerado razoável pelos destinatários do serviço jurisdicional".

[449] BUCCI, Maria Paula Dallari. *Fundamentos para uma teoria jurídica das políticas públicas*. São Paulo: Saraiva, 2013. p. 124.

[450] BUCCI, Maria Paula Dallari. *Fundamentos para uma teoria jurídica das políticas públicas*. São Paulo: Saraiva, 2013. p. 124: "Esse é o sentido político-institucional do controle judicial de políticas públicas num cenário democrático. Não se trata de conceber o Poder Judiciário como mera arena de conflitos, mas respeitar que a exigência judicial de direitos seja uma alternativa possível. Diante dela, cabe à autoridade prestar contas, informar como está sendo planejado o enfrentamento da questão, quais os meios imediatamente disponíveis, quais os resultados a serem obtidos ao longo do tempo. Só desse modo se terá o verdadeiro escrutínio da conduta do Poder Público, sem *parti pris*, seja de um lado, seja de outro. Curiosamente, pode-se dizer que o problema que a judicialização das políticas públicas hoje enfrenta decorre da falta de procedimento e não de excesso deste".

4.3 O Supremo Tribunal Federal e as repercussões do reconhecimento das distinções de gênero no mercado de trabalho. Políticas públicas materializadas

As decisões mais recentes do Supremo Tribunal Federal quanto à necessidade de superação das desigualdades de gênero têm estreita relação com os comandos da Constituição, como não poderia deixar de ser. Se as cidadãs não encontram respostas às suas demandas na legislação vigente, muito embora a Constituição seja clara quanto à titularidade do direito controvertido, adequada parece ser a resposta do Poder Judiciário, que não pode se furtar a cobrar a iniciativa do Poder Legislativo ou do Poder Executivo, e determinar que o direito judicializado seja usufruído.

É bastante lógico que, ao analisar um julgamento do Supremo Tribunal Federal, que tenha desigualdades de gênero como fundamento de decidir, seja questionada a viabilidade desse tipo de decisão. Não seria função do Poder Legislativo elaborar políticas públicas de oposição à manutenção das assimetrias econômicas de gênero? Poderia o Poder Judiciário, enquanto agente público da mais alta envergadura, ser ator ativo da construção desse tipo de ação pública?

A Constituição deve ter observância máxima, imposição não contraditável, ampla e irrestrita. Tal como elucidado, em diferentes passagens, por Luís Roberto Barroso, "as normas constitucionais são dotadas de imperatividade, que é atributo de todas as normas jurídicas, e sua inobservância há de deflagrar os mecanismos próprios de coação, de cumprimento forçado".[451] Há um compromisso do Estado com a efetividade dos direitos sociais, o qual é extensivo a todos os agentes públicos, atuantes nos três poderes, nas três esferas da Federação.

Maria Paula Dallari Bucci reconhece que o impedimento da omissão do Estado na efetivação de direitos sociais é uma implicação das normas programáticas.[452] "Um dos efeitos da aplicabilidade das normas programáticas é a proibição de omissão dos Poderes Públicos

---

[451] BARROSO, Luís Roberto. Neoconstitucionalismo e constitucionalização do direito (O triunfo tardio do direito constitucional no Brasil). *R. Dir. Adm.*, Rio de Janeiro, 240, p. 1-42, abr./jun. 2005. Disponível em: http://www.luisrobertobarroso.com.br/wp-content/uploads/2017/09/neoconstitucionalismo_e_constitucionalizacao_do_direito_pt.pdf. Acesso em: 10 mar. 2021.

[452] BUCCI, Maria Paula Dallari. O conceito de política pública em direito. *In*: BUCCI, Maria Paula Dallari. *Políticas públicas*: reflexões sobre o conceito jurídico. São Paulo: Saraiva, 2006. p. 29-31.

na realização dos direitos sociais".[453] Reitera a autora, com clareza, que não há tarefa simples – nem sancionar omissões nem promover a implementação de políticas públicas – sem a devida e detalhada elaboração da ação pública e seu processamento adequado. No entanto, compreendendo as políticas públicas como programas destinados a realizar a prestação de garantia dos direitos sociais, deveria, ou deve, o Poder Judiciário manter-se inerte diante das ações coletivas propostas para assegurar tais direitos?

A corroborar e a salientar a postura ativa do Supremo Tribunal Federal na definição de controvérsias acerca dos direitos fundamentais, os estudos elaborados por Monique Lopes e Rafael Aguiar seguem no mesmo sentido, trazendo, ainda, pontos mais específicos quanto à responsabilidade do Poder Judiciário nas questões de desigualdade de gênero. Como dito antes neste texto, as construções de gênero envolvem aspectos que se estendem do campo histórico ao campo jurídico. E desse último dependem, inarredavelmente, para que se promova o rompimento do cenário atual de diferenças e a concretização da igualdade. É dever também do Poder Judiciário participar desse processo. Tal como salientado pelos referidos autores:

> Nesse viés, tal como a educação jurídica tem um compromisso cívico-patriótico de dialogar com as premissas de um feminismo crítico ao Direito, também o têm os tribunais e demais órgãos essenciais da justiça. *A própria atividade jurisdicional pode aprender a partir dos saberes históricos dos movimentos de mulheres, inclusive para repensar, transgredir e superar as estruturas interpretativas que consolidam o heteropatriarcado através de uma nova hermenêutica constitucional: uma hermenêutica feminista.* Ainda sobre esse viés pedagógico sobre o Direito que é parte fundamental na produção de políticas públicas temos também a força pedagógica dos movimentos sociais. Ao participarem de um processo organizativo, e de mobilização social, os participantes aprendem a analisar e a formular propostas. Tomam consciência do poder de fala coletivo, transgridem normatividades violentas, constroem pontes e realizam práticas para tornarem mais palpáveis a construção de seus objetivos

---

[453] BUCCI, Maria Paula Dallari. O conceito de política pública em direito. *In*: BUCCI, Maria Paula Dallari. *Políticas públicas*: reflexões sobre o conceito jurídico. São Paulo: Saraiva, 2006. p. 29.

e assim reivindicam uma vida, quem sabe, um pouco mais solidária.[454] (grifos nossos)

Não há dúvidas de que as premissas ideológicas – o conjunto de valores jurídicos – do direito constitucional mudaram em 1988. O sistema tradicional de interpretação, de pura e simples subsunção, não se adequa mais. Como afirmado por Luís Roberto Barroso, a solução de problemas jurídicos, principalmente os mais complexos, nem sempre estará no texto normativo. O intérprete da norma é coparticipante do processo de criação do Direito, seu operador.[455] Faz uso das cláusulas abertas para aproximar o Direito da realidade social – materializando as soluções juridicamente possíveis e em consonância com a diretriz maior constitucional.

4.4 O julgamento do RE nº 576.967/PR e a efetiva proteção do mercado de trabalho da mulher: uma decisão pragmática e necessária

A ideia de concretização de direitos fundamentais, aqui também incluída a igualdade de gênero, depende da atuação do legislador, por óbvio, que devia conformar os atos normativos legais e infralegais à Constituição, mas também exige comportamento ativo do STF em sua tarefa primordial: a consolidação desses direitos. O STF, Tribunal de direitos fundamentais, deve voltar à proteção de grupos vulneráveis. E, na hipótese de igualdade de gênero, principalmente a igualdade

---

[454] LOPES, Monique Rodrigues; AGUIAR, Rafael dos Reis. Carta das mulheres à constituinte: uma análise sobre as leis de violência contra as mulheres a partir das críticas ao direito. *Revista de Ciências do Estado*, Belo Horizonte, v. 5, n. 1, e20681.

[455] BARROSO, Luís Roberto. Neoconstitucionalismo e constitucionalização do direito (O triunfo tardio do direito constitucional no Brasil). *R. Dir. Adm.*, Rio de Janeiro, 240, p. 1-42, abr./jun. 2005. Disponível em: http://www.luisrobertobarroso.com.br/wp-content/uploads/2017/09/neoconstitucionalismo_e_constitucionalizacao_do_direito_pt.pdf. Acesso em: 10 mar. 2021. p. 12: "Com o avanço do direito constitucional, as premissas ideológicas sobre as quais se erigiu o sistema de interpretação tradicional deixaram de ser integralmente satisfatórias. Assim: (i) quanto ao papel da norma, verificou-se que a solução dos problemas jurídicos nem sempre se encontra no relato abstrato do texto normativo. Muitas vezes só é possível produzir a resposta constitucionalmente adequada à luz do problema, dos fatos relevantes, analisados topicamente; (ii) quanto ao papel do juiz, já não lhe caberá apenas uma função de conhecimento técnico, voltado para revelar a solução contida no enunciado normativo. O intérprete torna-se coparticipante do processo de criação do Direito, completando o trabalho do legislador, ao fazer valorações de sentido para as cláusulas abertas e ao realizar escolhas entre soluções possíveis".

em relação ao mercado de trabalho da mulher, o pronunciamento da Suprema Corte é em tudo fundamental. O STF examinou a Arguição de Descumprimento de Preceito Fundamental – ADPF 132, ação de controle concentrado em que se postulou que o não reconhecimento da relação homoafetiva como união estável violaria os direitos fundamentais concernentes ao direito à isonomia e à liberdade. A conclusão alcançada é exemplo, de índole pragmática e acoplada à realidade da sociedade brasileira, de atuação daquela Corte. No referido julgamento, reconheceu-se que "[o] sexo das pessoas, salvo disposição constitucional expressa ou implícita em sentido contrário, não se presta como fator de desigualação jurídica".[456]

O julgamento, no qual os ministros do STF estruturaram e fundamentaram seus votos, a fim de dar ativa proteção a direitos fundamentais, que proíbem peremptoriamente qualquer forma de discriminação, marca de forma positiva a atuação judicial de combate à perpetuação de diferenças no País. Mais um momento de mudança de discurso, de abandono de postura passiva, que pode ser associado à ideia de exigência, pela própria Constituição Federal, cuja ideologia maior está pautada na igualdade de comportamento ativo do Tribunal.

A construção de um sistema jurídico que seja disruptivo, que efetivamente pretenda interromper o ciclo de subjugação e de inferiorização de mulheres, é urgente, sob pena de as normas serem vias institucionais de perpetuação de desigualdades, meios coniventes com a marginalização feminina. A interseccionalidade das áreas de conhecimento que demonstram como foram criados os papéis de gênero demanda a ingerência do direito como condutor de garantias de direitos, os mais básicos às mulheres.

Como bem salientado por Clara Menezes em trecho que traduz a importância dessa ingerência do Estado, "[o] Direito é instrumento de perpetuação institucional e de desigualdades de gênero quando se atém às regras positivadas, seja pela aparente neutralidade, protegendo práticas discriminatórias".[457] É dentro do ordenamento jurídico que ocorrerá a construção de arranjos institucionais novos, na mudança de

---

[456] BRASIL. Supremo Tribunal Federal. *ADPF nº 132*. Disponível em: https://portal.stf.jus.br/processos/detalhe.asp?incidente=2598238. Acesso em: 10 jan. 2022.
[457] MENEZES, Clara. Ruth Ginsburg e o papel das instituições na igualdade de gênero. *In*: RANI, Herta; PITA, Juliana (Orgs.). *O poder feminino*: entre percursos e desafios. Análises sobre políticas públicas, liderança feminina e tributação. Belo Horizonte: Arraes Editores, 2021. p. 7-20.

incentivos, no fomento de valores, na determinação de novos acordos sociais. Uma ordem jurídica mais justa que deve acompanhar a evolução de seu tempo e as necessidades de suas minorias. Embora "[o] direito positivo é contraditório", é ele "a derradeira garantia de defesa das classes subalternas",[458] como definido pelo Ministro Eros Grau.

Diante da omissão legislativa de promoção da igualdade entre homens e mulheres no circuito laboral, embora a determinação exista no art. 7º, nos incisos XX e XXX,[459] relativos aos direitos das trabalhadoras e trabalhadores urbanos e rurais à proteção do mercado de trabalho da mulher, mediante incentivos e proibição da diferença de salários, o STF, cumprindo sua função de garantidor de direitos fundamentais,[460] prolatou decisão pragmática para dar contornos concretos à mencionada igualdade.

O julgamento do RE nº 576.967, do Estado do Paraná, que foi reconhecido como processo no qual contida repercussão geral – Tema 72,[461] ocorreu em 05 de agosto de 2020 e a discussão era a incidência, ou não incidência, da contribuição previdenciária patronal sobre o salário-maternidade. Restou fixada a tese: "É inconstitucional a incidência

---

[458] GRAU, Eros Roberto. *Por que tenho medo dos juízes*: a interpretação/aplicação do direito e dos princípios. 10. ed. refundida do Ensaio e discurso sobre a interpretação/aplicação do direito. São Paulo: Malheiros, 2021. p. 14.

[459] "Art. 7º São direitos dos trabalhadores urbanos e rurais, além de outros que visem à melhoria de sua condição social: (...) XX – proteção do mercado de trabalho da mulher, mediante incentivos específicos, nos termos da lei; (...) XXX – proibição de diferença de salários, de exercício de funções e de critério de admissão por motivo de sexo, idade, cor ou estado civil; (...)".

[460] ROCHA, Cármen Lúcia Antunes. Ação afirmativa: o conteúdo democrático do princípio da igualdade jurídica. *Revista de Informação Legislativa*, Brasília, ano 33, n. 131, p. 286-287, jul./set. 1996: "Enquanto até a década de 30 o Poder Legislativo era o principal responsável pelo alargamento dos direitos fundamentais, que passavam, por meio de leis, a comporem o quadro reconhecido daqueles que eram assegurados, tocando ao Poder Executivo o papel garantidor do respeito a eles, a partir da 2ª Grande Guerra o Poder Judiciário nos Estados Unidos, por meio da Suprema Corte, basicamente sob a presidência de Earl Warren, e as Cortes Constitucionais nos Estados europeus passaram a ser os principais polos institucionais não apenas garantidores, mas ativadores em parte, do reconhecimento de novos direitos tidos como fundamentais a partir de então. O que se acredita é que, a partir do período imediatamente pós-guerra e até o início da década de sessenta, passou-se a ter consciência de que os litígios constitucionais, mesmo traduzindo interesses individuais, continham elementos que se espraiavam e densificavam em toda a sociedade e, dessa forma, constituíam fonte de reconhecimento de direitos fundamentais para todos na sociedade".

[461] BRASIL. Supremo Tribunal Federal (Tribunal Pleno). *Recurso Extraordinário nº 576.967*, Relator: Min. Roberto Barroso, julgado em 04 de agosto de 2020. Disponível em: https://jurisprudencia.stf.jus.br/pages/search?classeNumeroIncidente=%22RE%20576967%22&base=acordaos&sinonimo=true&plural=true&page=1&pageSize=10&sort=_score&sortBy=desc&isAdvanced=true. Acesso em: 22 mar. 2022.

da contribuição previdenciária a cargo do empregador sobre o salário-maternidade". Plenário, Sessão Virtual de 26.06.2020 a 04.08.2020.[462]

O RE nº 576.967 foi autuado no STF em 30 de janeiro de 2008 e distribuído ao Ministro Joaquim Barbosa. Em 26 de abril do mesmo ano, por indicação do relator, houve o reconhecimento da repercussão geral da temática, que, como mencionado, configurava a discussão sobre a incidência, ou não incidência, da contribuição previdenciária patronal sobre o salário-maternidade. Em junho de 2013, houve a substituição da relatoria, que passa a ser, então, do ministro Luís Roberto Barroso, de acordo com o andamento do processo.[463]

Na origem, houve a impetração de mandado de segurança preventivo em 31 de junho de 2006, em que o Hospital Vita Batel S.A. questionava a incidência da mencionada contribuição sobre o salário-maternidade por afronta ao art. 195, I, *a*, da CF. Assim como consta na antecipação de voto do relator: "aqui, não estamos discutindo natureza jurídica de verbas sobre as quais incide contribuição previdenciária".[464] O voto do relator, seguido por maioria por seus pares, repercute em questões contábeis e tributárias para as empresas, como se desdobra na arrecadação a ser realizada pelo Estado.

Sem dúvidas, o julgado consubstancia mais uma das decisões pragmáticas do STF, da sua atuação como materializador de direitos fundamentais, no caso, a igualdade entre homens e mulheres no mercado de trabalho. Como salientado por Christine Peter da Silva, o precedente é um notório exemplo de como as pautas que afetarão as vidas das mulheres podem receber propostas da "doutrina constitucional feminista, a qual propõe um deslocamento expresso dos problemas da esfera privada das mulheres para os espaços públicos também por elas habitado".[465]

---

[462] O andamento processual do RE nº 576.967 encontra-se disponível em: http://www.stf.jus.br/portal/jurisprudenciaRepercussao/verAndamentoProcesso.asp?incidente=2591930&numeroProcesso=576967&classeProcesso=RE&numeroTema=72. Acesso em: 10 jan. 2022.

[463] BRASIL. Supremo Tribunal Federal. *RE nº 576.967*. Disponível em: http://www.stf.jus.br/portal/jurisprudenciaRepercussao/verAndamentoProcesso.asp?incidente=2591930&numeroProcesso=576967&classeProcesso=RE&numeroTema=72. Acesso em: 10 jan. 2022.

[464] BRASIL. Supremo Tribunal Federal. *RE nº 576.967*. Íntegra do acórdão. Disponível em: https://redir.stf.jus.br/paginadorpub/paginador.jsp?docTP=TP&docID=754147264. Acesso em: 10 jan. 2022.

[465] SILVA, Christine Oliveira Peter da. Por uma dogmática constitucional feminista. *Suprema: Revista de Estudos Constitucionais*, Brasília, v. 1, n. 2, p. 151-189, jul./dez. 2021. p. 178.

A proteção ao mercado de trabalho da mulher, constante, de modo expresso, no art. 7º, XX, da CF,[466] encontra respaldo antecedente na igualdade efetiva a ser implementada entre homens e mulheres, nos termos do art. 5º, I, bem como na ordem econômica, fundada na valorização do trabalho humano – art. 170, *caput*, da CF. Se o trabalho da mulher, em grande parte das hipóteses, é desenvolvido em condições dessemelhantes ao do homem, e é ainda depreciado monetariamente, há o menosprezo do trabalho humano, e não a sua dignificação.

Políticas públicas devem ser traçadas para que as distorções sociais, entre elas as de gênero, sejam corrigidas em todas as suas vertentes, o que foi alvo de reflexão constante no presente texto. É dever do Estado primar por métodos efetivos que concretizem a igualdade material. Ao Estado cabe a concretização dos direitos sociais das cidadãs e dos cidadãos, seja protegendo as partes mais vulneráveis de suas próprias ações, seja limitando o poder dos agentes econômicos. Como bem delineado por Maria Paula Dallari Bucci, as políticas públicas são o agir do Estado para decantar os direitos sociais da população na realidade.[467]

Em pesquisa realizada por Christine Peter da Silva,[468] são examinadas e esmiuçadas relevantíssimas decisões colegiadas do Supremo Tribunal Federal que tocam temas relacionados aos direitos da mulher que, irradiados da Constituição de 1988, repercutem em diversas vertentes do direito: penal, civil, administrativa, trabalhista, previdenciária e tributária. Ainda no que se refere ao julgamento do RE nº 576.967, a autora destaca, "como expressamente constou dos votos de alguns magistrados do Supremo Tribunal Federal, que a existência de uma questão tributária e/ou previdenciária não impede que sejam debatidos pela Corte os efeitos da decisão para as mulheres".[469]

---

[466] BRASIL. *Constituição da República Federativa do Brasil de 1988*. Brasília: Senado Federal, 05 out. 1988. Disponível em: http://www.planalto.gov.br/ccivil_03/constituicao/constituicao.htm. Acesso em: 02 jan. 2022.
"Art. 7º São direitos dos trabalhadores urbanos e rurais, além de outros que visem à melhoria de sua condição social: (...) XX – proteção do mercado de trabalho da mulher, mediante incentivos específicos, nos termos da lei; (...) XXX – proibição de diferença de salários, de exercício de funções e de critério de admissão por motivo de sexo, idade, cor ou estado civil".

[467] BUCCI, Maria Paula Dallari. *Fundamentos para uma teoria jurídica das políticas públicas*. São Paulo: Saraiva, 2013. p. 57.

[468] SILVA, Christine Oliveira Peter da. Por uma dogmática constitucional feminista. *Suprema: Revista de Estudos Constitucionais*, Brasília, v. 1, n. 2, p. 172 e ss, jul./dez. 2021.

[469] BRASIL. Supremo Tribunal Federal. RE nº 576.967, Tribunal Pleno, Rel. Min. Roberto Barroso, j. 04.08.2020.

As considerações e ponderações expressas no tocante à igualdade, em geral, e especificamente sobre a igualdade de gênero, dentro de uma ótica que acopla os direitos fundamentais e as políticas públicas, indicam que as discussões referentes à superação das assimetrias de gênero ascenderam à Suprema Corte brasileira. Ou seja, despertaram o olhar para a omissão dos demais Poderes quanto a ferramentas de concretização de igualdade entre homens e mulheres no mercado de trabalho, porque é dessa isonomia que atualmente dependem as mulheres para se tornarem titulares de renda e patrimônio.

O voto do relator é de grande impacto para a realidade da mulher brasileira e para a sociedade como um todo.[470] Mais especificamente sobre a proteção do mercado de trabalho da mulher, o ministro Luís Roberto Barroso, no RE nº 576.967, ao explicar a estrutura sobre a qual está assentado o seu voto, realça que o dividiu em três partes. Esclarece que, "na terceira, trato da violação à isonomia, considerando a discriminação da mulher no mercado de trabalho, potencializada pela incidência do tributo, bem como a necessidade da proteção à maternidade".[471]

Destacou, ainda, que a Constituição de 1988, mantendo previsões contidas nas Constituições de 1934 e de 1937, assegurou a proteção à maternidade, ao considerá-la direito social (art. 6º), estabelecendo também a licença à gestante, sem prejuízo do emprego e do salário, e proteção do mercado de trabalho da mulher, mediante incentivos

---

[470] Nesse mesmo sentido, NOVO, Carla Mendes e LONGO, Larissa Luzia. RE nº 576.967/PR: Inconstitucionalidade da tributação do salário-maternidade pele contribuição previdenciária patronal. *In*: SACFF, Fernando Facury, TORRES, Heleno Taveira, DERZI, Misabel Abreu Machado, BATISTA, Onofre Alves. *Supremos Acertos*: avanços doutrinários a partir da jurisprudência do STF. Belo Horizonte: Caso do Direito, 2022. "Nesse contexto, o texto constitucional garante a protege a maternidade por meio concessão de licença-maternidade sem prejuízo do emprego e do salário, garantia criada justamente com o escopo de prestigiar o reconhecimento da função social da maternidade, buscando a mudança de sua percepção como um ônus no campo profissional.
Esse cenário intensifica a desvantagem competitiva da mulher no mercado de trabalho, pois o ônus tributário da maternidade recai inteiramente sobre o empregador, contribuindo para o aumento do custo da mão-de-obra feminina, comparativamente à masculina.
A tributação do salário-maternidade revela, portanto, a desconexão entre (i) os vetores constitucionais de incentivo à proteção das mulheres no mercado de trabalho e (ii) a norma tributária, de imposição de ônus à contratação de mulheres.
Por consequência, a tributação do salário-maternidade implicava violação ao artigo 7º, XX, da Constituição Federal, que exige do legislador a elaboração de políticas públicas que incentivem e protejam as mulheres e mães no mercado de trabalho".

[471] BRASIL. Supremo Tribunal Federal. *RE nº 576.967*. Íntegra do acórdão. Disponível em: https://redir.stf.jus.br/paginadorpub/paginador.jsp?docTP=TP&docID=754147264. Acesso em: 10 jan. 2022.

específicos, nos termos da lei, como direitos das trabalhadoras (art. 7º, XVIII e XX, da CF).

Em palavras aqui muito resumidas, é possível dizer que o ministro relator delineou a trajetória legislativa do instituto "licença-maternidade", suas formas de pagamento, sua natureza jurídica de benefício previdenciário, de acordo com o arcabouço legal, jurisprudencial e com a doutrina majoritária. Fixou que a incidência de contribuição previdenciária sobre o salário-maternidade importa em inobservância do disposto no art. 195, §4º, da Constituição do Brasil. Todavia, o trecho mais relevante do voto reside no item III, intitulado: "A VIOLAÇÃO À ISONOMIA: A DISCRIMINAÇÃO DA MULHER NO MERCADO DE TRABALHO".[472]

O ministro relator trouxe ainda um relato histórico de outros julgamentos que reconheceram direitos às mulheres durante a gestação e citou, entre eles, o RE nº 658.312[473] – Tema 528 de repercussão geral – reconhecimento da recepção pela Constituição Federal de 1988 do intervalo especial de 15 minutos antes da jornada extraordinária, destinado à mulher pelo art. 384 da CLT. Indicou também o RE nº 629.053[474] – Tema 497 de repercussão geral – inexistência de interferência da gravidez na estabilidade prevista no art. 10, II, do Ato das Disposições Constitucionais Transitórias.

Mencionou, por fim, o RE nº 1.058.333[475] – Tema 973 de repercussão geral – direito de remarcação de teste de aptidão física em concurso para as mulheres que estiverem grávidas, afirmando que os *distinguishings* estabelecidos pelo texto constitucional e pela jurisprudência da Corte estão alicerçados pelas condições biológicas femininas e pelas

---

[472] BRASIL. Supremo Tribunal Federal. *RE nº 576.967*. Íntegra do acórdão. Disponível em: https://redir.stf.jus.br/paginadorpub/paginador.jsp?docTP=TP&docID=754147264. Acesso em: 10 jan. 2022.

[473] BRASIL. Supremo Tribunal Federal. *RE nº 658.312*, Rel. Min. Dias Toffoli, Tribunal Pleno, j. 15.09.2021, *DJe* 06.12.2021.

[474] BRASIL. Supremo Tribunal Federal. *RE nº 629.053*, Rel. Min. Marco Aurélio, Redator para o acórdão Min. Alexandre de Moraes, Tribunal Pleno, j. 10.10.2018, *DJe* 27.02.2019. Disponível em: https://jurisprudencia.stf.jus.br/pages/search?classeNumeroIncidente=%22RE%20629053%22&base=acordaos&sinonimo=true&plural=true&page=1&pageSize=10&sort=_score&sortBy=desc&isAdvanced=true. Acesso em: 22 mar. 2022.

[475] BRASIL. Supremo Tribunal Federal. *RE nº 1.058.333*, Rel. Min. Luiz Fux, Tribunal Pleno, j. 21.11.2018, *DJe* 27.07.2020. Disponível em: https://jurisprudencia.stf.jus.br/pages/search?classeNumeroIncidente=%22RE%201058333%22&base=acordaos&sinonimo=true&plural=true&page=1&pageSize=10&sort=_score&sortBy=desc&isAdvanced=true. Acesso em: 22 mar. 2022.

dificuldades que elas podem gerar para a equidade de tratamento da mulher no mercado de trabalho.

O ministro relator asseverou, ainda, com base em documentos produzidos pela Organização das Nações Unidas – ONU, pela Organização Internacional do Trabalho – OIT, pelo Banco Mundial e por outras entidades, a existência da discriminação oriunda da condição de maternidade inerente à mulher, com destaque para as discrepâncias de salários e de oportunidades. "As diversas pesquisas convergem para a efetiva demonstração da existência de reiterada discriminação das mulheres no mercado de trabalho, diante das restrições ao acesso a determinados postos de trabalho, salários e oportunidades".[476] O ministro relator tratou também, de modo direto e contundente, acerca da divisão sexual do trabalho. Dada a sua integral pertinência, cabe a transcrição de trecho do citado voto:

> *O papel de cuidadora atribuído à mulher na sociedade é um fato e não se discute que ele precisa ser revisto com medidas, inclusive políticas públicas, que incentivem a participação do pai na criação dos filhos.* No entanto, essa perspectiva está longe de se concretizar no nosso país, cuja legislação impõe uma licença-paternidade de apenas 5 (cinco) dias, em que o empregado homem continua a receber do empregador. *Com base na realidade brasileira, em que, ao menos 30 milhões de lares são chefiados por mulheres, faz-se imperioso acabar com qualquer forma de discriminação ou empecilho para o acesso de mulheres ao mercado de trabalho.*
> *Por esse motivo, a desoneração da mão de obra feminina é medida que se impõe,* uma vez que, no atual sistema previdenciário, as mulheres são as principais beneficiárias do salário-maternidade e são elas que ficam afastadas durante o período de licença, de modo que o empregador já se verá obrigado a contratar outro funcionário ou deslocar alguém para a função desenvolvida por ela na sua ausência. *É necessário, portanto, que o Estado não imponha quaisquer ônus adicionais a uma situação que já é, por si só, mais cara ao empregador, que não pode sofrer o desestímulo estatal para a contratação de mão de obra feminina.*
> *E, nesse cenário, as mulheres mais prejudicadas são as negras e pardas, que, historicamente, estão em classes sociais mais baixas, com menos acesso a métodos contraceptivos e, portanto, engravidam mais.* Recente pesquisa da área de População e Desenvolvimento do Fundo de População das Nações Unidas (UNFPA), no Brasil, demonstra que há discrepâncias relevantes entre

---

[476] BRASIL. Supremo Tribunal Federal. *RE nº 576.967*. Íntegra do acórdão. Disponível em: https://redir.stf.jus.br/paginadorpub/paginador.jsp?docTP=TP&docID=754147264. Acesso em: 10 jan. 2022.

mulheres que vivem no meio rural (média de 2,41 filhos) e meio urbano (médio de 1,75 filho); mulheres negras (1,88); pardas (1,96) e brancas (1,69); mulheres com maior escolaridade (1,18 filho para escolaridade superior a 12 anos) e menor escolaridade (3 filhos para escolaridade até 8 anos).[477] (grifos nossos)

Chamam a atenção três pontos destacados pelo relator. O primeiro é a perniciosa divisão sexual do trabalho e a sobrecarga das mulheres: "o papel de cuidadora atribuído à mulher na sociedade é um fato e não se discute que ele precisa ser revisto com medidas, inclusive políticas públicas, que incentivem a participação do pai na criação dos filhos". O segundo é o crescente número de famílias cuja responsável financeira é uma mulher: "30 milhões de lares são chefiados por mulheres, faz-se imperioso acabar com qualquer forma de discriminação ou empecilho para o acesso de mulheres ao mercado de trabalho". O terceiro é o cenário de vulnerabilidade ainda maior para mulheres pretas e pardas: "as mulheres mais prejudicadas são as negras e pardas, que, historicamente, estão em classes sociais mais baixas, com menos acesso a métodos contraceptivos e, portanto, engravidam mais".[478]

Como salientado nessa importantíssima passagem do voto, a superação de cada uma dessas dificuldades enfrentadas pelas mulheres no mercado de trabalho depende da elaboração de políticas públicas.[479] Não há outra alternativa. A intervenção do Estado é nevrálgica, ainda que dela decorra redução de arrecadação de receita tributária. "É necessário, portanto, que o Estado não imponha quaisquer ônus adicionais

---

[477] BRASIL. Supremo Tribunal Federal. *RE nº 576.967*. Íntegra do acórdão. Disponível em: https://redir.stf.jus.br/paginadorpub/paginador.jsp?docTP=TP&docID=754147264. Acesso em: 10 jan. 2022.

[478] BRASIL. Supremo Tribunal Federal. *RE nº 576.967*. Íntegra do acórdão. Disponível em: https://redir.stf.jus.br/paginadorpub/paginador.jsp?docTP=TP&docID=754147264. Acesso em: 10 jan. 2022.

[479] DIAS NETO, Orlando Fernandes; FERIATO, Juliana Marteli Fais. A tributação como instrumento para a promoção da igualdade de gênero no mercado de trabalho. *Revista Direitos Sociais e Políticas Públicas*, v. 6, n. 2, 2018. Disponível em: http://www.unifafibe.com.br/revista/index.php/direitos-sociais-politicas-pub/issue/view/26/showToc. Acesso em: 20 fev. 2021: "Uma isenção tributária condicionada à oferta das mesmas oportunidades de emprego, independentemente do gênero, viabiliza a inclusão dos efeitos positivos de tal contratação ao processo decisório empresarial (internalização das externalidades), de forma que o mercado de trabalho, utilizando seu próprio mecanismo e dinâmica de funcionamento, passe a ser mais inclusivo em relação ao gênero feminino. Desta forma, a tributação indutora, manifestada por uma isenção tributária condicionada, se mostra como um instrumento à disposição do Estado para privilegiar os empregadores que optem por dar condições mais igualitárias de trabalho às mulheres".

a uma situação que já é, por si só, mais cara ao empregador, que não pode sofrer o desestímulo estatal para a contratação de mão de obra feminina",[480] afirma, ainda, o relator.

Os sistemas normativos, sejam eles o tributário, o previdenciário, o trabalhista, o penal, o civil, precisam dar concretude aos comandos de materialização da igualdade de gênero contidos no texto constitucional. Sem exceção de nenhum deles. A implementação de medidas hábeis à minimização das discrepâncias entre homens e mulheres é impositiva a todos os microssistemas, e essas medidas devem ser simultaneamente trabalhadas. Seria no mínimo muito ineficiente que houvesse uma ordem de tomadas de ajustes e providências. São todas elas, em todos os arcabouços normativos infraconstitucionais, necessárias e urgentes.[481]

As fundamentações do relator alcançam o cenário do mercado de trabalho da mulher, que não se confunde com o mercado de trabalho do homem. Sabe-se que há impedimentos e obstáculos próprios às mulheres no mercado de trabalho. Consoante bem delineado em trabalho anteriormente citado, escrito por Patrícia Rocha Lemos, cientista social, e Thais de Souza Lapa, socióloga, "trabalhadora não é feminino de trabalhador".[482] Isso porque as mulheres enfrentam barreiras financeiras, psicológicas, culturais e sociais diretamente a elas impostas, pelo simples fato de serem mulheres, e que fazem com que o seu contexto profissional seja próprio e inequivocamente mais desafiador.[483]

Como dito, é inadiável que a promoção, a proteção e a materialização dos direitos constitucionais das mulheres se concretizem.[484]

---

[480] BRASIL. Supremo Tribunal Federal. *RE nº 576.967*. Íntegra do acórdão. Disponível em: https://redir.stf.jus.br/paginadorpub/paginador.jsp?docTP=TP&docID=754147264. Acesso em: 10 jan. 2022.

[481] CÂMARA, Andalessia Lana Borges. Mulheres e o acesso ao mercado de trabalho: a tributação como ferramenta de minimização das desigualdades de gênero no Brasil. *In*: SANTOS, Herta Rani Teles; GUIMARÃES, Juliana Pita (Orgs.). *O poder feminino*: entre percursos e desafios. Belo Horizonte: Arraes Editora, 2021.

[482] LEMOS, Patrícia Rocha; LAPA, Thaís de Souza. Trabalhadora não é feminino de trabalhador: divisão sexual do trabalho e subjetividade. *In*: ANTLOGA, Carla Sabrina; MAIA, Marina; SANTOS, Noemia de Morais (Orgs.). *Trabalho feminino*: desafios e perspectivas no Brasil. Curitiba: Appris, 2021.

[483] CÂMARA, Andalessia Lana Borges; GUSKOW, Tatiana Maria; OLIVEIRA, Liziane Paixão Silva. Tributação e gênero: desigualdades e o necessário fomento do mercado de trabalho da mulher. *Revista de Estudos e Pesquisas Avançadas do Terceiro Setor*, v. 9, n. 1, p. 44-85, jan./jul. 2022.

[484] BARBOZA, Estefânia Maria de Queiroz; DEMETRIO, André. Quando o gênero bate à porta do STF: a busca por um constitucionalismo feminista. *Revista Direito GV*, São Paulo, v. 15, n. 3, e1930, 2019. p. 13: "A resposta para essa questão é: isso deve acontecer agora. O tempo para se realizar a promoção dos direitos das mulheres deve ser agora, não há mais

O reconhecimento do impostergável e necessário agir do Estado fora reconhecido também, e mais uma vez, pelo Supremo Tribunal Federal. Ao detalhar a questão da necessidade de não discriminação da mulher no mercado de trabalho, seja pelo empregador, seja pelo Estado, em razão de circunstâncias ou fato da vida que lhe seja privativo por motivo biológico, o ministro Luís Roberto Barroso faz ainda ponderação em tudo relevante:

> Assim, admitir a incidência de contribuição previdenciária sobre o salário-maternidade importa permitir uma discriminação incompatível com o texto constitucional e com os tratados internacionais sobre direitos humanos dos quais o Brasil é signatário – notadamente a Convenção nº 103 da OIT os quais possuem natureza de norma supralegal, na linha da jurisprudência desta Corte. Isso porque há oneração superior da mão de obra feminina, comparativamente à masculina, restringindo o acesso das mulheres aos postos de trabalho disponíveis no mercado, em nítida violação à igualdade de gênero preconizada pela Constituição da República.
>
> *Em outras palavras, admitir uma incidência tributária que recai somente sobre a contratação de funcionárias mulheres e mães é tornar sua condição biológica, por si só, um fator de desequiparação de tratamento em relação aos homens, desestimulando a maternidade ou, ao menos, incutindo culpa, questionamentos, reflexões e medos em grande parcela da população, pelo simples fato de ter nascido mulher.* Impõe-se gravame terrível sobre o gênero feminino, discriminado na contratação, bem como sobre a própria maternidade, o que fere os direitos das mulheres, dimensão inequívoca dos direitos humanos.[485] (grifos nossos)

Na sequência, o ministro Edson Fachin apresentou o seu voto, no mesmo sentido das razões de decidir do ministro relator. Afirmou, categoricamente, em sua fundamentação, não se tratar de temática metajurídica a questão da discrepância de gênero no Brasil. E traz uma reflexão de relevância singular. Fixa que, para considerar a assimetria de gênero como questão alheia ao sistema jurídico, seria necessário entender que também o art. 5º, I, da Constituição de 1988 encontra-se

---

como esperar. Para atingir este objetivo, é necessário garantir, litigar, proteger e promover os direitos constitucionais das mulheres. A história constitucional mostra que por muitos séculos as mulheres não eram consideradas cidadãs e sujeitos de direito, o que justifica a urgência de que esses direitos sejam promovidos".

[485] BRASIL. Supremo Tribunal Federal. *RE nº 576.967*. Íntegra do acórdão. Disponível em: https://redir.stf.jus.br/paginadorpub/paginador.jsp?docTP=TP&docID=754147264. Acesso em: 10 jan. 2022.

fora do ordenamento. Mais uma vez, tendo em conta a importância do trecho, segue aqui a sua transcrição:

> Se não fosse isso, a questão da igualdade e a questão de gênero, com todas as vênias, não é discurso metajurídico, a menos que consideremos o inc. I do art. 5º da Constituição como estando fora do Direito, e não está. A igualdade é um dever constitucional e estatuído, quer como regra, quer como princípio, tem eficácia normativa vinculante. E, nesse sentido, ainda que lei complementar existisse, haveria uma inconstitucionalidade material no sentido não de preservar a diferença, mas de transformar a diferença numa discriminação, portanto, numa desigualdade que não se justifica no plano do respeito à diferença.[486]

A terceira a votar foi a ministra Rosa Weber. Há no acórdão duas manifestações dela. A primeira delas na página 51, datada de 06 de novembro de 2019, bastante curta. Nesse pronunciamento, fora explicitado que, em sua opinião, quanto à temática salário-maternidade, não teria maior relevo a circunstância de gênero, tendo em conta ser atualmente o benefício estendido também à mãe adotante e ao pai adotante.

Já em uma segunda manifestação, após também demarcar a evolução da natureza jurídica do salário-maternidade e suas alterações nos diplomas legais, a ministra Rosa Weber deixou fixado que caberia ao Supremo Tribunal Federal zelar pela isonomia material e angariar aportes normativos para diminuir a discriminação direta da mulher no mercado de trabalho. Seguem algumas das palavras dela referentes à necessária construção, pelo Supremo Tribunal Federal, de métodos eficientes de combate à discriminação e à desigualdade de gênero:

> Incumbe a esta Casa, portanto, zelar pela isonomia material e não fechar os olhos para esta remanescente forma de discriminação direta da mulher no mercado de trabalho.
> Não deflui, de uma interpretação sistemática da Constituição da República, um motivo razoável para tal distinção, mormente considerando a obrigatoriedade de adoção de políticas públicas voltadas a cumprir o quanto prescrito no artigo 7º, XX, da Constituição Federal: "proteção do mercado de trabalho da mulher, mediante incentivos específicos, nos termos da lei".

---

[486] BRASIL. Supremo Tribunal Federal. *RE nº 576.967*. Íntegra do acórdão. Disponível em: https://redir.stf.jus.br/paginadorpub/paginador.jsp?docTP=TP&docID=754147264. Acesso em: 10 jan. 2022.

O ministro Alexandre de Moraes, que abriu a divergência, para fundamentar seu voto, baseou seus argumentos também na questão de gênero, mas acentuando que não seria essa a discussão dos autos. A questão controvertida estaria cingida à discussão tributária que não teria o escopo de beneficiar as mulheres, mas apenas e tão somente os empregadores. A divergência ficou vencida, mas foi acompanhada pelos ministros Ricardo Lewandowski, Gilmar Mendes e Dias Toffoli. Do que parece mais relevante do voto do divergente, cabe registrar:

> A norma veio conferir maior proteção à criança e à família, valores também protegidos constitucionalmente.
>
> Assim, não prospera o argumento do recorrente, de que a exigência de contribuições previdenciárias sobre o salário-maternidade fomentaria a discriminação das mulheres, por tornar a mão de obra feminina potencialmente mais cara que a masculina. Agora, trabalhadores de ambos os sexos fazem jus a tal verba.
>
> Os preceitos constitucionais devem ser analisados em conjunto, e a matéria, apreciada por todos os ângulos. O empregador já foi desonerado do ônus financeiro relativo ao pagamento salário durante a licença-maternidade, livrá-lo também da contribuição seria incompatível com os preceitos que regem a Seguridade Social.[487]

O ministro Alexandre de Moraes, em seu voto divergente, traz um questionamento relevantíssimo: a não incidência de contribuição previdenciária irá realmente ser benéfica às empregadas? "Portanto, cabe indagar: onde está a defesa da igualdade de gênero? O que se extrai desse cenário é que se o empregador deixar de pagar a contribuição, isso não vai implicar um centavo de aumento no salário, por exemplo, das enfermeiras". E enfatiza que se trataria de uma discussão tributária, na qual as empresas visariam a apenas mais lucro: "a defesa da igualdade entre o trabalho dos homens e das mulheres aparece como uma cortina de fumaça para obtenção de mais lucros, e para não contribuir em um sistema previdenciário que é, como todos sabemos, solidário".[488]

O Ministro afirma que há um argumento *ad terrorem* das empresas quanto à custosa contratação das mulheres: "são sempre os mesmos

---

[487] BRASIL. Supremo Tribunal Federal. *RE nº 576.967*. Íntegra do acórdão. Disponível em: https://redir.stf.jus.br/paginadorpub/paginador.jsp?docTP=TP&docID=754147264. Acesso em: 10 jan. 2022.

[488] BRASIL. Supremo Tribunal Federal. RE 576.967. Íntegra do acórdão. Disponível em: https://redir.stf.jus.br/paginadorpub/paginador.jsp?docTP=TP&docID=754147264. Acesso em: 10 jan. 2022.

argumentos *ad terrorem*: 'não tenho mais condição de contratar mulheres, em razão dos custos mais elevados das trabalhadoras do sexo feminino em relação ao trabalhador homem'". Prossegue o Ministro Alexandre de Moraes, consignando: "no entanto, o que se verifica, na prática, é que as mulheres não são substituídas por empregados homens. E razão é simples: as empresas pagam trinta por cento a menos para elas. É essa a questão".[489]

É preciso que seja cobrado o acoplamento das repercussões desse julgamento ao mercado de trabalho das mulheres. Tal como destacado no voto divergente pelo Ministro Alexandre de Moraes, não há garantias de que a não incidência da contribuição previdenciária sobre o salário-maternidade vá necessariamente efetivar uma maior contratação de mulheres. Se não houver uma séria e contundente exigência por parte de todos – Estado, sociedade civil, órgãos de controle –, muito provavelmente não restará estatisticamente demonstrado esse aumento do número de trabalhadoras. O Supremo Tribunal Federal iniciou um processo de mudança de compreensão, de perspectiva. No entanto, o panorama evolutivo precisa ser continuado e o processo transformador é de responsabilidade coletiva.

O julgamento do RE nº 576.967, indubitavelmente, está adstrito à realidade social, à discriminação sofrida de tantas formas pelas mulheres no mercado de trabalho e já ressaltada por trabalhos acadêmicos interdisciplinares. Discriminação essa que precisa ser duramente rechaçada e superada. É imperativo construir uma ordem jurídica de proteção, de materialização de *discrímen* positivo em relação às mulheres, para que a ideia de igualdade se torne realidade no cenário profissional da população feminina. Para todas aquelas e todos aqueles que estudam as questões de gênero no Brasil, o julgamento mencionado consolida a efetivação, pelo Supremo Tribunal Federal, de proteção judicial dos direitos fundamentais das mulheres.

4.5 O julgamento da ADI nº 5.422/DF e a vinculação categórica entre o direito tributário e a igualdade de gênero

Não há como duvidar, alcançou o Supremo Tribunal Federal a matéria pertinente ao atrelamento entre as vertentes gênero e tributação,

---

[489] BRASIL. Supremo Tribunal Federal. RE 576.967. Íntegra do acórdão. Disponível em: https://redir.stf.jus.br/paginadorpub/paginador.jsp?docTP=TP&docID=754147264. Acesso em: 10 jan. 2022.

ponto nevrálgico deste trabalho. Após reconhecer que a incidência de contribuição previdenciária sobre o salário maternidade é fator que pode repercutir negativamente à contratação de mulheres,[490] o Supremo Tribunal Federal enfrentou outra temática que atrelou tributação e gênero de modo bastante explícito, a Ação Direta de Inconstitucionalidade nº 5.422/DF, de relatoria do Ministro Dias Toffoli.[491]

A ação, ajuizada pelo Instituto Brasileiro de Direito de Família – IBDFAM, tinha por objeto discutir a constitucionalidade da incidência de Imposto sobre a Renda das Pessoas Físicas (IRPF) no tocante aos valores recebidos a título de pensão alimentícia pela mãe de menores. O julgamento do mérito ocorreu em 06 de junho de 2022, nele os ministros e ministras do Tribunal definiram o seguinte dispositivo: "[a]ção direta da qual se conhece em parte, relativamente à qual ela é julgada procedente, de modo a dar ao art. 3º, § 1º, da Lei 7.713/88, ao arts. 4º e 46 do Anexo do Decreto nº 9.580/18 e aos arts. 3º, *caput* e § 1º; e 4º do Decreto-lei 1.301/73 interpretação conforme à Constituição Federal para se afastar a incidência do imposto de renda sobre valores decorrentes do direito de família percebidos pelos alimentados a título de alimentos ou de pensões alimentícias".[492]

Discutiu-se na ação de controle concentrado, como dito, a constitucionalidade do art. 3º, §1º, da Lei nº 7.713/88, e dos arts. 5º e 54 do Decreto nº 3.000/99 (Regulamento do Imposto de Renda (RIR)). Em síntese, o IBDFAM postulava a declaração de inconstitucionalidade da

---

[490] RE nº 576.967/PR – Tema 72. BRASIL. *Supremo Tribunal Federal. RE nº 576.967*. Íntegra do acórdão. Disponível em: https://redir.stf.jus.br/paginadorpub/paginador.jsp?docTP=TP&docID=754147264. Acesso em: 10 jan. 2022.

[491] BRASIL. Supremo Tribunal Federal (Tribunal Pleno). *Ação Direta de Inconstitucionalidade nº 5.422*, Relator: Min. Dias Toffoli, julgada em 06 de junho de 2022. Disponível em: https://redir.stf.jus.br/paginadorpub/paginador.jsp?docTP=TP&docID=762441882. Acesso em: 23 set. 2022.

[492] Como é o caso da Ação Direta de Inconstitucionalidade nº 5.422, de relatoria do Ministro Dias Toffoli. A ação, ajuizada pelo Instituto Brasileiro de Direito de Família – IBDFAM, tinha por objeto discutir a constitucionalidade da incidência de IRPF sobre os valores recebidos a título de pensão alimentícia pela mãe de menores. O julgamento do mérito ocorreu em 06 de junho de 2022: "Ação direta da qual se conhece em parte, relativamente à qual ela é julgada procedente, de modo a dar ao art. 3º, §1º, da Lei nº 7.713/88, ao arts. 4º e 46 do Anexo do Decreto nº 9.580/18 e aos arts. 3º, *caput* e §1º; e 4º do Decreto-lei nº 1.301/73 interpretação conforme à Constituição Federal para se afastar a incidência do imposto de renda sobre valores decorrentes do direito de família percebidos pelos alimentados a título de alimentos ou de pensões alimentícias". Disponível em: https://jurisprudencia.stf.jus.br/pages/search?classeNumeroIncidente=%22ADI%205422%22&base=acordaos&sinonimo=true&plural=true&page=1&pageSize=10&sort=_score&sortBy=desc&isAdvanced=true. Acesso em: 18 set. 2022.

incidência do imposto de renda sobre os valores recebidos em dinheiro a título de pensão alimentícia. E, muito embora, a análise se limite a dispositivos dos anos de 1988 e 1999, o debate nunca antes tinha estado em tão densa ascendência. O julgamento trouxe à tona reflexões e parâmetros inéditos para aquela Corte. O exame deixou às claras o modo como a legislação é parte da estrutura que inferioriza as mulheres e privilegia os homens.[493]

As conclusões alcançadas pelos ministros e ministras do Supremo Tribunal Federal são inovadoras, profundas e contundentes quanto à necessidade de que o ordenamento jurídico seja interpretado de modo a proteger as mulheres. O ministro relator, Dias Toffoli, traz importante contribuição que aparta dúvida quanto à natureza jurídica das pensões alimentícias – no sentido de que não são acréscimo patrimonial para o recebedor –, ponto no qual foi seguido pelo Plenário da Corte:

> Alimentos ou pensão alimentícia oriundos do direito de família não são renda nem provento de qualquer natureza do credor dos alimentos, mas simplesmente montantes retirados dos rendimentos (acréscimos patrimoniais) recebidos pelo alimentante para serem dados ao alimentado. Nesse sentido, para o último, o recebimento de valores a título de alimentos ou de pensão alimentícia representa tão somente uma entrada de valores.[494]

O ministro Luís Roberto Barroso, que já havia relatado o Tema 72,[495] ao proferir voto na ADI nº 5.422/DF, realizou uma análise da legislação civil-constitucional relacionada aos alimentos, na qual destacou que os alimentos destinam-se a assegurar a manutenção da dignidade da pessoa humana, com base na solidariedade, sendo considerados como direito social. Afirmou ainda que "não me parece ser compatível

---

[493] LERNER, Gerda. *A criação do patriarcado*: história da opressão das mulheres pelos homens. Trad. Luiza Sellera. São Paulo: Cultrix, 2019. p. 256: "A sociedade humana é dividida em dois sexos: o masculino – racional, forte, dotado da capacidade de procriação, guarnecido com alma e feito para dominar; e o feminino – emotivo e incapaz de controlar desejos, fraco, fornece pouco material para o processo de procriação, destituído de alma e feito para ser dominado".

[494] BRASIL. Supremo Tribunal Federal (Tribunal Pleno). *Ação Direta de Inconstitucionalidade nº 5.422*, Relator: Min. Dias Toffoli, julgada em 06 de junho de 2022. Disponível em: https://redir.stf.jus.br/paginadorpub/paginador.jsp?docTP=TP&docID=762441882. Acesso em: 23 set. 2022.

[495] BRASIL. Supremo Tribunal Federal. *RE 576.967*. Íntegra do acórdão. Disponível em: https://redir.stf.jus.br/paginadorpub/paginador.jsp?docTP=TP&docID=754147264. Acesso em: 10 jan. 2022.

com a Constituição considerar os alimentos como acréscimo patrimonial para fins de incidência do imposto de renda".[496]

O ministro Luís Roberto Barroso abre trecho do seu voto, versando especificamente sobre tributação e gênero: II.3. Incidência de IRPF sobre alimentos: uma questão de gênero. No citado ponto, o ministro resgata quantitativos numéricos que demonstram cuidar a discussão de mais uma controvérsia referente à desigualdade de gênero. São alinhavadas estatísticas pertinentes à guarda dos filhos e das filhas e às pessoas que administram o percebimento das pensões alimentícias dos menores. Segundo sua linha de raciocínio, a incidência de tributação sobre pensões alimentícias implica agravamento da situação de inferioridade econômica das mulheres, conforme explica:

> Segundo pesquisa do IBGE, no ano de 2019, em 66,91% dos divórcios concedidos em primeira instância a casais com filhos menores de idade, coube à mulher a guarda do(s) filho(s). Em apenas 4,37% dos divórcios, a guarda foi atribuída ao pai e, em 28,72% [34], a guarda foi compartilhada. Assim, pode-se inferir que em, ao menos, 66,91% dos divórcios registrados, o pagamento da pensão alimentícia aos filhos será feito pelo homem.
> *Ressalto que, com base no art. 4º, II, da Lei nº 9.250/1995, quem paga a pensão – via de regra, o pai – poderá abater da base de cálculo de seu imposto de renda a integralidade desses valores, mas a mulher, responsável civil e tributária pela criança ou adolescente, deverá declarar aquela quantia como rendimento recebido, o qual se somará a seus outros rendimentos para fins de incidência do imposto de renda.*
> Parece-me uma situação verdadeiramente anacrônica, antiisonômica e em verdadeira violação ao melhor interesse da criança e a sua proteção integral. O anacronismo dessa incidência fica claro ao se ter em conta que, em 1935, a Suprema Corte dos Estados Unidos, em Douglas v. Willcuts [35], decidiu que os pagamentos feitos por um homem a sua ex-esposa, a título de pensão alimentícia, decorrem do dever de sustento, sendo, portanto, obrigatórios, de forma que não poderiam ser considerados renda e nem seriam passíveis de tributação quando por ela recebidos.[497]
> (grifos nossos)

---

[496] BRASIL. Supremo Tribunal Federal (Tribunal Pleno). *Ação Direta de Inconstitucionalidade nº 5.422*, Relator: Min. Dias Toffoli, julgada em 06 de junho de 2022. Disponível em: https://redir.stf.jus.br/paginadorpub/paginador.jsp?docTP=TP&docID=762441882. Acesso em: 23 set. 2022.

[497] BRASIL. Supremo Tribunal Federal (Tribunal Pleno). *Ação Direta de Inconstitucionalidade nº 5.422*, Relator: Min. Dias Toffoli, julgada em 06 de junho de 2022. Disponível em: https://

O ministro esclarece, então em seu voto vista, que a tributação não deve ser um coeficiente jurídico que agrave as discrepâncias socioeconômicas entre homens e mulheres. Na verdade, a igualdade e a função extrafiscal da tributação apontam em sentido oposto quanto à política fiscal. O ministro assinala, ainda, que cabe ao Estado essa vigilância e a preocupação com as repercussões possíveis oriundas da tributação sobre a parcela feminina da população. "É necessário, desse modo, conferir à discussão sobre o impacto da tributação sobre o gênero feminino o status constitucional que ela merece",[498] nas palavras dele. O sistema tributário não deve penalizar as mulheres. Inarredavelmente, não é permitido que qualquer sistema normativo o faça. Eis o recorte que enfatiza todos esses aspectos de modo bastante esclarecedor:

> Conforme defendi no voto proferido no RE 576.967 [37], de minha relatoria, em que foi reconhecida a inconstitucionalidade da incidência da contribuição previdenciária sobre o salário maternidade, *a tributação não pode ser um fator que aprofunde as desigualdades de gênero, colocando as mulheres em situação social e econômica pior do que a dos homens.* É inconteste que o dever de cuidado, socialmente construído e atribuído primordialmente às mulheres, precisa ser dividido entre os membros do casal ou do ex-casal da forma mais equânime possível, sendo inconstitucional que, em contrapartida aos cuidados dos filhos, a mulher sofra oneração por parte do Estado. *É necessário, desse modo, conferir à discussão sobre o impacto da tributação sobre o gênero feminino o status constitucional que ela merece.*
> Isso porque a Constituição Federal de 1988, em seu art. 5º, I, dispõe que "homens e mulheres são iguais em direitos e obrigações, nos termos desta Constituição". *Além disso, a Carta atribui ao pai e à mãe, em igualdade de condições, o dever de assistir, criar e educar os filhos menores (art. 229).*
> Nesse contexto, a previsão da legislação acerca da incidência do imposto de renda sobre pensão alimentícia acaba por penalizar ainda mais as mulheres, que além de criar, assistir e educar os filhos, ainda devem arcar com ônus tributários dos valores recebidos a título de alimentos,

---

redir.stf.jus.br/paginadorpub/paginador.jsp?docTP=TP&docID=762441882. Acesso em: 23 set. 2022.

[498] BRASIL. Supremo Tribunal Federal (Tribunal Pleno). *Ação Direta de Inconstitucionalidade nº 5.422*, Relator: Min. Dias Toffoli, julgada em 06 de junho de 2022. Disponível em: https://redir.stf.jus.br/paginadorpub/paginador.jsp?docTP=TP&docID=762441882. Acesso em: 23 set. 2022.

os quais foram fixados justamente para atender às necessidades básicas da criança e do adolescente.[499] (grifos nossos)

O ministro Gilmar Mendes carreou aos autos importante voto que indica circunstâncias fáticas e razões jurídicas a serem consideradas, ao realizar a reflexão que conecta as matérias tributação e gênero. Em seu voto vogal, o ministro refere-se à menção de ocorrência de *bis in idem*, apontada pelo ministro relator Dias Toffoli, concluindo que dela discorda. "Trata-se de premissa, data vênia, equivocada, pois os valores pagos a título de pensão alimentícia não são tributados no alimentante (de regra, o pai)".[500] O ministro Gilmar, tal qual o ministro Luís Roberto Barroso, destaca um item de seu voto para analisar a perspectiva de gênero: 5) DA QUESTÃO DE GÊNERO. Prossegue afirmando que "O tema da tributação sob a perspectiva de gênero tem ganhado tardio destaque nos debates atuais, embora seja ainda pouco explorado no direito brasileiro e menos ainda enfrentado no âmbito desta Corte Suprema".[501]

O ministro Gilmar profere, nessa oportunidade, um dos votos mais densos da perspectiva de gênero entrelaçada à tributação. Aponta que não cabe ao Supremo Tribunal Federal criar, estabelecer, políticas hábeis a retificar as distorções entre os contextos de homens e mulheres. Destaca que cabe à Corte, todavia, restaurar quebras de igualdade de gênero contidas em atos legislativos. E assim, o ministro afirma "[p]asso, então, a enfrentar o tema sob a perspectiva de gênero".[502] E o voto segue com a inserção de relevantes acréscimos estatísticos, jurídicos e socioeconômicos que seguem transcritos:

---

[499] BRASIL. Supremo Tribunal Federal (Tribunal Pleno). *Ação Direta de Inconstitucionalidade nº* 5.422, Relator: Min. Dias Toffoli, julgada em 06 de junho de 2022. Disponível em: https://redir.stf.jus.br/paginadorpub/paginador.jsp?docTP=TP&docID=762441882. Acesso em: 23 set. 2022.

[500] BRASIL. Supremo Tribunal Federal (Tribunal Pleno). *Ação Direta de Inconstitucionalidade nº* 5.422, Relator: Min. Dias Toffoli, julgada em 06 de junho de 2022. Disponível em: https://redir.stf.jus.br/paginadorpub/paginador.jsp?docTP=TP&docID=762441882. Acesso em: 23 set. 2022.

[501] BRASIL. Supremo Tribunal Federal (Tribunal Pleno). *Ação Direta de Inconstitucionalidade nº* 5.422, Relator: Min. Dias Toffoli, julgada em 06 de junho de 2022. Disponível em: https://redir.stf.jus.br/paginadorpub/paginador.jsp?docTP=TP&docID=762441882. Acesso em: 23 set. 2022.

[502] BRASIL. Supremo Tribunal Federal (Tribunal Pleno). *Ação Direta de Inconstitucionalidade nº* 5.422, Relator: Min. Dias Toffoli, julgada em 06 de junho de 2022. Disponível em: https://redir.stf.jus.br/paginadorpub/paginador.jsp?docTP=TP&docID=762441882. Acesso em: 23 set. 2022.

Poder-se-ia pensar que a legislação atacada é neutra do ponto de vista do gênero, eis que será aplicada independentemente de quem paga a pensão. Ou seja, tanto no caso de a mulher pagar a pensão quanto do homem, a incidência da tributação será idêntica.

Não podemos, contudo, fechar os olhos para a realidade, e aqui os números escancaram que o tema debatido deve ser enfrentando também sob a perspectiva de gênero.

Isso, porque, do total de 15,67 bilhões de reais de deduções com pensão alimentícia declaradas no imposto de renda pessoa física 2021, relativamente ao ano calendário 2020, apenas 390 milhões foram declarados pelas mulheres, o que representa um percentual irrisório de 0,0002% do total de deduções com imposto de renda relativamente ao pagamento de pensões alimentícias. (*Vide*: Grandes números DIRPF 2021 – Ano Calendário 2020, Disponível em: https://www.gov.br/receitafederal/pt-br/acesso-a-informacao/dadosabertos/receitadata/estudos-e-tributarios-e-aduaneiros/estudos-eestatisticas/11-08-2014-grandes-numerosdirpf/capa_indice_tabelas_ac2020_v2.pdf).

Os dados, portanto, comprovam que a aplicação dessa legislação traz uma distorção fática substancial, a qual, efetivamente, onera quase que exclusivamente a mulher. Aqui, colaciono didático exemplo trazido por Isabelle Rocha, em seu artigo "A pensão imposta e o custo reverso", em que traz duas situações hipotéticas (Disponível em: https://www.jota.info/opiniao-e-analise/colunas/women-in-tax-brazil/apensao-imposta-e-o-custo-reverso-25022022) (grifos nossos)

O ministro Gilmar Mendes, após apresentar exemplos que trazem a conclusão de que as mulheres são prejudicadas pela incidência do IRPF sobre os valores de pensão alimentícia que administram em nome de seus filhos e filhas menores, prossegue ratificando o que foi dito em passagens anteriores deste texto quanto a não ser neutra a legislação tributária. O voto é incisivo ao reconhecer que "[o] sistema, da forma como está desenhado, com o pseudo objetivo de ser neutro, está na realidade financiando o aumento das desigualdades, visto que o destinatário quase que exclusivo da norma exacional é a mulher".[503] Dada a complexidade da discussão, seguem novos fragmentos do voto:

Os exemplos acima colacionados não deixam dúvidas de que a legislação não é neutra em relação ao gênero. Ao revés, ela amplia as desigualdades já existentes.

---

[503] BRASIL. Supremo Tribunal Federal (Tribunal Pleno). *Ação Direta de Inconstitucionalidade 5.422*, Relator: Min. Dias Toffoli, julgada em 6 de junho de 2022. Disponível em: https://redir.stf.jus.br/paginadorpub/paginador.jsp?docTP=TP&docID=762441882. Acesso em: 23 set. 2022.

visto que a alíquota efetiva da mãe aumenta e a do pai diminui. Isso porque a legislação permite a dedução da base de cálculo do pai com a consequente inclusão como rendimentos tributáveis da mãe.
O sistema, da forma como está desenhado, com o pseudo objetivo de ser neutro, está na realidade financiando o aumento das desigualdades, visto que o destinatário quase que exclusivo da norma exacional é a mulher. Além disso, não estamos diante de uma tributação idêntica ou equiparável entre homens e mulheres, em que a desigualdade seria resultante das condições já existentes de desnivelamento. Ao revés, a dedução da base de cálculo prevista na norma é endereçada predominantemente à população masculina (99,9998%). São, portanto, dois lados da mesma moeda: tributa-se mais a mãe, em compensação à dedução da base de cálculo do pai.

Quero deixar bem claro que não estou a defender a inconstitucionalidade da norma por uma suposta ausência de caráter extrafiscal de redução da desigualdade de gênero. Não chego a tanto e reitero que o local apropriado para essa discussão é o Parlamento. O que vislumbrei da presente norma, na realidade, é um caráter anti-isonômico, no sentido de fomentar as desigualdades já existentes. A norma, do jeito que foi concebida, incentiva o desnivelamento de gênero, servindo como mais um elemento de ampliação das históricas distorções. Por esse motivo, considero que esta Suprema Corte, como guardiã da Constituição e dos direitos fundamentais dos contribuintes, tem o papel de corrigir tal distorção.[504]

Por fim, ressalvou o ministro Gilmar Mendes que, caso o julgamento mantivesse a proposta do ministro relator Dias Toffoli – declaração de inconstitucionalidade dos art. 3º, §1º, da Lei nº 7.713/88, e dos arts. 5º e 54 do Decreto nº 3.000/99, haveria impactos financeiros de grande porte a serem considerados. Tal como encerrado o julgamento, o cenário atual é de possibilidade de dedução dos valores pagos a título de pensão alimentícia, em regra realizado pelos pais, e a não incidência do IRPF sobre os valores recebidos pelos menores beneficiados. Não há incidência do tributo ao longo da relação. Desse modo, conclui o ministro em seu voto vogal: "Se mantido o entendimento do eminente relator, estaremos criando uma *isenção dupla ilimitada* e, com todas as vênias ao entendimento contrário, gerando uma distorção no sistema, uma vez que fere o princípio da capacidade contributiva".[505]

---

[504] BRASIL. Supremo Tribunal Federal (Tribunal Pleno). *Ação Direta de Inconstitucionalidade nº 5.422*, Relator: Min. Dias Toffoli, julgada em 06 de junho de 2022. Disponível em: https://redir.stf.jus.br/paginadorpub/paginador.jsp?docTP=TP&docID=762441882. Acesso em: 23 set. 2022.

[505] BRASIL. Supremo Tribunal Federal (Tribunal Pleno). *Ação Direta de Inconstitucionalidade nº 5.422*, Relator: Min. Dias Toffoli, julgada em 06 de junho de 2022. Disponível em: https://

Os julgamentos do RE nº 567.967/PR – Tema 72 de Repercussão Geral,[506] que afastou a incidência da contribuição previdenciária sobre o salário maternidade e da ADI nº 5.422/DF,[507] que declarou inconstitucionais o art. 3º, §1º, da Lei nº 7.713/88, e os arts. 5º e 54 do Decreto nº 3.000/99, segundo os quais haveria incidência de imposto de renda sobre os valores recebidos pelos administrados das pensões alimentícias, deflagram um novo olhar sobre os debates tributários que estão correlacionados às desigualdades de gênero. O Supremo Tribunal Federal, felizmente, não se conforma mais em ser mero expectador da realidade. Na verdade, reconhece o seu papel de agente público responsável pela transformação da sociedade brasileira.

Os referidos julgamentos, assim como outros que se encontram em andamento ao tempo em que escrito este trabalho, revelam de modo nítido que houve a publicização e a politização do tema gênero e da problemática referente às defasagens às quais as mulheres são submetidas, entre elas, as diferenças no mercado de trabalho. Crescem os debates e os trabalhos acadêmicos sobre o assunto, que evidentemente ganhou as pautas da Suprema Corte brasileira. O que se espera é que pesquisas, estudos, relatórios e decisões do Supremo Tribunal Federal sejam transmutados em realidade e que sejam progressivamente menores as desigualdades entre homens e mulheres, cada vez menor o foço de renda e patrimônio que os separa.

---

redir.stf.jus.br/paginadorpub/paginador.jsp?docTP=TP&docID=762441882. Acesso em: 23 set. 2022.

[506] BRASIL. Supremo Tribunal Federal. *RE nº 576.967*. Íntegra do acórdão. Disponível em: https://redir.stf.jus.br/paginadorpub/paginador.jsp?docTP=TP&docID=754147264. Acesso em: 10 jan. 2022.

[507] BRASIL. Supremo Tribunal Federal (Tribunal Pleno). *Ação Direta de Inconstitucionalidade nº 5.422*, Relator: Min. Dias Toffoli, julgada em 06 de junho de 2022. Disponível em: https://redir.stf.jus.br/paginadorpub/paginador.jsp?docTP=TP&docID=762441882. Acesso em: 23 set. 2022.

CONCLUSÃO

A tributação é uma das ferramentas necessárias para a correção de disfunções socioeconômicas e deve atender aos objetivos fundamentais da República Federativa do Brasil, induzindo comportamentos que efetivamente promovam mudanças nas condições da parcela mais vulnerável da população. Essa é a ótica peculiar ao Estado Democrático de Direito. O sistema tributário, assim como qualquer sistema normativo, deve ser partícipe da construção de uma sociedade livre, justa e solidária; com redução de desigualdades de gênero. Entre as discrepâncias, está a dicotomia no mercado de trabalho das mulheres, no qual elas se encontram prejudicadas, como indicam estatísticas e relatórios.

Diante da inequívoca conexão entre a construção dos papéis de gênero, a subjugação da figura feminina, a invisibilidade e a depreciação do trabalho das mulheres, cabe ao Estado incentivar e impulsionar o agente privado na consecução e na materialização de finalidades sociais, e estimular a sua adesão a programas que visem promover maior igualdade entre homens e mulheres. Além das ações e dos agentes dos Estados, de todos os Poderes, que solidifiquem a igualdade de gênero no mercado de trabalho, o engajamento das empresas privadas é igualmente resultado positivo que se espera. A materialização da igualdade não exige uma conceituação fechada, mas, sim, a transformação de suas acepções, de acordo com as alterações da sociedade.

A tributação, que em sua essência é também indutora, deve ser instrumento inclusivo em relação ao gênero feminino, para que as disparidades socioeconômicas existentes entre homens e mulheres sejam aplacadas. A tributação e seus desdobramentos práticos são ferramentais possíveis juridicamente e úteis no combate à desigualdade de gênero no cenário profissional, devendo estimular a maior contratação de mulheres.

É imperioso o esforço na implementação de medidas de enfrentamento das desigualdades socioeconômicas, entre elas as discrepâncias de gênero. É necessário que mecanismos de incentivo à contratação de mulheres tornem-se discussões legislativas e, posteriormente, sejam implementados como políticas públicas.

Necessário ainda se faz, no âmbito parlamentar, discutir, por meio de outros projetos de lei e de propostas de emenda à Constituição, os aparatos normativos que darão consistência à ampla utilização do sistema tributário nacional na redução das desigualdades socioeconômicas, mais especificamente na supressão dos contrastes no mercado de trabalho, atendendo aos comandos da Constituição de igualdade, de construção de uma sociedade livre, justa e solidária, tendo por ponto nevrálgico o gênero.

É fato que a ausência de mulheres nas Casas Legislativas, no Brasil e no mundo, consubstancia fator determinante e negativo no que toca à discussão sobre os direitos das mulheres. A falta de representatividade no legislativo dificulta, se não é que impede, que na escolha das prioridades legislativas estejam atos normativos relacionados aos direitos de mulheres e meninas. E a ausência de mulheres nas casas legislativas é um obstáculo de absoluta relevância. É uma fragilidade da atual democracia, e não apenas um problema de mulheres. Não há democracia se as necessidades de metade da população não recebem prioridade.

As demandas sociais, econômicas, educacionais, de proteção e de incentivo às mulheres não serão prioritárias. E esse fato é notório. A baixa representatividade de mulheres nos espaços decisórios, e especialmente no Poder Legislativo, faz com que as demandas atinentes às vivências de mulheres e meninas tenham menos proeminência, menos urgência, menos discussão, menos aprovação dentro das casas legislativas, aspectos de repercussão inegável. Não há dúvidas quanto a isso.

Sabe-se que, no desenrolar das atividades estatais, as políticas públicas deveriam ser gestadas no âmbito do Poder Legislativo e com claro suporte legal e constitucional. Todavia, se o estudo e o processamento adequados das políticas não ocorrem por omissão, por falta de representatividade, por falta de interesse, por vontade de manter o *status quo* ou por quaisquer outras circunstâncias, é eficiente que o Poder Judiciário também não o faça?

Em um país de profundas e históricas desigualdades, exigir que o Poder Judiciário se mantenha inerte pode ser ainda mais prejudicial do que conviver com as omissões legislativas. Não há dúvidas de que os problemas advindos da judicialização das políticas públicas, porque elas não existem ou, existindo, são insuficientes, são resultado da ausência de ações estatais, de ações públicas que garantam o exercício de direitos fundamentais, e não do cenário contrário – o excesso delas. É incontestável que a judicialização das relações sociais e a demanda pela solução de contendas pelos atos do Poder Judiciário sejam intensificadas. O fenômeno está presente não só no Brasil, mas generalizado no mundo. A busca pelo Poder Judiciário para dirimir os conflitos sociais, a adoção do modelo judicial como foro e modo preferenciais para dirimir disputas na sociedade é um marco das Constituições do pós-guerra. Os direitos das mulheres também são objetos de postulações que, na atualidade, chegam às portas do Poder Judiciário, com muito mais frequência do que o desejado. Os conflitos relacionados às desigualdades pertinentes ao tratamento das mulheres no mercado de trabalho também foram direcionados ao Judiciário.

O mercado de trabalho da mulher, assim como tantas outras instituições, é reprodução da sociedade machista e patriarcal, na qual as mulheres não têm o mesmo ponto de partida que têm os homens, não têm a mesma trajetória, não têm os mesmos acessos e, por óbvio, também não alcançam os mesmos desfechos profissionais. E quanto a esse aspecto de desigualdade – o mercado de trabalho –, que projeta o distanciamento socioeconômico de gêneros, qual a efetividade das demandas dirigidas ao Poder Judiciário?

Políticas públicas também poderiam ser implementadas pelo Poder Judiciário, seria um questionamento. O modelo traçado pela Constituição do Brasil favorece que a resposta a essa pergunta seja afirmativa. A inafastabilidade da apreciação do Poder Judiciário e a tentativa de aumento de condições de igualdade levam a essa conclusão. O Poder Judiciário não raras vezes atua para abrigar interesses e direitos sociais.[508] Desse modo, políticas públicas também podem, e devem ser

---

[508] BUCCI, Maria Paula Dallari. *Fundamentos para uma teoria jurídica das políticas públicas*. São Paulo: Saraiva, 2013. p. 121: "A própria existência da chamada 'judicialização da política' é um fator que por si denota a processualidade das políticas públicas, na medida em que maior número de conflitos sociais passa a ser submetido à lógica processual, submetido ao Poder Judiciário, uma vez que o modelo jurídico da Constituição favorece a admissão do conflito, e não sua rejeição. O processo judicial vem-se modernizando e atualizando, não apenas no Brasil, de modo a buscar corresponder ao anseio social. São exemplos disso os processos coletivos, a abertura ao tratamento dos interesses difusos e coletivos, a adoção das tecnologias de informação e comunicação, e uma série de inovações processuais e procedimentais que decorrem da litigiosidade de massa, isto é, a ampliação das formas de

concretizadas pelo Poder Judiciário, com base no repositório legal e constitucional e orientadas pela máxima da igualdade.

O direito não é neutro. Ele é uma construção social. É mais uma repercussão ostensiva do poder social. Espelho de uma sociedade que distingue seus integrantes em razão do gênero. O direito é fractal[509] (do latim *fractu*: fração, quebrado), ou seja, é uma parte do corpo social que, embora fragmentada, reflete e reproduz o todo, em todas as suas manifestações. É construção realizada por um grupo social no qual estão ausentes as mulheres, assim como elas estão ausentes, ou em número insignificante, em praticamente todos os espaços de poder. Por toda a análise aqui realizada, acentua-se a importância de uma interpretação e de uma concepção da sistemática tributária não neutra ao gênero. A visão e a aplicação das normas tributárias devem ter por norte e em atenta consideração às disparidades de inserção na sociedade de homens e mulheres.[510]

No entanto, e de modo até conflitante, é ele, o ordenamento jurídico, um instrumento de alterações sociais mais significativas. Muito provavelmente o mais potente dos mecanismos de transfiguração social. E se as transformações em relação ao cenário do mercado de trabalho das mulheres são prementes e, ainda que tardiamente, implementadas pelo Poder Judiciário, o questionamento sobre o cabimento dessas decisões não seria legítimo, por todas as razões expostas nesta pesquisa.

As medidas de transformação e de fomento da igualdade são impostas a todos os três poderes, a todos os seus agentes, em todas as suas esferas de atuação do Estado. Qualquer âmbito ou estrutura de poder deve estar profundamente envolvido nessa mudança crescente da sociedade, aqui instrumentalizada pelo direito, mas que é interdisciplinar, nas hipóteses de elaboração de políticas públicas. A

---

acesso à justiça e, ligado a isso, o aumento da importância social dessas formas de solução de controvérsias, em busca de maior amplitude e eficácia".

[509] BIANCHI, Andrea Gomes Campos. *Caracterização, modelagem e simulação matemático-computacional da dinâmica do crescimento e conexões de células neurais*. 2003. Tese (Doutorado em Física Aplicada) – Instituto de Física de São Carlos, Universidade de São Paulo, São Carlos, 2003. doi:10.11606/T.76.2003.tde-13092007-160756. "Em 1977, Mandelbrot introduziu o conceito de fractal como uma forma geral que é constituída de partes similares de um todo. De modo geral, um objeto é dito fractal quando ele possui 'auto-similaridade infinita', ou seja, suas aparências são semelhantes qualquer que seja a escala espacial em que são observados".

[510] VIECELI, Cristina Pereira; ÁVILA, Róber Iturriet; CONCEIÇÃO, João Batista Santos. *Estrutura tributária brasileira e seus reflexos nas desigualdades de gênero*. Disponível em: https://ijf.org.br/wp-content/uploads/2020/07/Artigo-Tributa%C3%A7%C3%A3o-e-G%C3%AAnero.pdf. Acesso em: 07 jun. 2022.

desigualdade de gênero reproduz o contexto econômico de produção e define os espaços que as mulheres e os homens vão ocupar na sociedade, impondo a elas subjugação e inferioridade. É quanto a essa perspectiva que a remodelagem jurídica é esperada. Faz-se necessário transformar o direito em realidade, mas não a realidade das cátedras. É preciso que a vivência de metade da sociedade, as experiências e as vulnerabilidades das mulheres sejam positivamente transfiguradas, perpassadas pelo Direito, até que, na realidade, e não apenas na forma, exista igualdade entre homens e mulheres. É urgente e é necessário que o Direito seja a força motriz dessa transmutação positiva há muito esperada.

REFERÊNCIAS

ABREU, Zina. Luta das mulheres pelo direito de voto. *Revista Arquipélago – História*, Portugal, 2ª série, 2002.

ADICHE, Chimamanda Ngozi. *O perigo de uma história única*. Trad. Julia Romeu. São Paulo: Companhia das Letras, 2019.

ANCHIETA, Isabelle. *Imagens da mulher no Ocidente moderno 1*: bruxas e tupinambás canibais. 2. ed. São Paulo: Edusp, 2022.

ÁVILA, Humberto. *Teoria da igualdade tributária*. São Paulo: Malheiros, 2008.

BANDEIRA, Lourdes Maria; PRETURLAN, Renata Barreto. As pesquisas sobre uso do tempo e a promoção da igualdade de gênero no Brasil. *In*: FONTOURA, Natália; ARAÚJO, Clara (Orgs.). *Uso do tempo e gênero*. Rio de Janeiro: UERJ, 2016. p. 43-59.

BARAJAS, Maria de la Paz López. Avanços na América Latina na medição e valoração do trabalho não remunerado realizado pelas mulheres. *In*: FONTOURA, Natália; ARAÚJO, Clara (Orgs.). *Uso do tempo e gênero*. Rio de Janeiro: UERJ, 2016. p. 21-42.

BARROSO, Luís Roberto. *A dignidade da pessoa humana no direito constitucional contemporâneo*: a construção de um conceito jurídico à luz da jurisprudência mundial. 3ª reimpressão. Belo Horizonte: Fórum, 2014.

BARROSO, Luís Roberto. *Interpretação e aplicação da Constituição*. 7. ed. São Paulo: Saraiva, 2009.

BARROSO, Luís Roberto. Neoconstitucionalismo e constitucionalização do direito (O triunfo tardio do direito constitucional no Brasil). *R. Dir. Adm.*, Rio de Janeiro, 240, p. 1-42, abr./jun. 2005. Disponível em: https://bibliotecadigital.fgv.br/ojs/index.php/rda/article/view/43618/44675. Acesso em: 10 mar. 2021.

BARROSO, Luís Roberto; OSÓRIO, Aline. "Sabe com quem está falando?": Notas sobre o princípio da igualdade no Brasil contemporâneo. *Direito e Práxis*, v. 7, n. 1, p. 204-232, 2016.

BBC NEWS BRASIL. *Três fatores que podem atrapalhar as mulheres na busca por emprego, segundo o LinkedIn*. 2019. Disponível em: https://www.bbc.com/portuguese/internacional-47714368. Acesso em: 09 jul. 2021.

BEARD, Mary. *Mulheres e poder*: um manifesto. Trad. Celina Portocarrero. São Paulo: Planeta do Brasil, 2018.

BEAUVOIR, Simone de. *O segundo sexo*: fatos e mitos. Trad. Sérgio Millet. 5. ed. Rio de Janeiro: Nova Fronteira, 2019. vol. 1.

BEAUVOIR, Simone de. *O segundo sexo*: a experiência vivida. Trad. Sérgio Millet. 5. ed. Rio de Janeiro: Nova Fronteira, 2019. vol. 2.

BENTO, Berenice. *A reinvenção do corpo*: sexualidade e gênero na experiência transexual. 3. ed. Natal: Devires, 2017.

BIANCHI, Andrea Gomes Campos. *Caracterização, modelagem e simulação matemático-computacional da dinâmica do crescimento e conexões de células neurais*. 2003. Tese (Doutorado em Física Aplicada) – Instituto de Física de São Carlos, Universidade de São Paulo, São Carlos, 2003. doi:10.11606/T.76.2003.tde-13092007-160756. Acesso em: 16 nov. 2022.

BIROLI, Flávia. *Gênero e desigualdades*: limites da democracia do Brasil. São Paulo: Boitempo, 2018.

BOURDIEU, Pierre. *A dominação masculina*: a condição feminina e a violência simbólica. Trad. Maria Helena Kühner. 18. ed. Rio de Janeiro: Bertrand Brasil, 2020.

BRASIL. Câmara dos Deputados. *Apensado ao PL nº 3.414/2019*. Disponível em: https://www.camara.leg.br/propostas-legislativas/2281266. Acesso em: 06 jun. 2022.

BRASIL. Câmara dos Deputados. *Apensado ao PL nº 5.548/2019*. Disponível em: https://www.camara.leg.br/propostas-legislativas/2281267. Acesso em: 06 jun. 2022.

BRASIL. Câmara dos Deputados. *Projeto de Lei nº 1.740/2021*. Disponível em: https://www.camara.leg.br/propostas-legislativas/2281266. Acesso em: 06 jun. 2022.

BRASIL. Câmara dos Deputados. *Projeto de Lei nº 3.887/2020*. Disponível em: https://www.camara.leg.br/proposicoesWeb/fichadetramitacao?idProposicao=2258196. Acesso em: 02 fev. 2021.

BRASIL. Câmara dos Deputados. *Proposta de Emenda à Constituição nº 41/2003*. Disponível em: https://www.camara.leg.br/proposicoesWeb/fichadetramitacao?idProposicao=113717. Acesso em: 02 fev. 2021.

BRASIL. Câmara dos Deputados. *Proposta de Emenda à Constituição nº 45/2019*. Disponível em: https://www.camara.leg.br/proposicoesWeb/fichadetramitacao?idProposicao=2196833. Acesso em: 02 fev. 2021.

BRASIL. Câmara dos Deputados. *Proposta de Emenda à Constituição nº 110/2019*. Disponível em: https://www.camara.leg.br/proposicoesWeb/fichadetramitacao?idProposicao=527130. Acesso em: 02 fev. 2021.

BRASIL. Congresso Nacional. *Medida Provisória nº 1.116, de 5 de maio de 2022*. Disponível em: https://www.congressonacional.leg.br/materias/medidas-provisorias/-/mpv/152939. Acesso em: 23 set. 2022.

BRASIL. *Constituição da República Federativa do Brasil de 1988*. Brasília: Senado Federal, 05 out. 1988. Disponível em: http://www.planalto.gov.br/ccivil_03/constituicao/constituicao.htm. Acesso em: 02 jan. 2022.

BRASIL. *Lei nº 14.457, de 21 de setembro de 2022*. Institui o Programa Emprega + Mulheres; e altera a Consolidação das Leis do Trabalho, aprovada pelo Decreto-Lei nº 5.452, de 1º de maio de 1943, e as Leis nºs 11.770, de 9 de setembro de 2008, 13.999, de 18 de maio de 2020, e 12.513, de 26 de outubro de 2011. Brasília, 21 set. 2022. Disponível em: http://www.planalto.gov.br/ccivil_03/_Ato2019-2022/2022/Lei/L14457.htm. Acesso em: 22 set. 2022.

BRASIL. *Medida Provisória nº 1.116, de 5 de maio de 2022*. Institui o Programa Emprega + Mulheres e Jovens e altera a Lei nº 11.770, de 9 de setembro de 2008, e a Consolidação das Leis do Trabalho, aprovada pelo Decreto-Lei nº 5.452, de 1º de maio de 1943. Brasília, 4 maio de 2022. Disponível em: https://www.congressonacional.leg.br/materias/medidas-provisorias/-/mpv/152939. Acesso em: 23 set. 2022.

BRASIL. Secretaria da Receita Federal. Centro de Estudos Tributários e Aduaneiros. *Carga tributária no Brasil 2018 – Análise por tributos e bases de incidência*. Mar. 2020. Disponível em: https://receita.economia.gov.br/dados/receitadata/estudos-e-tributarios-e-aduaneiros/estudos-e-estatisticas/carga-tributaria-no-brasil/ctb-2018-publicacao-v5.pdf. Acesso em: 06 nov. 2020.

BRASIL. Secretaria da Receita Federal. *Grandes Números IRPF – Ano calendário 2018 – exercício 2019*. Disponível em: https://receita.economia.gov.br/dados/receitadata/estudos-e-tributarios-e-aduaneiros/estudos-e-estatisticas/11-08-2014-grandes-numeros-dirpf/grandes-numeros-irpf-2018-2019-completo-1.pdf. Acesso em: 20 fev. 2021.

BRUSCHINI, Maria Cristina Aranha. Trabalho e gênero no Brasil nos últimos dez anos. *Cadernos de Pesquisa* [on-line], v. 37, n. 132, p. 537-572, 2007. Disponível em: https://doi.org/10.1590/S0100-15742007000300003. Acesso em: 30 maio 2022.

BUCCI, Maria Paula Dallari. *Fundamentos para uma teoria jurídica das políticas públicas*. São Paulo: Saraiva, 2013.

BUCCI, Maria Paula Dallari. O conceito de política pública em direito. *In*: BUCCI, Maria Paula Dallari. *Políticas públicas*: reflexões sobre o conceito jurídico. São Paulo: Saraiva, 2006. p. 1-53.

BUTLER, Judith P. *Problemas de gênero*: feminismo e subversão da identidade. Trad. Renato Aguiar. 21. ed. Rio de Janeiro: Civilização Brasileira, 2021.

CÂMARA, Andalessia Lana Borges. Mulheres e o acesso ao mercado de trabalho: a tributação como ferramenta de minimização das desigualdades de gênero no Brasil. *In*: SANTOS, Herta Rani Teles; GUIMARÃES, Juliana Pita (Orgs.). *O poder feminino*: entre percursos e desafios. Belo Horizonte: Arraes Editora, 2021. p. 179-203.

CÂMARA, Andalessia Lana Borges; GUSKOW, Tatiana Maria; OLIVEIRA, Liziane Paixão Silva. Tributação e gênero: desigualdades e o necessário fomento do mercado de trabalho da mulher. *Revista de Estudos e Pesquisas Avançadas do Terceiro Setor*, v. 9, n. 1, p. 44-85, jan./jul. 2022.

CAMARO, Ana Amélia. Diferenças na legislação à aposentadoria entre homens e mulheres: breve histórico. *Mercado de Trabalho: Conjuntura e Análise*, n. 62, abr. 2017. Disponível em: http://repositorio.ipea.gov.br/bitstream/11058/7823/1/bmt_62_diferen%C3%A7as.pdf. Acesso em: 05 nov. 2020.

CAPRARO, Chiara. Direito das mulheres e Justiça fiscal. Por que a política tributária deve ser tema da lura feminista. *Revista Internacional de Direitos Humanos*, Sur 24, v. 13, n. 24, p. 17-26, 2016. Disponível em: https://sur.conectas.org/wp-content/uploads/2017/02/1-sur-24-por-chiara-capraro.pdf. Acesso em: 16 mar. 2021.

CARVALHO, Maria Eulina Pessoa de; RABAY, Glória; BRABO, Tania Suelly Antonelli Marcelino; FÉLIX, Jeane; DIAS, Alfrancio Ferreira. *Direitos humanos das mulheres e das pessoas LGBTQI*: inclusão da perspectiva da diversidade sexual e de gênero na educação e na formação docente. João Pessoa: Editora da UFPB, 2017.

CAVENAGHI, Suzana; ALVES, José Eustáquio Diniz. *Mulheres chefes de família no Brasil*: avanços e desafios. Rio de Janeiro: ENS-CPES, 2018.

COLLINS, Patricia Hill, BILGE, Sirma. *Interseccionalidade*. Trad. Rane Souza. São Paulo: Boitempo, 2021.

CORTES, Soraya Vargas. Sociologia e políticas públicas. *In*: MARQUES, Eduardo; FARIA, Carlos Aurélio Pimenta de (Org.). *A política pública como campo multidisciplinar*. São Paulo: Editora Unesp; Rio de Janeiro: Editora Fiocruz, 2013. p. 48-68.

DAVIS, Angela. *Mulheres, raça e classe*. Trad. Heci Regina Candiani. São Paulo: Boitempo, 2016.

DIAS NETO, Orlando Fernandes; FERIATO, Juliana Marteli Fais. A tributação como instrumento para a promoção da igualdade de gênero no mercado de trabalho. *Revista Direitos Sociais e Políticas Públicas*, v. 6, n. 2, 2018. Disponível em: https://www.unifafibe.com.br/revista/index.php/direitos-sociais-politicas-pub/article/view/504. Acesso em: 11 nov. 2020.

DWORKIN, Ronald. *A virtude soberana*: a teoria e a prática da igualdade. Trad. Jussara Simões. São Paulo: Martins Fontes, 2005.

ENRÍQUEZ, Corina Rodríguez. Gastos, tributos e equidade de gênero: uma introdução ao estudo da política fiscal a partir da perspectiva de gênero (2008). *In*: JÁCOME, Márcia Larangeira; VILLELA, Shirley (Orgs.). *Orçamentos sensíveis a gênero*: conceitos. Brasília: ONU Mulheres, 2012. p. 199-232. Disponível em: http://onumulheres.org.br/wp-content/themes/vibecom_onu/pdfs/orcamentos-conceitos.pdf. Acesso em: 05 jun. 2022.

ESPINO, Alma. Política fiscal y género: el caso de Urugauy. *Análisis*, 1/2019. Disponível em: http://library.fes.de/pdf-files/bueros/kolumbien/15306.pdf. Acesso em: 10 nov. 2020.

FARIA, Carlos Aurélio Pimenta de. A multidisciplinaridade no estudo das políticas públicas. *In*: MARQUES, Eduardo; FARIA, Carlos Aurélio Pimenta de (Org.). *A política pública como campo multidisciplinar*. São Paulo: Editora Unesp; Rio de Janeiro: Editora Fiocruz, 2013.

FEDERICI, Silvia. *Calibã e a Bruxa*: mulheres, corpo e acumulação primitiva. Trad. Coletivo Sycrorax. São Paulo: Elefante, 2017.

FEDERICI, Silvia. O ponto zero da Revolução: trabalho doméstico, reprodução e luta feminista. Trad. Coletivo Sycrorax. São Paulo: Elefante, 2018.

FEITAL, Thiago Álvares. A dependência entre os direitos humanos e o Direito Tributário. *RIL*, Brasília, a. 56, n. 224, p. 37-58, out./dez. 2019. Disponível em: https://www12.senado.leg.br/ril/edicoes/56/224/ril_v56_n224_p37.pdf. Acesso em: 16 mar. 2021.

FGV DIREITO SP. *Reforma tributária e desigualdade de gênero*: contextualização e propostas. São Paulo, nov. 2020. Disponível em: https://direitosp.fgv.br/sites/default/files/2021-09/reforma_e_genero_-_final_1.pdf. Acesso em: 06 jun. 2022.

GOUGES, Olympe. Declaração dos direitos da mulher e da cidadã. *Isonomia*, 2014. Disponível em: http://isonomia.uji.es/wp-content/uploads/2014/01/07.05-Olimpia-de-Gouges-Isonomia.pdf. Acesso em: 26 mar. 2022.

GRAU, Eros Roberto. *A Ordem Econômica na Constituição de 1988*: interpretação e crítica. 8. ed. São Paulo: Malheiros, 2003.

GRAU, Eros Roberto. *Por que tenho medo dos juízes*: a interpretação/aplicação do direito e os princípios. 10. ed. São Paulo: Malheiros, 2021.

HIRATA, Helena; KERGOAT, Daniele. Novas configurações da divisão sexual do trabalho. *Cadernos de Pesquisa*, v. 37, n. 132, set./dez. 2007.

HOFBAUER, Helena. México: colaboração com uma ampla gama de atores. *In*: JÁCOME, Márcia Larangeira; VILLELA, Shirley (Orgs.). *Orçamentos sensíveis a gênero*: experiências. Brasília: ONU Mulheres, 2012. p. 69-85. Disponível em: http://onumulheres.org.br/wp-content/themes/vibecom_onu/pdfs/orcamentos-conceitos.pdf. Acesso em: 09 nov. 2020.

HOLMES, Stephen; SUNSTEIN, Cass R. *O custo dos direitos*: por que a liberdade depende dos impostos. Trad. Marcelo Brandão Cipolla. São Paulo: Martins Fontes, 2019.

INSTITUTO BRASILEIRO DE GEOGRAFIA E ESTATÍSTICA (IBGE). *Estatísticas de gênero*: indicadores sociais das mulheres no Brasil. Rio de Janeiro, 2021. Disponível em: https://biblioteca.ibge.gov.br/index.php/biblioteca-catalogo?view=detalhes&id=2101784. Acesso em: 26 mar. 2022.

INSTITUTO BRASILEIRO DE GEOGRAFIA E ESTATÍSTICA (IBGE). *Estatísticas de gênero*: indicadores sociais das mulheres no Brasil. 2. ed. Rio de Janeiro, 2021. Disponível em: https://biblioteca.ibge.gov.br/visualizacao/livros/liv101784_informativo.pdf. Acesso em: 06 jul. 2022.

INSTITUTO BRASILEIRO DE GEOGRAFIA E ESTATÍSTICA (IBGE). *Pesquisa de Orçamentos familiares 2017-2018*. Disponível em: https://biblioteca.ibge.gov.br/visualizacao/livros/liv101670.pdf. Acesso em: 20 fev. 2021.

INSTITUTO BRASILEIRO DE GEOGRAFIA E ESTATÍSTICA (IBGE). *Rendimento de todas as fontes 2019*. Disponível em: https://biblioteca.ibge.gov.br/visualizacao/livros/liv101709_informativo.pdf. Acesso em: 22 set. 2022.

INSTITUTO BRASILEIRO DE GEOGRAFIA E ESTATÍSTICA (IBGE). Tabela 7013 – Média de horas dedicadas pelas pessoas de 14 anos ou mais de idade aos afazeres domésticos e/ou às tarefas de cuidado de pessoas, por sexo e situação de ocupação. *Pesquisa Nacional por Amostra de Domicílios Contínua – PNAD*. Disponível em: https://sidra.ibge.gov.br/tabela/7013#resultado. Acesso em: 23 set. 2022.

INSTITUTO BRASILEIRO DE GEOGRAFIA E ESTATÍSTICA (IBGE). Tabela 7444 – Rendimento médio mensal real das pessoas de 14 anos ou mais de idade, de todos os trabalhos, a preços médios do último ano, por sexo. *Pesquisa Nacional por Amostra de Domicílios Contínua – PNAD, 2012-2019.* Anos 2019, 2020 e 2021. Disponível em: https://sidra.ibge.gov.br/tabela/7444#resultado. Acesso em: 23 set. 2022.

INSTITUTO DE ENSINO E PESQUISA (INSPER). Diferenciais salariais por raça e gênero para formados em escolas públicas ou privadas. *Policy Paper*, Centro de Gestão e Políticas Públicas, n. 45, jul. 2020. Disponível em: https://www.insper.edu.br/wp-content/uploads/2020/07/Policy-Paper-45.pdf. Acesso em: 13 mar. 2021.

INSTITUTO DE ENSINO E PESQUISA (INSPER). *Panorama Mulher*: um estudo por Talenses e INSPER. Edição 2019. Disponível em: http://online.fliphtml5.com/gbcem/bczq/#p=6. Acesso em: 23 set. 2022.

INSTITUTO DE PESQUISAS ECONÔMICAS APLICADAS (IPEA). *Retrato das desigualdades de gênero e raça.* 2017. Disponível em: https://www.ipea.gov.br/retrato/indicadores_chefia_familia.html. Acesso em: 06 jan. 2022.

KILOMBA, Grada. *Memórias da plantação*: episódios de racismo cotidiano. Trad. Jess Oliveira. Rio de Janeiro: Cobogó, 2019.

LEMOS, Patrícia Rocha; LAPA, Thaís de Souza. Trabalhadora não é feminino de trabalhador: divisão sexual do trabalho e subjetividade. *In*: ANTLOGA, Carla Sabrina; MAIA, Marina; SANTOS, Noemia de Morais (Orgs.). *Trabalho feminino*: desafios e perspectivas no Brasil. Curitiba: Appris, 2021.

LERNER, Gerda. *A criação do patriarcado*: história da opressão das mulheres pelos homens. Trad. Luiza Sellera. São Paulo: Cultrix, 2019.

LINKEDIN. *Gender Insights Report*: How women find jobs differently. Disponível em: https://business.linkedin.com/content/dam/me/business/en-us/talent-solutions-lodestone/body/pdf/Gender-Insights-Report.pdf. Acesso em: 29 maio 2022.

LOPES, Monique Rodrigues; AGUIAR, Rafael dos Reis. Carta das mulheres à constituinte: uma análise sobre as leis de violência contra as mulheres a partir das críticas ao direito. *Revista de Ciências do Estado*, Belo Horizonte, v. 5, n. 1, e20681.

MARÇAL, Katrine. *O lado invisível da economia*. São Paulo: Alaúde Editorial, 2017.

MARQUES, Teresa Cristina de Novaes. *O voto feminino no Brasil*. 2. ed. Brasília: Câmara dos Deputados, 2019. E-book.

MAYHALL, Laura E. Nym. *The Militant Suffrage Movement*: Citizenship and Resistance in Britain, 1860-1930. Oxford: Oxford University Press, 2003.

MCKINSEY GLOBAL INSTITUTE (MGI). *The Power of Parity*: How Advancing Women's Equality Can add $12 Trillion to Global Growth, Sep. 2015. Disponível em: https://www.mckinsey.com/~/media/mckinsey/industries/public%20and%20social%20sector/our%20insights/how%20advancing%20womens%20equality%20can%20add%2012%20trillion%20to%20global%20growth/mgi%20power%20of%20parity_executive%20summary_september%202015.pdf. Acesso em: 22 set. 2022.

MELLO, Celso Antônio Bandeira de. *O conteúdo jurídico do princípio da igualdade*. 3. ed. 24. tir. São Paulo: Malheiros, 2014.

MELO, Luciana Grassano de Gouvêa. A Justiça fiscal entre o "Dever-ser" constitucional e o "Ser" institucional. *In*: SCAFF, Fernando Facury et al. (Orgs.). *Reformas ou deformas tributárias e financeiras*: por que, para que, para quem e como? Belo Horizonte: Letramento, 2020. p. 684-698.

MELO, Luciana Grassano de Gouvêa. A tributação da renda e a invisibilidade da mulher negra no Brasil. *In*: MELO, Luciana Grassano; SARAIVA, Ana Pontes; GODOI, Marciano Seabra de (Org.). *Política fiscal e gênero*. Belo Horizonte: Letramento, 2020. p. 15-29.

MELO, Luciana Grassano de Gouvêa. Para entender o papel da tributação na desigualdade. *In*: MELO, Luciana Grassano. *Justiça fiscal*: estudos críticos de problemas atuais. Belo Horizonte: Casa do Direito, 2020. p. 21-35.

MENEZES, Clara. Ruth Ginsburg e o papel das instituições na igualdade de gênero. *In*: RANI, Herta; PITA, Juliana (Orgs.). *O poder feminino*: entre percursos e desafios. Análises sobre políticas públicas, liderança feminina e tributação. Belo Horizonte: Arraes Editores, 2021. p. 7-20.

MIGUEL, Luís Felipe; BRIOLI, Flávia. *Feminismo e política*: uma introdução. São Paulo: Boitempo, 2014.

MIYARES, Alícia. Derechos sexuales y reproductivos en América Latina. *In*: LAGARDE, Marcela; VALCÁRCEL, Amélia (Coord.). *Feminismo, género e igualdad*. Madrid: Agencia Española de Cooperación Internacional para el Desarrollo (AECID)/Fundación Carolina, 2011. p. 281-291.

MONTEFIORE, Dora. *De um vitoriano a um moderno*. 1925. Disponível em https://www.marxists.org/archive/montefiore/1925/autobiography/index.htm. Acesso em: 30 jul. 2021.

MONTEIRO, Ester. Lobby do Batom: marco histórico no combate a discriminações. *Senado Notícias*, 06 mar. 2018. Disponível em: https://www12.senado.leg.br/noticias/materias/2018/03/06/lobby-do-batom-marco-historico-no-combate-a-discriminacoes. Acesso em: 21 nov. 2021.

MOSTAFA, Joana. *Gênero e tributos no Brasil*. Disponível em: https://www2.camara.leg.br/atividade-legislativa/comissoes/comissoes-permanentes/comissao-de-defesa-dos-direitos-da-mulher-cmulher/arquivos-de-audio-e-video/apresentacao-joana-05.12. Acesso em: 09 nov. 2020.

NOVO, Carla Mendes e LONGO, Larissa Luzia. RE 576.967/PR: Inconstitucionalidade da tributação do salário-maternidade pele contribuição previdenciária patronal. *In*: SACFF, Fernando Facury, TORRES, Heleno Taveira, DERZI, Misabel Abreu Machado, BATISTA, Onofre Alves. *Supremos Acertos*: avanços doutrinários a partir da jurisprudência do STF. Belo Horizonte: Caso do Direito, 2022.

OLIVEIRA, Daniela Olímpio de. *Uma sociologia da questão tributária no Brasil*: ocultamento e desocultamento da moral tributária. Rio de Janeiro: Lumen Juris, 2020.

ONU MULHERES. *Princípios de empoderamento das mulheres*. Disponível em: https://www.onumulheres.org.br/wp-content/uploads/2016/04/cartilha_ONU_Mulheres_Nov2017_digital.pdf. Acesso em: 09 jul. 2021.

ORGANIZAÇÃO DAS NAÇÕES UNIDAS (ONU). *O Progresso das Mulheres no Mundo 2019-2020: Famílias em um mundo em mudança*. Disponível em: http://www.onumulheres.org.br/wp-content/uploads/2019/06/Progress-of-the-worlds-women-2019-2020-en.pdf. Acesso em: 22 set. 2022.

ORGANIZAÇÃO DAS NAÇÕES UNIDAS (ONU). *Progress of the World's Women 2019-2020: families in a changing world*. Disponível em: http://www.onumulheres.org.br/wp-content/uploads/2019/06/Progress-of-the-worlds-women-2019-2020-en.pdf. Acesso em: 22 set. 2022.

ORGANIZAÇÃO DAS NAÇÕES UNIDAS (ONU). *Transforming our world: the 2030 Agenda for Sustainable Development*. Disponível em: https://www.un.org/ga/search/view_doc.asp?symbol=A/RES/70/1&Lang=E. Acesso em: 21 nov. 2021.

ORGANIZAÇÃO DAS NAÇÕES UNIDAS (ONU). *Os Objetivos de Desenvolvimento Sustentável no Brasil*. Disponível em: https://brasil.un.org/pt-br/sdgs. Acesso em: 29 set. 2022.

ORGANIZAÇÃO INTERNACIONAL DO TRABALHO (OIT). *World Employment and Social Outlook* – Trends for women 2017. Disponível em https://www.ilo.org/wcmsp5/groups/public/---dgreports/---inst/documents/publication/wcms_557077.pdf. Acesso em: 21 de nov. 2021.

OXFAM BRASIL. *A distância que nos une* – um retrato das desigualdades brasileiras. São Paulo: Oxfam Brasil, 2017.

OXFAM BRASIL. *País estagnado* – retrato das desigualdades brasileiras. São Paulo: Oxfam Brasil, 2017. Disponível em: https://d335luupugsy2.cloudfront.net/cms%2Ffiles%2F115321%2F16003750051596809622relatorio_desigualdade_2018_pais_estagnado_digital_.pdf. Acesso em: 20 fev. 2021.

OXFAM BRASIL. *Tempo de cuidar*: o trabalho de cuidado não remunerado e mal pago e a crise global da desigualdade. Trad. Master Language Traduções e Interpretações Ltda. Oxford, Reino Unido: Oxfam, 2020. Disponível em: https://rdstation-static.s3.amazonaws.com/cms/files/115321/1579272776200120_Tempo_de_Cuidar_PT-BR_sumario_executivo.pdf. Acesso em: 09 fev. 2021.

PIKETTY, Thomas. *O capital no século XXI*. Trad. Monica Baumgarten de Bolle. Rio de Janeiro: Intrínseca, 2014.

PISCITELLI, Tathiane. *Curso de direito tributário*. São Paulo: Thompson Reuters Brasil, 2021.

PISCITELLI, Tathiane et al. *Tributação e gênero*. Disponível em: https://www.jota.info/opiniao-e-analise/artigos/tributacao-e-genero-03052019. Acesso em: 04 nov. 2021.

PRADO, Anna Priscylla Lima. *Controle de constitucionalidade estruturante*: um desafio à superação das crises do Sistema Democrático Brasileiro. São Paulo: Dialética, 2022.

RAMOS, Maria Raquel Firmino. "No taxation without women representation": por um sistema tributário progressivo em relação ao gênero. *In*: MELO, Luciana Grassano; SARAIVA, Ana Pontes; GODOI, Marciano Seabra de (Org.). *Política fiscal e gênero*. Belo Horizonte: Letramento, 2020. p. 93-104.

RIBEIRO, Djamila. *Lugar de fala (feminismos plurais)*. Pólen Livros. Edição do Kindle.

ROCHA, Cármen Lúcia Antunes. Ação afirmativa: o conteúdo democrático do princípio da igualdade jurídica. *Revista de Informação Legislativa*, Brasília, ano 33, n. 131, p. 283-295, jul./set. 1996.

ROCHA, Isabelle. *Tributação e gênero*: como o imposto de renda da pessoa física afeta as desigualdades entre homens e mulheres. Belo Horizonte: Dialética, 2021.

ROUSSEAU, Jean-Jacques. *A origem da desigualdade entre os homens*. Trad. Eduardo Brandão. 2ª Reimpressão. São Paulo: Companhia das Letras, 2017.

SALVADOR, Evilasio Silva, YANNOULAS, Silvia Cristina. Orçamento e Financiamento de políticas públicas: questões de gênero e raça. *Revista Feminismos*, v. 1, n. 2, p. 1, maio/ago. 2013. Disponível em: http://www.feminismos.neim.ufba.br/index.php/revista/article/view/19/52. Acesso em: 05 jun. 2022.

SCOTT, Joan Wallach. Gênero: uma categoria útil para análise histórica. *Gender and the Politics of History*. Trad. Christine Rufino Dabat e Maria Betânia Ávila. New York: Columbia University Press, 1989.

SILVA, Christine Oliveira Peter da. Por uma dogmática constitucional feminista. *Suprema: Revista de Estudos Constitucionais*, Brasília, v. 1, n. 2, p. 151-189, jul./dez. 2021.

SILVA, Salete Maria da. Com presença, palavra e pressão feminina/feminista: assim se fez, assim se lê o vigente texto constitucional. *In*: MARQUES, Samantha Ribeiro Meyer-Pflug; MACIEL, Renata Mota (Coords.).; RODRIGUES, Patrícia Pacheco; ALVES, Samira Rodrigues Pereira (Orgs.). *A Constituição por elas*: a interpretação constitucional sob a ótica das mulheres. São Paulo: Universidade Nove de Julho, 2021. p. 240-257.

SILVA, Salete Maria da; WRIGHT, Sonia Jay. As mulheres e o novo constitucionalismo: uma narrativa feminista sobre a experiência brasileira. *Revista Brasileira de História do Direito*, Minas Gerais, v. 1, n. 2, p. 170-190, jul./dez. 2015. Disponível em: https://www.indexlaw.org/index.php/historiadireito/article/view/666/pdf. Acesso em: 25 nov. 2021.

STOTSKY, Janet G. *Gender Bias in Tax Systems*. International Monetary Fund. Washington. 1996. Disponível em: https://www.elibrary.imf.org/view/journals/001/1996/099/article-A001-en.xml. Acesso em: 25 nov. 2021.

STOTSKY, Janet G. *Gender and Its Relevance to Macroeconomic Policy*: a survey. International Monetary Fund. Washington. 2006. Disponível em: https://ssrn.com/abstract=941295. Acesso em: 25 nov. 2021.

STOTSKY, Janet G. *Sesgos de género en los sistemas tributarios*. Madrid: Instituto de Estudios Fiscales, 2005. Disponível em: https://www.ief.es/docs/investigacion/genero/FG_Stotsky.pdf. Acesso em: 25 nov. 2021.

SZCZYGLAK, Gisèle. *Subversivas*: a arte sutil de nunca fazer o que esperam de nós. Trad. Karina Jannini. São Paulo: Cultrix, 2022.

TAVARES, Nathalia de Andrade Medeiros. *Desigualdades sociais patrimoniais*: como a tributação pode reduzi-las? Rio de Janeiro: Lumen Juris, 2017.

TORRES, Ricardo Lobo. *O direito ao mínimo existencial*. Rio de Janeiro: Renovar, 2009.

TORRES, Ricardo Lobo. *Tratado de direito constitucional financeiro e tributário*: valores e princípios constitucionais tributários. 2. ed. Rio de Janeiro: Renovar, 2014.

VIECELI, Cristina Pereira; ÁVILA, Róber Iturriet; CONCEIÇÃO, João Batista Santos. *Estrutura tributária brasileira e seus reflexos nas desigualdades de gênero*. Disponível em: https://ijf.org.br/wp-content/uploads/2020/07/Artigo-Tributa%C3%A7%C3%A3o-e-G%C3%AAnero.pdf. Acesso em: 07 jun. 2022.

WILKINSON, Richard; PICKETT Kate. *O nível*: por que uma sociedade mais igualitária é melhor para todos. Trad. Marilene Tombini. Rio de Janeiro: Civilização Brasileira, 2015.

WORLD BANK GROUP. *Women, Business and the Law 2022*. Washington, DC: World Bank, 2022. Disponível em: https://openknowledge.worldbank.org/handle/10986/36945. Acesso em: 23 set. 2022.

WORLD ECONOMIC FORUM. *Global Gender Gap Report 2020*. Disponível em: https://www3.weforum.org/docs/WEF_GGGR_2020.pdf. Acesso em: 04 set. 2022.

JURISPRUDÊNCIA CITADA

BRASIL. Supremo Tribunal Federal (Tribunal Pleno). *Ação Direta de Inconstitucionalidade nº 5.422*, Relator: Min. Dias Toffoli, julgada em 06 de junho de 2022. Disponível em: https://redir.stf.jus.br/paginadorpub/paginador.jsp?docTP=TP&docID=762441882. Acesso em: 23 set. 2022.

BRASIL. Supremo Tribunal Federal (Tribunal Pleno). *Arguição de Descumprimento de Preceito Fundamental nº 132*. Relator: Min. Ayres Britto, julgada em 05 de maio de 2011. Disponível em: https://portal.stf.jus.br/processos/detalhe.asp?incidente=2598238. Acesso em: 10 jan. 2022.

BRASIL. Supremo Tribunal Federal (Tribunal Pleno). *Habeas Corpus nº 82.424*, Relator Originário: Min. Moreira Alves, Relator para o acórdão: Min. Presidente, julgado em 17 de setembro de 2003. Disponível em: https://jurisprudencia.stf.jus.br/pages/search?classeNumeroIncidente=%22HC%2082424%22&base=acordaos&sinonimo=true&plural=true&page=1&pageSize=10&sort=_score&sortBy=desc&isAdvanced=true. Acesso em: 22 mar. 2022.

BRASIL. Supremo Tribunal Federal (Tribunal Pleno). *Recurso Extraordinário nº 576.967*, Relator: Min. Roberto Barroso, julgado em 04 de agosto de 2020. Disponível em: https://jurisprudencia.stf.jus.br/pages/search?classeNumeroIncidente=%22RE%20576967%22&base=acordaos&sinonimo=true&plural=true&page=1&pageSize=10&sort=_score&sortBy=desc&isAdvanced=true. Acesso em: 22 mar. 2022.

BRASIL. Supremo Tribunal Federal (Tribunal Pleno). *Recurso Extraordinário nº 629.053*, Relator: Min. Marco Aurélio, Redator para o acórdão Min. Alexandre de Moraes, julgado em 10 de outubro de 2018. Disponível em: https://jurisprudencia.stf.jus.br/pages/search?classeNumeroIncidente=%22RE%20629053%22&base=acordaos&sinonimo=true&plural=true&page=1&pageSize=10&sort=_score&sortBy=desc&isAdvanced=true. Acesso em: 22 mar. 2022.

BRASIL. Supremo Tribunal Federal (Tribunal Pleno). *Recurso Extraordinário nº 658.312*, Relator: Min. Dias Toffoli, julgado em 15 de setembro de 2021. Disponível em: http://portal.stf.jus.br/processos/detalhe.asp?incidente=4145394. Acesso em: 22 mar. 2022.

BRASIL. Supremo Tribunal Federal (Tribunal Pleno). *Recurso Extraordinário nº 1.058.333*, Relator: Min. Luiz Fux, julgado em 21 de novembro de 2018. Disponível em: https://jurisprudencia.stf.jus.br/pages/search?classeNumeroIncidente=%22RE%201058333%22&base=acordaos&sinonimo=true&plural=true&page=1&pageSize=10&sort=_score&sortBy=desc&isAdvanced=true. Acesso em: 22 mar. 2022.

Esta obra foi composta em fonte Palatino Linotype, corpo 10
e impressa em papel Chambril Avena LD (miolo) e Supremo 250g (capa)
pela Gráfica STAR7, em Belo Horizonte/MG.